Educação sem blá-blá-blá

Rosely Sayão

Educação sem blá-blá-blá

Como preparar seus filhos e alunos para o convívio familiar, a escola e a vida

TRÊS ESTRELAS

Copyright © 2016 Três Estrelas – selo editorial da Publifolha Editora Ltda.

Todos os direitos reservados. Nenhuma parte desta obra pode ser reproduzida, arquivada ou transmitida de nenhuma forma ou por nenhum meio sem a permissão expressa e por escrito da Publifolha Editora Ltda., detentora do selo editorial Três Estrelas.

EDITOR Alcino Leite Neto
EDITORA-ASSISTENTE Rita Palmeira
PRODUÇÃO GRÁFICA Iris Polachini
ILUSTRAÇÃO DA CAPA Veridiana Scarpelli
PROJETO GRÁFICO DO MIOLO Mayumi Okuyama
EDITORAÇÃO ELETRÔNICA Jussara Fino
PREPARAÇÃO E ÍNDICE REMISSIVO Paulo Werneck
REVISÃO Cacilda Guerra, Ana Lima Cecilio e Guilherme Magalhães

Dados Internacionais de Catalogação na Publicação (CIP)
(Câmara Brasileira do Livro, SP, Brasil)

Sayão, Rosely
    Educação sem blá-blá-blá: como preparar seus filhos e alunos para o convívio familiar, a escola e a vida/Rosely Sayão.
    São Paulo: Três Estrelas, 2017.

    2ª reimpr. da 1ª ed. de 2016.
    ISBN 978-85-68493-27-4

    1. Educação de crianças 2. Família – Aspectos psicológicos
    3. Família – Aspectos sociais 4. Família e escola 5. Pais e filhos
    6. Psicologia educacional 7. Psicologia infantil I. Título.

16-02515   CDD-649.1

Índices para catálogo sistemático:
1. Educação de filhos: Vida familiar   649.1

Este livro segue as regras do Acordo Ortográfico da Língua Portuguesa (1990), em vigor desde 1º de janeiro de 2009.

TRÊS ESTRELAS

Al. Barão de Limeira, 401, 6º andar
CEP 01202-900, São Paulo, SP
Tel.: (11) 3224-2186/2187/2197
editora3estrelas@editora3estrelas.com.br
www.editora3estrelas.com.br

Sumário

12 **Introdução**
Tem criança em casa: e agora?

20 PARTE I **S.O.S. família**
Educar na diferença 21
Mesa de jantar e encontros familiares 23
Tempo e falta de tempo 25
A menina que batia o pé 27
De geração em geração 29
Tão longe, tão perto 31
Paciência em falta 33
Cuidado ao falar 35
Condomínios bárbaros 37
E agora, o que faço com essa criança? 39
Madrastas e padrastos 41
Adultos fora de controle 43
Educação, boa e velha 45
Sentimento de fracasso 47

Ciúme de irmão 49
Ter e manter um filho 51
Famílias em transformação 53

56 PARTE II **Aprendendo a viver**
Filho superprotegido perde autoestima 57
Como falar sobre a morte com os filhos? 59
Cuidado com os adjetivos 61
Amigos ou colegas? 63
Aprender com as desilusões 65
Educar o gosto 67
A confusa conquista da autonomia 69
Tragédias na mídia 71
Privacidade escancarada 73
Fale sério 75
Medo que dá medo 77
Sofrimentos inevitáveis 79

82 PARTE III **Educação começa em casa**
Perguntar pode ser melhor que responder 83
Educação familiar é responsabilidade dos pais 85
Violência gratuita 87
Pais, filhos e babás a passeio no shopping 89
Quem decide o que é melhor para os filhos? 91

Palmada educa ou deseduca? 93
Aprender a conviver 95
A importância de dizer não 97
Castigo e impunidade 99
Quem fala mais alto 101
O ensino da generosidade 103
Nem tudo é "êxito" 105
Lições de exclusão 107
Leitura nos olhos dos outros 109
Educação financeira 111
Educar com atitude 113

116 PARTE IV s.o.s. escola
Pais aprisionam filhos, e escola é cúmplice 117
Para onde foi o diálogo? 119
Pistas valiosas para identificar a linha da escola 121
Convívio se aprende na escola 123
Festas de escola que não divertem nem educam 125
Generalista ou especialista? 127
Discussões sobre lição de casa 129
Quem escolhe a escola? 131
As lições da arte 133
As crianças não são de cristal 135
Sobre atrasos e responsabilidade 137

Política na sala de aula 139
O que há nas mochilas 141
O teste da transferência 143
Hora de ir à escola 145
Bullying e incivilidade 147
Ranking de pais 149
Consumir de forma livre 151
Adaptação para os pais 153
Alfabetização precoce 155
Intimidação e furtos 157
Dificuldades para aprender 159
Regras coletivas 161
Um pedido de perdão 163
A escola e o preconceito 165
Por trás das listas escolares 167
Invasão de especialistas 169
Bullying de gente grande 171
Consumismo na escola 173
A escolha certa 175
Escola em tempo integral 177
Particularidades da aula particular 179
Aprender sem pressa 181
Lições da educação infantil 183
Valores democráticos 185

188 PARTE V **Direitos infantis**
Por que adultos tomam o espaço da criança? 189
Pais e professores desvirtuam "combinados" 191
Respeitem as férias infantis 193
Há pouco tempo para ser criança 195
Luta pela infância 197
Quando o Estado quer educar 199
Caso de polícia 201
Outros maus-tratos 203
A imposição das escolhas 205
Timidez não é defeito 207
"Educação ambiental" é outra coisa 209

212 PARTE VI **Brincadeiras e mitos**
Guerra aos ursinhos 213
Acreditar em Papai Noel é fundamental 215
O melhor presente 217
Mundo infantil de fantasias 220
Educação pela brincadeira 222
Aprender brincando 224
Bruxas, monstros e morte 226
Coisa de menino ou de menina? 228

230   **PARTE VII** **Corpo, saúde e sexo**

      Crianças não têm que beijar na boca 231

      Ainda a sexualidade no universo infantil 234

      Outras opções de alimentação 236

      Sabor de infância 238

      Educação contra acidentes 240

      Refeição em família 242

      Novas diretrizes 244

      Hora de dormir 246

      A proteção que atrapalha 248

      Criança doente quer... 250

      O lado B do "mamaço" 252

      Brincando de terapeuta 254

      Que pressa é essa? 256

      Brincando de médico 258

      Sem remédio 260

262   **PARTE VIII** **Mundos virtuais**

      Os usos e abusos da internet 263

      Celular 265

      Educação pela TV 267

      O mundo pela janela 269

      Escrever não dói 271

      Presos no mundo, soltos na rede 273

Filhos nativos, pais estrangeiros 275

Um dedo-duro no peito 277

Tutela on-line 279

Profusão de estímulos 281

A cultura do mundo virtual 283

Shopping e família 285

Eles vão curtir? 287

Memória e tecnologia 289

(Des)conectar 291

295 Índice remissivo

Introdução

Tem criança em casa: e agora?

> Filhos... Filhos?
> Melhor não tê-los!
> Mas se não os temos
> Como sabê-lo?

Esses são os primeiros versos do "Poema enjoadinho", de Vinicius de Moraes, que traduz bem certos momentos de desespero de muitas mães e muitos pais. Quando a criança fica doente, desobedece, briga com os irmãos, não tem um bom desempenho na escola, faz birra, come mal, não dorme ou deixa os pais enlouquecidos com o seu comportamento, sempre pode nos ocorrer a ideia de que tudo seria bem mais fácil sem os filhos. Porém, como o próprio Vinicius reconhece ao final do poema ["Que coisa louca/ Que coisa linda/ Que os filhos são!"], se assim fosse, não teríamos a menor ideia de como é bela a vida com eles.

Hoje em dia, especialmente, criá-los e educá-los tornou-se uma tarefa bastante difícil. Destaco quatro dificuldades principais.

Em primeiro lugar, como o mundo se transformou muito, até mesmo as lições de educação transmitidas pelos nossos pais, agora avós, parecem não ser mais de grande valia.

Além disso, o nosso estilo de vida levou-nos a uma grande confusão de valores no que diz respeito ao relacionamento com os filhos: complicamos o que é muito simples e simplificamos o que tem grande complexidade.

Destaco também a busca quase desesperada da juventude por parte dos adultos, que os leva a não querer ser tachados de caretas pelos filhos. Isso afeta consideravelmente a autoridade materna e paterna, condição necessária para a educação. Nós, pais, precisamos aceitar: ter filhos pressupõe nos tornarmos caretas, para o bem deles.

Por fim, chamo a atenção para um fato: os filhos vêm sendo absolutamente "privatizados". Explico: antes, eles não eram considerados uma posse exclusiva dos pais, pois também pertenciam às famílias, às sociedades e aos países. A educação praticada atualmente visa, em geral, ao porvir do indivíduo, a uma formação voltada a um bom futuro pessoal, ou pelo menos melhor, mais confortável que o nosso. Ocorre, porém, que, quando mais velhas, as nossas crianças vão participar da construção de uma sociedade, de um país inteiro e, enfim, de toda a humanidade. Por isso, precisamos ter uma visão mais ampla da educação, pois nossos filhos não vão viver sozinhos no futuro, mas em contextos sociais que deverão afetar bastante a sua vida.

o

Por que complicamos tanto o que deveria ser simples na educação das crianças? Por razões que são nossas, apenas nossas. Não queremos que elas sofram – como se fosse possível evitar que isso ocorra –, não queremos sofrer com a dor delas, não queremos que elas vivenciem frustrações, não queremos que sejam excluídas de grupos sociais. Para nós, o que conta são esses nossos sentimentos, mesmo que, para elas, passar por todas essas experiências "negativas" seja algo muito benéfico.

Como é possível se preparar para a vida e construir recursos internos de defesa e resiliência sem experimentar a dor, o sofrimento, a rejeição e a frustração? Não há como!

Quase todos os dias, pais me perguntam: "Como dizer não aos filhos?". Só há uma única maneira: dizendo não. Nada mais simples, não é verdade? Mas é preciso saber bancar esse não. É preciso aguentar a cara feia, o choro, a mágoa, a rebeldia, o conflito e tudo que vier depois de receber o não. É aí que amolecemos... Porém, é necessário ter firmeza, pois todas as reações das crianças são absolutamente legítimas. Estranho seria se elas reagissem de modo passivo quando se defrontassem com situações adversas.

E por que simplificamos situações complexas que fazem parte da experiência das crianças, como a vida escolar?

Temos dado tanta importância ao êxito dos filhos na escola que assumimos a responsabilidade que deveria ser deles, apenas deles. Em seu livro *As pequenas virtudes*, a escritora italiana Natalia Ginzburg diz que a vida escolar é a primeira batalha que as crianças devem enfrentar sozinhas. Sozinhas! Pouco interessam as notas que recebem: o que importa é a dedicação aos estudos, para que aprendam e tenham gosto e curiosidade pelo conhecimento sistematizado. Quando acompanhamos religiosamente a vida escolar dos filhos, será que isso contribui para que eles tenham um rendimento melhor? Claro que não. Qualquer pessoa que é ajudada em algum trabalho aumenta a sua produtividade.

Vamos, então, refletir bem ao lidar com os problemas, a fim de tratar com complexidade as coisas que são problemáticas na vida e com simplicidade aquelas que não exigem complicações.

o

Hoje, há uma grande discussão a respeito do grau de responsabilidade da família e da escola na educação das crianças. Isso gera um frequente jogo de empurra, principalmente por parte da escola, que ainda não se adaptou aos novos tempos e insiste em que a sua função é a transmissão do conhecimento. Não é mais.

À família cabe a formação dos filhos para que se tornem pessoas de bem. À escola cabe a formação dos alunos para que se tornem cidadãos ativos, críticos, livres, capazes de buscar a justiça, de ser solidários e respeitosos e, acima de tudo, capazes de apreciar a diversidade.

A educação familiar e a escolar são radicalmente diferentes. Para educar, a família tem como base os afetos; a escola, o conhecimento. São dois tipos de formação diferentes, mas complementares – e uma não consegue substituir a outra. Raramente nos lembramos que as crianças exercem, como filhos, um papel social específico, e, como alunos, vivenciam outro papel, muito diverso. Por isso, a educação praticada pelas escolas deve ser diferente, de verdade.

Ainda não conseguimos estabelecer, no Brasil, uma parceria entre a família e a escola que tenha como beneficiários de fato as crianças e os jovens. Pensando bem, perceberemos que os benefícios dessa parceria são voltados à própria escola e à família. Preparem-se agora para refletir sobre algo que pode causar espanto e levar vocês a discordar veementemente do que digo: o principal papel da escola é o de arrancar os filhos de sua família!

Como assim?

Vejam só: todo grupo familiar tem crenças, preconceitos, estereótipos etc. em relação ao mundo. E a família transmite tudo isso aos filhos. A escola, ao ensinar a pensar e a prezar a liberdade, colabora para que as crianças façam escolhas próprias e conscientes, independentemente dos credos familiares, e saibam arcar com as consequências – positivas ou negativas – de suas opções. Isso é preparar para o futuro.

Além disso, precisamos reconhecer que a família e a escola não são mais as únicas instituições que educam os mais novos: a televisão, a publicidade, a imprensa, a internet e o comportamento social, por exemplo, também educam. E é exatamente por isso que precisamos estar muito alertas.

o

Crescer dói. Enquanto se desenvolvem, os filhos sofrem, e nem sempre estamos atentos a isso. Temos tido muita dificuldade para ouvir e entender a criança. Estamos mais dispostos a dar broncas, castigos e a fazer sermões moralistas, que eles ouvem sem atenção e chamam de "blá-blá-blá". Estão corretíssimos.

Para educar alguém, é preciso conhecer quem estamos educando. Você conhece realmente o seu filho? Ou tem dado mais atenção ao celular do que a ele – como pensa a maioria das crianças a respeito de seus pais na pesquisa mundial de 2015 da AVG Digital Diaries?*

---

* A pesquisa está disponível em inglês, no site da AVG: <http://www.avg.com/digitaldiaries/homepage#study-2015>. Acesso em: 23/3/2016.

Por causa do nosso comportamento juvenil, independentemente da idade, temos ignorado os nossos filhos em nome de interesses particulares. Não é à toa que um fenômeno vem ocorrendo em todo o planeta: o esquecimento de crianças em carros, muitas vezes com consequências fatais.

Que tal nos dedicarmos inteiramente aos filhos quando estivermos com eles? Esqueçamos o celular, a internet, as intermináveis mensagens instantâneas e vamos conversar com eles, olhos nos olhos, ouvir com interesse verdadeiro as histórias deles e contar as nossas a eles. Vale a pena, também, que pais e filhos aprendam o valor da atividade solitária em casa, dedicando-se separadamente aos seus afazeres e hobbies, como a leitura, embora em plena comunicação afetiva o tempo todo, uns com os outros. Mesmo que seja uma solidão muito breve, de apenas alguns minutos.

Quando a criança sofre, ela nem sempre reconhece a causa do sofrimento; mesmo assim, pede ajuda. A birra, a manha, o choro, a irritação ou a agressividade podem ser pedidos de ajuda. Sempre é bom lembrar que ela ainda não tem recursos pessoais para se proteger dos seus próprios impulsos e caprichos. Precisamos entender a criança para estabelecer com ela uma boa comunicação.

A maioria das comunicações ainda é realizada recorrendo ao discurso adulto, que ela não entende. Querem um exemplo? Quando a criança se aproxima de uma situação de risco e estamos por perto, de olho, costumamos dizer: "Cuidado!". Essa palavra é repleta de significados para o adulto, que reconhece o perigo e sabe o que fazer em uma situação ameaçadora. Para a criança, a palavra não tem significado nenhum: é vazia de sentido e não a impedirá de continuar na situação de risco.

No entanto, a criança certamente entenderá a nossa explicação, caso seja assim: "Ao subir na cadeira dessa maneira, você pode cair. Melhor desistir ou encontrar um jeito mais seguro de fazer isso". Ela também nos entenderá se a ajudarmos a perceber fisicamente o risco que corre, ou a superar com segurança o perigoso obstáculo que tem pela frente.

o

Como será o mundo futuro em que viverão os nossos filhos? Não temos a menor ideia, tamanha é a velocidade com que as coisas mudam. Algo, contudo, é certo: o futuro não será como imaginamos nós, que já pertencemos ao passado. Tudo o que podemos fazer é transmitir às crianças os nossos valores, a nossa história familiar, desenvolver nelas e com elas algumas virtudes, defender – e ensiná-las a fazer a mesma coisa – a moral, a ética, a solidariedade, a justiça, o respeito ao outro e o amor à vida.

É o que podemos fazer de melhor pelo futuro delas. Além, é claro, de permitir que cresçam, mesmo que isso implique o afastamento delas. Por isso, a melhor educação que podemos dar aos nossos filhos é aquela que foi pensada e refletida depois da longa experiência de cada dia, naqueles momentos em que, no silêncio de casa, a mãe e o pai se perguntam, enquanto as crianças dormem: "O que fiz hoje foi valioso para os meus filhos? Funcionou? Repeti o mesmo erro? Fui impulsivo?". É justamente nesses momentos que este livro pode ser uma boa companhia: gostaria que ele fosse para vocês, leitoras e leitores, um estímulo à reflexão e à renovação.

As perguntas que fazemos a nós mesmos, as nossas reflexões, ajudam a que possamos fazer coisas ainda melhores pelas nossas crianças. E lembrem-se: sempre vamos errar. Precisamos confiar em que elas vão superar os nossos erros. Como sempre digo, os nossos filhos precisam ser melhores do que nós. Portanto, não podemos deixar de ter fé neles, de acreditar que são capazes de muito mais, desde que façamos boa companhia a eles.

Repetir um mantra sempre ajuda, não é verdade? Sugiro que, quando ocorrer uma situação difícil entre vocês e os seus filhos, repitam muitas vezes, mentalmente: "Como eu sou o adulto dessa relação, é minha a responsabilidade de encontrar uma saída". Sempre haverá não apenas uma, mas várias soluções possíveis. Eles aprendem conosco, e nós também aprendemos com eles – a conviver, a viver e a amar. E essa é uma das principais razões por que, voltando ao poeta, eu diria: Filhos... filhos? Melhor mesmo é tê-los!

Neste volume, a ideia central foi reunir, entre centenas de textos que publiquei na *Folha de S.Paulo*, aqueles mais recentes cujo protagonista seja a criança. Isso não significa que pais de adolescentes não possam ter este livro como companhia, sobretudo nas horas em que a reflexão se torna prioridade para o acompanhamento do filho. Basta adaptar as situações que envolvem as crianças para o contexto da relação educativa com os filhos mais crescidos.

A primeira parte trata, principalmente, da relação familiar e da sua dinâmica quando há a presença de crianças. Os filhos podem ser afetados conforme o estilo de vida adotado pelo grupo familiar, e repensar o cotidiano sempre pode melhorar a convivência do grupo.

Na segunda parte, os leitores terão a oportunidade de pensar e repensar sobre o modo como tratam as vicissitudes da vida, bem como seus dramas e tragédias, com os filhos. Para a parte seguinte, escolhemos os textos que refletem sobre como os pais ensinam – ou deixam de ensinar – aos seus filhos muitos conceitos importantes, às vezes sem perceber.

O que acontece na escola que o seu filho frequenta, o que deveria acontecer e o que não é bom que ocorra? Na quarta parte, discuto se o encontro da escola com a família é positivo ou não para a educação dos nossos filhos. A criança no mundo atual, a infância e as pressões que fazemos sobre elas são o tema da quinta parte. Na sexta, estão reunidos os textos sobre o cotidiano infantil, de cuja importância muitos pais não se dão conta, por causa do movimento de desaparecimento da infância.

Os cuidados com a saúde integral da criança, as questões da sexualidade e a construção do autocuidado são os temas da sétima parte. E, na parte final, reuni textos que provocam reflexões a respeito do mundo tecnológico, da relação que as crianças estabelecem com ele e como os pais e adultos podem conduzir melhor esse processo.

Boa leitura!

PARTE I
s.o.s. família

Educar na diferença

Os médicos obstetras estão cada vez mais acostumados com a presença do pai na hora do parto. Ele está presente na vida do filho desde o nascimento e amplia, cada dia um pouco mais, essa participação. Já não se contenta em fazer apenas figuração. Os pais querem, de fato, interferir nos rumos da vida dos filhos, principalmente na educação. E isso – vejam que interessante – tem gerado muita reclamação por parte das mães. Não é contraditório que o que antes era motivo de reclamação pela ausência agora o é pela presença?

E de que reclamam as mães? Da dificuldade de educar em conjunto. Elas, que, por muito tempo, tiveram de decidir quais atitudes tomar com os filhos e arcar sozinhas com tal responsabilidade, agora não sabem exatamente como lidar com a participação do pai dos seus filhos.

A mãe ainda não quer deixar o filho sair sozinho, mas o pai acha que já está na hora de ele aprender a se virar no mundo; o pai quer levar a filha de carro para a escola, mas a mãe quer que ela aprenda a usar o transporte coletivo. Durante um conflito com a filha, a mãe quer conversar e tudo acaba na maior discussão, mas, para o pai, isso se resolve sem muita conversa. Esses são alguns exemplos enviados por leitores que querem saber como sair da encrenca. E numa coisa eles têm razão: é uma encrenca mesmo, já que o filho, em geral bem esperto, logo descobre os pontos de discordância entre os pais e sempre dá um jeito de capitalizar para si algum tipo de vantagem.

Uma coisa é certa: é muito melhor que pai e mãe atuem juntos na educação. Muita gente acha que pai e mãe precisam pensar do mesmo modo sobre a educação do filho. No entanto, não é preciso unificar opiniões e ações, não é fundamental igualar as atitudes do pai e da mãe. Aliás, isso seria quase impossível, dadas as diferenças pessoais.

A educação do filho até pode ser enriquecida quando os pais pensam de modo diferente. O difícil é o pai e a mãe saberem lidar com as próprias diferenças sem moralizar, sem que um avalie as opiniões do outro segundo as suas próprias referências de "certo" e "errado" no ato de educar. O mais comum é a mãe achar que o pai está errado e vice-versa. Como não sabemos o que é certo e o que é errado na educação familiar, podemos concluir que, na verdade, o que pai e mãe disputam é o poder na determinação dos rumos da educação dos filhos.

Dá para resolver isso? Claro que sim, mas não sabemos como, já que foi só no mundo contemporâneo que o exercício da paternidade se mostrou tão atuante, e por isso este também é o tempo para criarmos as saídas para os impasses. Algumas pistas, entretanto, podem ajudar. Uma delas indica que nem tudo precisa ser acertado entre pai e mãe. Se o filho está com o pai, pode muito bem seguir as orientações dele naquele momento. Quando está com a mãe, atende à orientação dela, mesmo que seja diferente da que o pai daria em situação semelhante.

Não vamos sequer considerar o argumento de que o filho vai ficar confuso com essa diferença de condução. Ele não pode ser subestimado a esse ponto. Ele logo vai aprender – antes mesmo que os pais possam esperar – a identificar o que cada um exige ou pede dele. Os pais, é claro, devem conversar entre si sobre os pontos que consideram importantes, para entrarem em acordo prévio sobre as atitudes que terão com o filho. Aí é que vai ser preciso, da parte de ambos, disponibilidade para ceder e mudar. E, principalmente, para reconhecer a importância da participação dos dois na educação. Como estamos acostumados ao modelo "a mãe educa e o pai provê", tem sido difícil para a mulher compartilhar o papel educativo. Aceitar dividir essa responsabilidade não é fácil, mas talvez seja fundamental para os filhos e para a construção dos papéis de pai e de mãe.

24.6.2004*

* Título original: "Pai e mãe podem pensar diferente a educação".

Mesa de jantar e encontros familiares

Uma notícia que li no jornal me fez pensar bastante e é um bom tema para a nossa conversa: nos últimos cinco anos, as vendas de mesas de jantar caíram 8% no Reino Unido, enquanto o volume de móveis para escritório vendidos para pessoas físicas aumentou 40%. Apesar de não ter os dados, não creio que, no Brasil, a situação seja muito diferente.

As famílias mudaram bastante o seu modo de viver, principalmente a partir da década de 1960. Até então, a mãe era a rainha do lar, a família não se restringia a pais e filhos e o grupo de parentes se reunia com regularidade, principalmente em torno da mesa de jantar. Esse móvel, tanto quanto os da sala de estar, ganhou outros usos no mundo contemporâneo. Hoje, é raro que as famílias utilizem a sala de jantar ou a de estar como principal ponto de encontro da casa.

A palavra "lar" entrou em desuso já há um bom tempo. Esse é um dos sinais que demonstram não apenas as transformações linguísticas e/ou no estilo de vida, mas também, e principalmente, as que ocorrem nos vínculos entre as pessoas de uma família. Melhor dizendo, entre pais e filhos.

Na era do consumo, a casa deve atender a determinados padrões estéticos muito mais do que afetivos. O que parece importar, na casa, é o que ela tem, e não quem mora nela, não é verdade? Basta prestar atenção nas peças publicitárias para constatar o fato. "Dize-me como é tua casa e te direi quem és", insistem os anúncios e as revistas que expõem casas de pessoas famosas. O que era o espelho da família se transformou em imagem de consumo. E, dessa maneira, passamos a servir à casa em vez de ela nos servir. Na era do individualismo, a casa se subdivide em vários nichos que abrigam, em separado, pais e filhos. A sala de estar é pouco usada pelo grupo, e a de jantar, menos ainda. A casa não funciona mais como espaço estimulador da reunião de quem mora nela.

E os pais, como se relacionam agora com os filhos, com tão poucas oportunidades de encontros afetivos e efetivos? Um detalhe da notícia que citei serve como pista: o aumento das vendas de móveis para escritório a pessoas físicas. Interpretando esse fato como um indicativo da crescente influência do estilo de vida dos escritórios na convivência familiar, arrisco dizer que os pais ganharam um perfil de burocratas.

O que isso significa? Em primeiro lugar, que eles estabelecem ou procuram estabelecer uma rotina administrativa no relacionamento com os filhos: priorizam determinadas responsabilidades e executam suas atividades com vistas a atingir certa estabilidade. Conflitos e discussões, tanto quanto questionamentos e reflexões sobre o exercício desse papel, são, portanto, evitados, e até mesmo recusados, em nome de uma aparente porém ilusória harmonia administrativa.

Em segundo lugar, os pais passaram a acreditar que uma das características mais importantes para exercer o seu papel é ter qualificações técnicas, quase profissionais. Vem daí o crescimento vertiginoso da oferta de livros que se propõem a "formar pais". Do mesmo modo, os pais se cercam de profissionais das mais variadas áreas do conhecimento no intuito de compensar sua falta de conhecimento especializado.

Ocorre que os filhos precisam mesmo é de pais menos burocratas. Eles demandam uma relação afetiva complexa, formada pelos afetos dos mais diversos tipos, que atuam como eixo da educação familiar, por um chão firme, que lhes permita caminhar com um pouco de segurança, por uma sinalização clara a respeito do que os pais acreditam que podem ou não devem fazer.

Seria melhor que pais e filhos pudessem se olhar diretamente e dialogar – o que a reunião em torno da mesa de jantar possibilitava – do que olhar em silêncio para a mesma direção (a da televisão) enquanto se alimentam. É bom ressaltar, porém, que não se trata de resgatar o impossível, mas de criar novas condições para os encontros entre pais e filhos.

2.2.2006

Tempo e falta de tempo

Cada vez mais ouço pessoas reclamarem do tempo ou da falta de tempo para conseguir dar conta de todas as responsabilidades e realizar as aspirações diárias ou projetadas para curto e médio prazo. Parecemos o Coelho Branco do país de Alice, sempre atrasado e a dizer: "É tarde, é tarde!". Talvez não seja o tempo. Pode ser o excesso de atividades distribuídas no curto tempo disponível, por exemplo. Queremos fazer de tudo e não nos contentamos mais em fazer um pouco de tudo: queremos muito de tudo.

O trabalho, por exemplo, não ocorre mais só no local de trabalho. Não há mais horário de trabalho, principalmente com o advento do celular. Qualquer hora é hora para resolver algo, responder a uma dúvida, fazer uma indagação, gravar um memorando, marcar uma reunião, ter uma ideia, checar o e-mail de trabalho. Parece mesmo que tudo é urgente. Aliás, a expressão "é para ontem", cada vez mais usada no campo profissional, aponta com ironia o paradoxo que vivemos em relação ao tempo: afinal, o que "era para ontem" já está atrasado, ou não pode mais ser realizado, não é?

Do mesmo modo, as relações familiares, principalmente com os filhos, não se dão apenas no lar, ou quando pais estão reunidos com os rebentos: o mesmo celular leva os filhos com os pais a todos os lugares e, assim, todo o tempo fica dividido com eles. Nas casas de espetáculos, por exemplo, todos ouvem um aviso para que desliguem o celular. Muitos optam por deixá-lo no modo silencioso: assim não perturbam o ambiente, mas, ao mesmo tempo, não perdem uma chamada que – garantem os que são pais – pode ser dos filhos. Sem falar nas constantes ligações dos filhos quando os pais estão no trabalho.

Talvez o nosso problema não seja o tempo escasso, mas a dificuldade em administrá-lo. Não tem sido fácil, por exemplo, diferenciar o que é urgente do que é importante, tanto na vida profissional quanto na pessoal. E tem mais: não raramente desconhecemos o nosso próprio ritmo. Quem não tem intimidade com o seu ritmo na vida aceita assumir mais – ou menos – coisas do que poderia realizar num determinado espaço de tempo. Será que temos colaborado para que os mais novos aprendam a conhecer o seu ritmo e a administrar o seu tempo?

Pelo jeito, a resposta é um sonoro e forte "não!". Na escola, por exemplo, os alunos aprendem muito pouco sobre isso. Eles devem fazer suas atividades e aprender no tempo determinado pelo modo de funcionamento da escola, pela duração das aulas ou pelo comando do professor. Em geral, os alunos saem da escola sem saber efetivamente avaliar o tempo de que precisam para realizar um projeto.

De modo similar, os pais costumam impor aos filhos a sua própria noção de ritmo para usar o tempo. Desse modo, muitos filhos são caracterizados como rápidos ou lerdos de acordo com a velocidade dos pais para comer, para falar, para tomar banho etc. Ajudar o filho a aprender a administrar o seu tempo não é cobrar que ele faça as coisas mais rapidamente, mas que realize as obrigações do dia sem ficar sem tempo para se dedicar ao que gosta e quer fazer. Esgotar o tempo dos filhos com atividades é uma péssima forma de ajudá-los a se apropriarem de seu tempo e de seu ritmo.

Pais e escolas têm imposto o uso da agenda como estratégia para ensinar aos mais novos a administração do tempo. Ora, esse recurso só funciona para quem já aprendeu a se organizar no tempo, por conhecer bem o seu próprio ritmo e ser capaz de distinguir prioridades, o que não é o caso de crianças e adolescentes – nem, muitas vezes, de adultos, não é verdade?

10.5.2007

A menina que batia o pé

Quando Ana nasceu, foi uma alegria que só vendo. Seus pais planejavam a sua chegada havia anos. Casaram-se e viviam em lua de mel, fortalecendo a relação e a carreira profissional, construindo uma base financeira sólida e divertindo-se – adoravam sair e viajar. O sonho de ter um filho ficava cada dia mais próximo e parecia ser a realização da união. Por isso, Aninha sempre teve de tudo, desde o primeiro dia fora da barriga da mãe. Aos dois anos, aprendeu uma coisa muito importante: para conseguir o que queria, tinha de fazer uma coisa simples e até gostosa – bater o pé.

Se Aninha queria comer biscoito na hora do almoço e os pais queriam que ela comesse a refeição, ela não titubeava: batia logo o pé e, como mágica, ganhava a gostosura. Se tinha vontade de dormir bem no meinho dos pais, na cama deles, bastava bater o pé e dormia gostoso naquele lugar que achava tão aconchegante. E assim ela agia quando não queria ir para a escola, quando queria colocar o vestido que adorava ou quando não queria beijar a vovó, por exemplo.

"Essa menina tem mesmo personalidade", dizia o pai, todo orgulhoso, quando Aninha batia o pé, fosse pelo que fosse. "Ela é precoce, sabe muito bem o que quer desde pequena", comentava a mãe enquanto pensava, com prazer, que Aninha tinha a quem puxar.

Aninha cresceu batendo o pé e, quando tinha perto de nove anos, foi chamada pela mãe para uma conversa séria. Em tom grave, ela anunciou: "O seu pai e eu nos separamos e, de agora em diante, somos só nós duas aqui em casa. Por isso, você tem de colaborar e bater menos o pé".

Aninha achou normal: muitos colegas já viviam essa situação e não foi novidade nem problema passar a ser filha de pais separados.

O que veio em seguida, no entanto, transtornou sua vida. O pai quase não a procurava, para começar. "Se o bom de ser filha de pais separados é ter duas casas e passar o fim de semana fazendo programas legais só com o pai, que graça tem viver assim, sem ele por perto?", pensava Aninha. Mais: Aninha passou a ouvir a mãe reclamar do pai. Se pedia uma mochila nova, tinha como resposta que o pai pagava uma pensão que não dava para nada. Quando ia se arrumar para esperar o pai, a mãe logo avisava que não ficasse muito ansiosa, porque ele podia se esquecer do passeio, porque era um irresponsável e egoísta etc. Quando tinha sorte e se encontrava com o pai, acontecia o mesmo: ouvia-o dizer que a mãe era uma chata que se achava a dona da verdade e que era por causa dela que ele não via a filha mais vezes.

Seja como for, sem perceber, Aninha deixou de bater o pé e passou a bater cabeça. Não na parede – pois ela não gostava de se machucar. Não conseguia prestar atenção nas aulas, brigava com a melhor amiga, só tinha vontade de fazer coisas que aborreciam a mãe e chorava escondido, às vezes por saudades do tempo em que tinha pai e mãe, às vezes por sentir ódio dos dois. Aninha ficou, agora sem querer, bem no meinho dos pais, lugar que descobriu ser nada aconchegante.

Mas tinha a sorte de ter uma tia legal, que disse uma coisa que Aninha achou a mais importante que já ouviu: "Sempre que a sua mãe ou o seu pai começarem a falar mal um do outro, você diz que não tem nada a ver com essa conversa e bate o pé até eles pararem".

Deu certo. Afinal, os pais sempre a atenderam quando ela batia o pé. E foi assim que Aninha deixou de bater cabeça: voltando a bater o pé. Agora não mais por capricho, mas para conseguir aquilo de que mais precisava: ficar longe da mira das armas usadas por seus pais para atirar um contra o outro. E, claro: a presença não belicosa dos dois em sua vida.

7.6.2007

De geração em geração

Quem tiver a oportunidade de observar a hora do recreio de uma escola em que os alunos levam o lanche de casa vai perceber um fato bem interessante: as merendas das crianças de famílias diferentes são muito parecidas e variam apenas de um dia para outro. Se considerarmos as roupas, vamos constatar o mesmo fenômeno: elas se vestem de modo muito semelhante. O mesmo vale para os cortes de cabelo, as músicas que sabem cantar, as histórias que conhecem e o tipo de linguagem que usam.

Numa época em que a mídia tem tanta força, não é estranho que isso aconteça. Podemos, entretanto, construir conjecturas sobre o processo por que passa a cultura familiar: parece que ela vai se esvaindo e perde a sua força. Hoje é legítimo se perguntar o que diferencia crianças – sobretudo as mais novas – das mais variadas famílias e sobrenomes. Quais são as diferenças entre fazer parte dessa ou daquela família? Quais são as características de uma família e de seus costumes em relação às outras, segundo a ótica dos filhos? Quais são os elos – além do parentesco – entre um grupo familiar e suas famílias de origem?

A família, sistema social responsável por transmitir a seus membros a primeira matriz de identidade e de pertencimento, parece que passou a acreditar que tal transmissão ocorre por osmose. A história familiar – sua memória, sua organização e seu patrimônio cultural – tem sido relegada ao esquecimento por fundadores de novas famílias. Por que será?

Uma hipótese possível é que, em um mundo admiravelmente novo a cada dia, as tradições familiares (talvez se possa dizer o mesmo de qualquer tradição), quando não são simplesmente esquecidas, são consideradas ultrapassadas, autoritárias, rançosas. Perdem mais do que o valor: perdem o lugar. Outra hipótese é que, sendo a família um núcleo de grandes conflitos, o melhor a fazer seria tentar colocar o passado entre parênteses para criar uma nova família. Seria uma tentativa de começar do zero, como gosta de dizer um amigo, para tentar anular antigos problemas.

Seja como for, os fundadores das novas famílias quase não encontram motivos para repetir e transmitir aos filhos as receitas tradicionais, os ritos das férias ou dos fins de semana, as rotinas de organização, os costumes na relação com parentes e amigos, os valores construídos por gerações. Afinal, por que passar a manhã de domingo preparando um almoço familiar se é bem mais simples ir a um restaurante, pedir uma refeição entregue em domicílio ou comprar semipronto? Por que recontar aos filhos histórias que habitaram a própria infância se os tempos são tão diferentes e as crianças também? Por que narrar as peripécias de parentes que os mais novos não conhecem? Por que levar os filhos a participar de rituais religiosos que a família preza?

Quando a memória histórica de um grupo familiar não é mantida, quando as suas tradições não são transmitidas aos filhos, não são apenas fatos e estilos de vida que deixam de ser preservados. Toda a matriz de identidade daquele grupo, que tem a função de deixar marcas de identificação nas novas gerações, é ignorada.

Parece que os grupos familiares passaram por um processo de pasteurização. Será que não estamos submetidos a um modo de viver totalitário, que, como disfarce, aceita famílias de diferentes configurações, mas não aceita outras diferenças nessa aparente diversidade? Precisamos pensar nisso, pois pode ser que estejamos criando uma geração sem herança cultural, sem identidade familiar e com ascendência desconhecida.

14.6.2007

Tão longe, tão perto

Os pais nunca declararam amar tanto os filhos quanto agora. Fazem tudo o que podem e o que às vezes nem deveriam fazer porque, de tanto amar os filhos, não suportam vê-los sofrer. Esforçam-se para dar a eles o melhor da vida porque querem que os filhos tenham tudo o que eles próprios, quando crianças, não tiveram. Estabelecem com os filhos um relacionamento aberto, íntimo e amigável porque não querem ser autoritários e distantes como foram seus pais. Enfim: os pais estão, hoje, apaixonados pelos filhos.

É compreensível: em um mundo no qual os laços afetivos entre os adultos estão sempre por um fio e se desfazem por qualquer bobagem, o clima de insegurança afetiva provoca novas buscas. Como a união com os filhos é a única, atualmente, que só a morte dissolve, ela tem servido como porto seguro afetivo dos pais. Para ter ideia de quão longe isso vai: uma diretora de escola de educação infantil no interior de São Paulo contou-me que, no Dia dos Namorados, vários ramalhetes de flores enviados pelos pais às filhas chegaram à escola.

O problema está nas contradições que esse amor declarado tem apresentado. Os pais que tanto adoram os filhos contratam babás para ficar com eles diuturnamente, inclusive domingos e feriados. Vemos pais cujos filhos estão segurando nas mãos da babá ou no colo dela no shopping, no cabeleireiro, no consultório, no hotel, no restaurante etc. E ter babá dá muito trabalho! É seleção, busca de referências, treinamento e depois, se surgirem desconfianças, instalação de câmeras etc.

Mães e pais que dizem amar os filhos sem medida contribuem para que novos negócios prosperem em tempos de recessão. Os pais vão a um casamento com os filhos? Não há problema. Os noivos contratam empresas de recreação que ficam o tempo todo com as crianças, para que os pais "curtam a festa sem restrições". Nas férias, os hotéis precisam ter uma equipe de monitores que, além de entreter as crianças, ainda almoça e janta com elas. Por falar em férias, os acampamentos para crianças rendem no período. Até pouco tempo atrás, eles só recebiam adolescentes. A demanda fez com que proliferassem os locais que recebem crianças pequenas: os pais já podem mandar os filhos a partir dos quatro anos (!) para uma temporada fora de casa, com direito a "espiar" pela internet como eles se divertem! Quando o filho faz aniversário e os pais querem demonstrar todo o seu amor dando uma megafesta, nenhum problema: contratam um bufê que cuida de tudo. E a escola, para ajudar, recebe as autorizações de saída e conduz os convidados até o ônibus que os leva da escola para o evento.

A falta de tempo dos pais tem sido usada para explicar tantas buscas de recursos. Esse estilo de vida, entretanto, tem muito mais a ver com a nossa cultura. Amor demais sufoca e idealiza. Pode ser por isso que os pais apresentem tamanhas contradições: amam tanto a ideia de ter o filho que precisam ficar longe dele para, talvez, não perder o filho que imaginam ou gostariam de ter.

27.11.2008

Paciência em falta

A ideia de ter filhos hoje é absolutamente sedutora. Tornar-se mãe ou pai é um fato que nunca pareceu tão importante, porque é visto como modo de se realizar, de se completar, de cumprir uma missão. Não é à toa que tantas mulheres recorrem a procedimentos médicos diversos para conseguir engravidar. Definitivamente, consumimos a ideia de que ter filhos é fundamental. O período de gestação é cercado de acontecimentos que se parecem com pequenas festas para os futuros pais. Compras dos mais variados tipos, durante meses consecutivos, são consideradas indispensáveis: além do enxoval para o bebê, há as vestimentas para a futura mãe, que, em geral, não vê a hora de exibir a sua condição. Um bom exemplo de como exibir a gravidez é tão importante quanto estar grávida são as entrevistas, as fotos e o modo de se apresentar de artistas que esperam um filho.

Além das compras, são contratados vários prestadores de serviços e um aparato médico-hospitalar que inclui muitos exames – e não me refiro aqui ao essencial, que constitui o pré-natal. Depois do nascimento, a cortina desce progressiva e vagarosamente, e o clima de festividade cede espaço à realidade: ter filhos, o que implica cuidar deles e educá-los, dá trabalho. Um trabalhão, por sinal. Nos primeiros anos, são as noites maldormidas, o trabalho braçal árduo, a atenção constante e o contato com um universo radicalmente diferente do nosso: o mundo da imaginação e da fantasia. Além disso, ensinar a criança a estar com os outros não é tarefa simples, porque os pequenos não se controlam e, por mais que entendam as ordens e orientações dos pais, precisam ser seguidos de perto e contidos sempre. Na segunda parte da infância, os pais precisam começar a exercitar o desprendimento em relação aos filhos, já que eles precisam crescer e a vida escolar é o campo em que isso ocorre de modo privilegiado. Na adolescência, os pais são testados continuamente e não podem abandonar seu papel até que o filho amadureça, de preferência como uma pessoa de bem, para viver por conta própria.

Todo esse processo exige, mais do que qualquer outra coisa, muita paciência. Aliás, creio que essa seja a virtude mais necessária a quem tem filhos. E é, do mesmo modo, a que tem estado mais em falta atualmente. Os pais têm tido pouca paciência com as manifestações próprias da criança pequena, com o crescimento do filho – que tem um ritmo próprio –, com as contestações dos adolescentes. Acreditam que os filhos os fazem insistir demais nas mesmas coisas. Pois os pais precisam saber que, por mais ou menos dezoito anos, vão repetir as mesmas coisas. As expressões "ainda não" e "agora chega" condensam as mais importantes repetições; muda apenas o conteúdo, de acordo com a idade dos filhos. Os pais não podem dizer que não têm paciência no exercício de seu papel. Quem tem filhos precisa desenvolver essa virtude a qualquer preço. Sem ela, os mais novos ficam na situação de órfãos de pais vivos.

17.9.2009

Cuidado ao falar

"Os ouvidos não têm pálpebras, por isso não podemos nos proteger dos barulhos que não queremos ouvir." Essa frase, dita por uma professora de música em uma reunião de pais, me fez pensar muito na vida das crianças na atualidade. Vocês já observaram uma delas assistindo a um filme? Quando surge uma cena que ela não quer ver, fecha os olhos. Até adultos fazem isso. As pálpebras são uma espécie de proteção do sentido da visão: acionadas intencionalmente, nos protegem de visões que nos causam asco, medo ou repulsa, por exemplo. Desde cedo, a criança aprende a usar esse recurso.

Já do que se fala em seu entorno as crianças não podem se proteger. Hoje, os adultos não têm tomado muito cuidado quando conversam entre si perto de crianças. Isso acontece por vários motivos: um dos principais é que a presença da criança no mundo adulto foi quase naturalizada. De modo geral, já não consideramos nocivo que ela participe de situações próprias da vida adulta. Para não sonegar informações que ela solicita ou que acreditamos que ela deva ter, dizemos quase tudo.

O segundo motivo é que nós, adultos, estamos muito centrados na nossa própria vida. Quando queremos desabafar, tecer comentários diversos, contar segredos, tecer julgamentos sobre pessoas próximas ou com as quais mantemos relações impessoais, fazemos isso sem antes observar se há crianças por perto, que estejam expostas ao que dizemos. Além de a criança absorver tudo sem ter maturidade suficiente para dar um sentido apropriado ao que ouve, ela se mantém sempre pronta a expressar o que ouviu, a qualquer hora e na frente de qualquer um, já que não é capaz de guardar segredos – o que deixa os pais em situações constrangedoras. Uma mãe me contou que, ao entrar no elevador com a filha de cinco anos, encontrou-se com uma vizinha. A menina não demorou a dizer, em alto e bom som: "Mãe, é dessa mulher que você não gosta?". Nem é preciso dizer o clima que se instalou entre as duas, que convivem no mesmo prédio. Em uma escola de educação infantil, a professora acabara de contar uma história que falava em pesadelos e sonhos. Uma criança disse que a mãe sempre tinha pesadelos porque gemia à noite. Em seguida, outras crianças comentaram o mesmo a respeito dos pais.

A nossa preocupação deve ser tanto com o que a criança ouve e que passa a fazer parte de sua formação ou deformação, em alguns casos moral, quanto com aquilo a que ela atribui um sentido que interfere radicalmente na sua vida psíquica e emocional. Um garoto de nove anos entrou em estado de apatia porque ouviu os pais conversarem sobre a sua transferência de escola. A mãe disse que talvez fosse melhor uma escola mais fácil, porque ele não era tão inteligente quanto o irmão mais velho.

Já que não conseguimos controlar tudo o que a criança ouve, podemos ao menos poupá-la dos ruídos indesejáveis. Para tanto, precisamos ser mais cuidadosos na presença dos mais novos.

18.2.2010

Condomínios bárbaros

O estilo de vida urbano que adotamos produziu uma geração de crianças que só consegue viver fechada em um local, seja ele móvel ou imóvel. Essas crianças são chamadas de "geração *indoor*" e, certamente, pagam um preço por isso. Esse fato produziu um *boom* de construções de prédios e casas com enormes áreas de lazer e ricas em recursos. A área de lazer, assim, é considerada um quesito da maior importância por muitas famílias na hora de tomar a decisão e escolher a casa ou o apartamento em que vão morar. Hoje, um sonho de muitas famílias é residir em um desses já chamados de condomínios-clube.

Recebi duas mensagens interessantes a respeito disso, que se complementam. A primeira é de uma mulher que tem dois filhos, de seis e nove anos. Para que eles pudessem desfrutar melhor a infância, ela se mudou para uma cidade vizinha a São Paulo e passou a morar em uma casa de condomínio. Segundo essa mãe, a decisão melhorou radicalmente a vida das crianças. Há cerca de três anos, elas brincam no quintal ou na área comum sem medo e com autonomia. Já os pais vivem um clima de maior segurança e, por isso, não fazem muitas restrições na vida das crianças. A rotina ficou melhor, na visão da nossa leitora, em consequência dessa decisão que a família teve condição de tomar.

Já a segunda mensagem veio também de um morador de condomínio de apartamentos. Ele ocupa o cargo de síndico e nos escreveu para pedir socorro. Imaginem, caros leitores: o maior problema que ele enfrenta em sua gestão são as crianças. Segundo ele, quando elas estão na área de lazer para crianças, comportam-se como "pequenos bárbaros". Trocam chutes, pontapés e socos por qualquer motivo, os maiores provocam os menores... Quando interpeladas pelo zelador por causa do mau uso que fazem do patrimônio comum, as crianças respondem de modo insolente, arrogante e grosseiro. Usam palavrões pesados quando se referem aos idosos que chamam a atenção delas etc. Já os pais dessas crianças – ainda segundo o nosso leitor, que tem um humor ácido – agem como os "grandes bárbaros" que de fato são. Costumam tirar satisfação com pais de colegas que brigam com seus filhos e, nessas conversas, ameaçam voltar para dar murros na cara dos vizinhos, caso o evento se repita; chamam a atenção de funcionários que interpelaram seus filhos e sempre garantem que a história foi diferente da relatada, já que, para eles, os filhos nunca mentem.

E assim, pouco a pouco e sutilmente, os condomínios horizontais e verticais, criados para se tornarem pequenos oásis urbanos, passam a se transformar em campos de pequenas e grandes batalhas que são travadas diariamente. Impossível não lembrar o romance de William Golding *O senhor das moscas*, que inspirou um filme com o mesmo título. O livro conta a história de um grupo de crianças e adolescentes, sobreviventes de um acidente, que, sem a presença de pessoas adultas, experimenta construir uma comunidade. O enredo mostra como aquilo que no início parecia ser um paraíso logo se transforma em pesadelo para todas as crianças.

A semelhança com o que tem ocorrido nos condomínios é exatamente a ausência dos adultos na supervisão do convívio entre os mais novos, o que traz consequências parecidas com as apontadas na história. Sem o acompanhamento de adultos que tenham autoridade delegada pelos pais, não há regras que consigam administrar as questões que hoje afetam a vida nos condomínios.

5.4.2011

E agora, o que faço com essa criança?

As férias chegaram e muitos pais ainda não têm a menor ideia do que vão fazer com os filhos. Algumas famílias já programaram viagens, o que parece ser a solução ideal, já que, desse modo, os adultos podem até descansar enquanto os filhos aproveitam tudo o que os hotéis e/ou as babás podem oferecer. Alguns pais vão deixar os filhos na escola. É, caros leitores: muitas delas permanecem abertas para proporcionar lazer às crianças, enquanto os pais trabalham. Essas instituições descobriram duas coisas importantes: os pais não sabem o que fazer com os filhos e não contam mais com aquela rede social de conhecidos, vizinhos e parentes que poderia acolher as crianças quando eles mesmos não podem estar presentes.

É no período de férias que melhor podemos perceber o quanto, no mundo contemporâneo, os pais se transformaram em tecnocratas na relação com os filhos. Cumprem religiosamente todas as suas funções "oficiais": levam, trazem, cuidam, supervisionam e acompanham os afazeres da criança, sobretudo os escolares. Também batalham incansavelmente para proporcionar à prole tudo do bom e do melhor. No final das contas, não sabem ao certo de que maneira se relacionar com os filhos na intimidade.

Nunca os pais foram tão próximos dos filhos. Um pensamento nostálgico existe: o de que, hoje, as mães não têm mais tempo para as crianças como tinham as mães de outrora, que ficavam em casa e não tinham ambições profissionais nem trabalho remunerado. Seja como for, muitas mulheres ficavam em casa, mas não dedicavam o seu tempo inteiro aos filhos e sim à administração da casa, da família, dos afazeres domésticos. As crianças viviam ao redor da mãe, mas não precisavam dela tanto quanto hoje as crianças precisam. Por exemplo:

antigamente, as questões escolares eram de responsabilidade exclusiva da criança – e os pais não se ocupavam disso.

Hoje, os pais assumiram a vida dos filhos, mas não se relacionam intimamente com eles. O paradoxo é que eles invadem a privacidade das crianças e dos jovens, que nem sequer na escola conseguem ter o seu lugar exclusivo: têm de compartilhar tudo o que lá acontece com os pais. Há pais diariamente nas escolas, não é verdade?

Mas voltemos às férias. Esse período poderia ser uma excelente oportunidade para os pais exercitarem aquilo que um dia escolheram fazer em sua vida: educar. E o que isso significa? Significa apresentar o mundo, em seus detalhes, aos mais novos. Em outras palavras: educar é compartilhar algo de nosso domínio com o outro – com paciência e generosidade.

As viagens, por exemplo, podem ser uma experiência fantástica para a criança se, pelo caminho, ela for despertada, questionada, encorajada a pensar sobre o que está vendo, ouvindo, sentindo. E isso pode incluir desde a geografia local até a matemática das distâncias. A leitura é outro exemplo interessante. Ler junto com a criança, e não apenas para ela, pode ser uma aventura para ambos. Conversar sobre o enredo, questionar as atitudes de determinado personagem, inventar outros desfechos possíveis para a história podem ser boas estratégias de aproximação entre os mundos infantil e adulto.

A melhor estratégia, porém, é a do simples convívio caseiro. Compartilhar com os filhos o entusiasmo por determinadas atividades pode ser uma bela herança, a mais significativa de todas. A transmissão de pequenas habilidades: deixar a criança ajudar na cozinha ou na organização da casa, cuidar das plantas, contar para ela os casos dos antepassados, ou apenas passar o tempo juntos. O convívio pode ser bem simples quando há espaço para os filhos na vida dos pais.

28.6.2011

Madrastas e padrastos

A família passou do singular ao plural. Antes, havia "a família". Quando nos referíamos a essa instituição, todos compartilhavam a mesma ideia: um homem e uma mulher, unidos pelo casamento, filhos, parentes ascendentes, descendentes e horizontais. E, como os filhos eram vários, a família era bem grande, constituída por adultos de todas as idades, e crianças também. Pai, mãe, filhos, tios e tias, primos e primas, avós etc. eram palavras íntimas de todos, já que sempre se pertence a uma família. Quando as palavras "madrasta", "padrasto" ou mesmo "enteado" precisavam ser usadas para designar um papel em um grupo familiar, o fato sempre provocava um sentimento de pena. É que, na época da família no singular, isso só podia ter um significado: a morte de um dos progenitores. E o que dizer, então, da expressão "filho de casal separado"? Nossa, isso só podia ser mau sinal.

Mas essa ideia de família só sobreviveu intacta até os anos 1960. Daí em diante, "a família" se transformou em "as famílias". Os grupos familiares mudaram, as configurações se multiplicaram. Hoje, são tantas as formações que, creio eu, não conseguiríamos elencá-las. O tamanho da família diminuiu – e não apenas por uma redução do número de filhos, mas também porque alguns papéis, antes tão íntimos, tornaram-se distantes. Tios e tias ou mesmo primos e primas passaram a nomear antes pessoas próximas do que parentes de fato.

As palavras "tio" e "tia", aliás, passaram a servir para os mais novos nomearem qualquer adulto: professora, médico, pai do colega, entre outros. E, às vezes, essas palavras até são usadas de forma pejorativa: quem não conhece uma propaganda de carro afirmando que o modelo "não tem cara de tiozão"? Por sua vez, palavras antes distantes e temidas, como "madrasta" e "padrasto", tornaram-se íntimas de muitas crianças e muitos jovens no tempo da família no plural. Um grande ganho no tempo da diversidade.

Há alguns problemas, porém, que precisamos enfrentar nesse contexto. O primeiro deles é: qual será a responsabilidade das pessoas que assumem esses papéis perante os mais novos? Conheço crianças que se referem a essas pessoas como "a namorada do meu pai" ou "o marido da minha mãe". Outras chamam aqueles que ocupam esse lugar de tia ou tio. Poucas nomeiam essas pessoas madrastas ou padrastos. O que isso pode significar?

Pode apontar, por exemplo, que nós ainda não conseguimos superar a antiga concepção dessas figuras, quando substituíam o lugar de alguém que havia morrido. Como hoje as pessoas estão bem vivas e exercem ativamente o seu papel de mãe ou pai, resta um constrangimento social com a palavra, não é? No entanto, isso pode também significar que os adultos não aceitam a sua responsabilidade no convívio com as crianças. E essa recusa não se limita ao novo marido ou à nova mulher, mas também aos ex.

É compreensível, já que vivemos na era da posse absoluta dos filhos. Já ouvi várias mães dizerem: "Na educação do MEU filho, ninguém se mete". Quem vai querer comprar essa briga?

Os mais novos perdem muito com essa nossa atitude. Perdem oportunidades de estabelecer uma relação educativa diferente e rica, por exemplo. E perdem o referencial de que todo adulto é responsável pelas crianças que com ele convivem. Ou não?

1º.5.2012

Adultos fora de controle

A mãe de uma garota de oito anos me contou que está vivendo um conflito muito intenso com o marido, cujo resultado, ela acredita, deverá ser a separação. Enquanto não tomam a decisão e se separam, eles vivem de conflito em conflito, diariamente. A maior preocupação dessa mãe, além da situação estressante, relaciona-se a um fato ocorrido dias atrás. Num desses desentendimentos, eles trocaram acusações, xingamentos pesados e chegaram até a "pequenas agressões físicas", segundo suas palavras. O problema é que só então perceberam que a filha assistia a tudo, com expressão bastante assustada.

Desde então, a menina chora por qualquer coisinha, até mesmo sem motivo. Várias vezes se desespera com fatos simples, como não conseguir arrumar o cabelo do jeito que gostaria. Será que a garota ficou traumatizada com o que viu? Essa é a maior preocupação da mãe.

Aproveito esse incidente para comentar um aspecto da vida na atualidade: a facilidade com que os adultos têm se descontrolado. Vocês podem observar isso, caros leitores, todos os dias. Seja no espaço público, seja no ambiente de trabalho, nas relações sociais presenciais ou virtuais e, inclusive, na intimidade das relações familiares, tudo é motivo para justificar o descontrole de pessoas adultas.

Expressões de raiva, de irritação e de braveza, por exemplo, são distribuídas sem nenhuma economia nem constrangimento. Aliás, em geral, com uso de muita grosseria. Pessoas próximas (como um casal em vias de se separar), parentes e colegas usam e abusam do descontrole verbal e até mesmo físico. Como chegamos a esse ponto?

Muitos pensadores têm feito análises a respeito de um fenômeno que, talvez, tenha relação íntima com esse fato: a infantilização do mundo adulto. Tomemos um exemplo: a busca da aparência jovem e conforme determinados padrões estéticos. Vocês não se assustam, leitores, quando veem a imagem de alguém que se descontrolou nessa busca? Faces completamente lisas e juvenis, sustentadas por pescoços envelhecidos, com lábios e bochechas exageradamente pronunciados são apenas alguns sinais gritantes das consequências do descontrole dessas pessoas.

O que isso tem a ver com infantilização?

Quem já não teve a oportunidade de observar uma criança em busca de algo que deseja e que, para obter o que quer, ignora totalmente a realidade? Adultos que buscam algo sem fazer a análise da realidade agem de modo infantil, portanto.

Falemos agora das emoções. Existe algo mais infantil do que deixarmos nossas emoções fluírem de modo desajeitado, desastrado até, sem conseguirmos conter sua expressão mais forte? Esse é o comportamento típico de quem ainda não aprendeu a reagir a sentimentos agitados e só conhece uma forma de lidar com eles: colocar tudo para fora. Normalmente, isso acontece antes de a criança crescer, amadurecer e passar pelo processo de socialização. Temos agido assim, com a maior naturalidade: se os sentimentos se agitam dentro de nós, deixemos, então, que eles saiam em seu estado mais primitivo.

Não temos de nos preocupar apenas com o fato de que algumas crianças terão de arcar com consequências pessoais por terem sido testemunhas de cenas de descontrole de adultos próximos, com quem elas têm fortes vínculos afetivos. Temos de considerar toda uma geração de mais novos vivendo rodeada por adultos que, com frequência, se comportam de maneira infantil e acham isso muito natural.

Que lições são essas que temos passado às crianças?

4.9.2012

Educação, boa e velha

Nós não consideramos os velhos importantes em nossa sociedade. Pensamos que é muito mais importante ser jovem, não é verdade? A palavra "velho" foi transformada em xingamento e passou a ter um caráter tão pejorativo que não conseguimos mais dizer com naturalidade que alguém é velho. Procuramos criar outras expressões, que julgamos mais apropriadas. Em substituição, usamos, por exemplo, eufemismos como "terceira idade" ou "melhor idade".

Atualmente, os velhos estão segregados em espaços que abrigam seus pares, ou seja: outros velhos. Realizamos bailes para a terceira idade, excursões e shows especiais etc. Isso não deixa de ser uma forma de nos protegermos da velhice. Quando isolamos os velhos, tornamos a velhice invisível.

Quando não há jeito de não reconhecer que uma pessoa é velha, sempre há um modo de amenizar a situação. Afirmar que uma pessoa é "jovem de espírito", independentemente da sua idade avançada, é um elogio. Para quem diz e para quem ouve. Nem mesmo os velhos aceitam a própria velhice.

É esse contexto sociocultural que precisamos considerar ao refletir sobre o papel dos avós na atualidade. Creio que todo mundo se lembra do tempo em que as famílias consideravam natural o fato de os avós mimarem seus netos. Algumas décadas atrás, essa função era valorizada até mesmo pelos pais das crianças, que não conseguiam esconder o orgulho ao "reclamar" que seus pais mimavam ou estragavam os netos.

Era simples assim: os avós podiam mimar os netos porque os filhos – os pais das crianças e adolescentes – estavam ocupados demais com a tarefa educativa e não tinham tempo (não me refiro aqui ao tempo cronológico) para satisfazer os gostos de sua prole. Hoje, os avós não podem nem devem mais mimar os netos. Isso porque são os pais que, agora, se ocupam dessa função. É difícil encontrar mães e pais que não tentem, a qualquer custo, satisfazer todas as vontades dos filhos, das mais simples às mais complexas e caras – em todos os sentidos.

Conheço muitos avós que conseguiram inovar o sentido da palavra "mimar" na relação com os netos. Para esses velhos da atualidade, mimar passou a ser dedicar tempo aos netos e ter paciência com eles. Contar histórias da família, lembrar casos que aconteceram com os filhos, agora adultos, quando eram pequenos como são os netos agora, relembrar a formação do grupo familiar são meios de passar aos mais novos noções sobre como é o grupo ao qual eles pertencem. Isso ajuda a construir vínculos e identidade.

Gastar o tempo com os netos é o maior mimo que, hoje, os novos avós podem fazer. Esses avós lutam com seus filhos para ter um papel mais ativo na educação dos netos. Lutam mesmo, já que a maioria dos pais considera invasiva essa atitude de querer ajudar a formar as crianças. Nessa linha da perda de importância que acomete os velhos em nossa sociedade, os pais dos mais novos não acreditam que os avós tenham algo a acrescentar na educação dos filhos. É: querer ter participação ativa na educação dos netos virou motivo de intensos conflitos familiares.

Mas esses avós insistem, porque acham que vale a pena ensinar aos netos que autonomia se conquista e não se ganha, que ter liberdade é muita responsabilidade, que há, sim, certo e errado e falso e verdadeiro, entre tantas outras coisas. Esses avós estão conscientes de que essa atitude que escolheram tomar é duramente criticada pelos filhos. Mesmo assim, não desistem. É que eles sabem o quanto é preciosa a boa educação.

2.10.2012

Sentimento de fracasso

Há algum tempo tenho percebido que diversas mães se declaram incompetentes na tarefa de educar os filhos. Há também as que se sentem fracassadas quando percebem que o que almejavam para os filhos não se concretizou. Claro que há pais que se sentem da mesma maneira, mas a minha experiência aponta para um número maior de mulheres sofrendo com esses sentimentos.

Há uma tendência social de avaliar a mulher pelo êxito do seu filho, isso desde a mais tenra idade. O filho andou precocemente? Já escreve e identifica o próprio nome escrito em letras aos três anos? Desenha como um artista? É um dos primeiros alunos da classe? Tem destaque na escolinha de futebol? Entrou na faculdade considerada *top*? Ah! Mães com filhos que realizam tais feitos costumam ser vistas como boas mães: souberam o que e como fazer para que os filhos atingissem tais feitos, concluem as pessoas com quem essas mães convivem.

Já se o filho não fala corretamente, faz birra em público, não gosta de estudar, dá trabalho para comer, repete o ano escolar e é desobediente, coitadas dessas mães! "Não sabem como exercer bem o seu papel", pensam outras pessoas, sem disfarçar os olhares reprovadores. E, então, indicam profissionais para acompanhar a criança, literatura especializada, revistas e programas de TV que certamente irão ajudar a pobre mãe. Até a escola costuma fazer "orientações para pais".

Vocês devem ter percebido, caros leitores, que ser mãe ou pai na atualidade ganhou um caráter quase profissional. Há uma infinidade de recursos disponíveis, hoje, para mulheres e homens que queiram realizar bem sua tarefa com os filhos. Não estranharei se, em breve, for criado um curso de pós-graduação *lato sensu* sobre educação de filhos.

Sim, porque até agora os cursos tratam de alunos, papel social muito diferente do de filhos, não é?

Dá, portanto, para começar a entender o sentimento dessas mães. Elas não se sentem "especialistas" em maternidade. E perseguem o tempo todo uma fórmula para dar conta do que acham que precisam dar conta. O que elas esquecem nessa empreitada é que os filhos ficam diferentes a cada dia. E é por isso que a maioria das atitudes que tomam com as crianças ou os adolescentes tem curta eficácia. E elas pensam que o que fizeram não deu certo. Deu, mas apenas por pouco tempo.

Se as mães e os pais escutarem atentamente os filhos e tiverem com eles um vínculo de proximidade, vão perceber a hora de mudar de estratégia. Eles, os filhos, dão os sinais.

Outra coisa que mães e pais precisam considerar é que as crianças do século XXI já não seguem padrões de desenvolvimento. Cada um vive em um ambiente específico, tem um tipo de relação com os pais e, por isso, vai ser bem diferente de seus pares de mesma idade. Comparar filhos no mundo da diversidade não é, com certeza, uma boa escolha. Mães e pais não devem se sentir fracassados nem incompetentes, pois os filhos precisam justamente do sentimento de potência que os adultos demonstram. Mães e pais não costumam fracassar: costumam errar. E não há nenhum problema em errar: os filhos superam os nossos erros com mais facilidade que nós.

E tem mais: não há certo ou errado quando o assunto é a educação dos filhos. Há princípios, há valores, há a moral familiar e social, há o bom convívio, o respeito e a dignidade. E há estratégias que funcionam por um tempo e estratégias que não funcionam, apenas isso.

Os sentimentos de fracasso e de incompetência podem inibir o exercício da maternidade e da paternidade. Mais importantes que qualquer conhecimento especializado são os afetos – porque são eles que conduzem os pais.

26.2.2013

Ciúme de irmão

Sentir ciúme é muito doloroso. Desejar o amor exclusivo de alguém e constatar que isso não é possível provoca uma intensa dor. Muitos adultos experimentam no presente esse sentimento, e todos já o experimentaram algum dia, mesmo que não se lembrem mais das emoções que ele mobiliza. Porém, quando é a criança que manifesta ciúme, poucos adultos se sensibilizam e a acolhem no sofrimento.

Muitas mães e pais têm de lidar com manifestações de ciúme dos filhos. A rivalidade entre irmãos é bem conhecida dos pais, e muitos deles já nem se dão conta de quanto de ciúme há nas brigas que têm. Há, no entanto, duas ocasiões, em especial, que provocam muito ciúme dos filhos: quando nasce um irmão e quando um dos pais encontra um novo par amoroso, depois de ter se separado da mãe ou do pai da criança.

As manifestações iniciais em situações desse tipo são até esperadas pelos adultos responsáveis por ela. O problema é que muitos esperam que a criança logo se acostume com a nova situação e que, portanto, deixe de sentir e demonstrar suas emoções, pois, de um modo ou de outro, elas atrapalham a vida familiar. Tenho ouvido muitos pais reclamarem do ciúme que o filho demonstra com o nascimento de um irmão. Muitos deles, inclusive, dizem que já não sabem mais o que fazer. E isso, caros leitores, quando o bebê não fez um ano ainda!

Os pais em geral se esquecem de que eles mesmos tiveram muito tempo para se acostumar com a chegada de um novo integrante na família. São, no mínimo, nove meses de espera, de planejamento, de tempo para se acostumar com a nova situação que virá. E, mesmo assim, sempre há surpresas, imprevistos, pequenos sustos e um período, às vezes longo, de adaptação.

E para a criança? Mesmo se já tiver idade para perceber a gravidez da mãe, por mais que os seus pais tentem integrá-la a esse período de espera, ainda assim, ela nem imagina o que virá. Por isso, é comum que, tão logo veja o novo irmão – que parecia ser ansiosamente esperado por ela –, a criança queira que ele vá embora. Quando percebe que ele não vai, pode praticar pequenos atos contra o recém-nascido ou se comportar de modo diferente. Crises de birra, perda de sono e de apetite, comportamentos regressivos são bem comuns. É o ciúme da criança, que experimenta a sensação de ameaça de perder o amor das pessoas que mais ama: os pais.

Ela vai precisar de um tempo maior do que os pais tiveram para se adaptar à nova situação. E esse processo, para a criança, costuma ser longo, mais demorado do que foi para os adultos. É preciso, portanto, compaixão pelo filho nesse momento, não impaciência, preocupação, moralismo. Já basta o que a criança sente com a chegada do irmão; ela não precisa de mais problemas além desse, não é verdade? A criança tem necessidade de falar com seus pais sobre os seus sentimentos, seus desejos, sobre o que sente vontade de fazer. As palavras a distanciam da vontade de cometer atos contra o irmão e permitem que ela se entenda melhor.

Sou apaixonada por livros para crianças. Muitos deles, além de permitir a elas identificações com situações e emoções que experimentam, também ajudam os pais a mudar o rumo do relacionamento com o filho. Esse é o caso de um livro que trata da questão do ciúme de um irmão recém-nascido. *Eu (não) gosto de você*, de Raquel Matsushita, é um livro sensível, amoroso, que certamente vai aliviar o coração de crianças e pais que enfrentam mudanças na família com a chegada de um bebê.

10.9.2013

Ter e manter um filho

Ter e manter um filho custa caro, segundo reportagens em revistas, jornais etc. Nelas, há contas, inclusive, que apontam os valores que a presença de um filho acrescenta ao orçamento da família. E isso se estende por uns vinte anos, mais ou menos. Ou mais; muitas vezes, bem mais.

No mundo do consumo, o valor financeiro das coisas é o que está em questão. Por isso, quando alguém pretende ter um filho, considera primeira e antecipadamente o custo financeiro para, então, se preparar, se planejar. Ou postergar e até mesmo desistir.

Quem não conhece mulheres e homens que fazem ou já fizeram um tremendo sacrifício financeiro em nome do filho? Festas de aniversário com direito a animadores, bufê infantil, lembrancinhas; viagens ao exterior; calçados ou roupas, caros porque da moda; brinquedos e traquitanas tecnológicas de última geração; e mais: carro, escola, cursos extracurriculares, altas mesadas, aprendizado de língua estrangeira no exterior etc. Não podemos considerar quase nada disso como absolutamente necessário, mas tudo é, por certo, altamente desejado pelo filho, ou pelos anseios dos pais em relação ao filho.

A lista é enorme e não para por aí. Os filhos querem, querem, querem, querem sempre mais. Nunca estão satisfeitos. E os pais trabalham, trabalham, trabalham cada vez mais para ganhar mais e assim tentar satisfazer as necessidades e os caprichos do filho, que quase sempre custam bem caro. Conheço mães e pais que fizeram financiamentos, parcelaram uma grande quantia de dinheiro em inúmeras prestações, abdicaram de gastos pessoais, tudo para dar ao filho ou à filha um *book*, ou um belo *look*.

Há também os que fazem esses gastos para garantir o próprio sossego. Afinal, a criançada e a moçada aprenderam muito bem a lutar para conseguir o que querem, não é verdade? Havia, porém, outros tipos de sacrifício que os pais faziam pelos filhos, mas eles foram, quase todos, substituídos pelo sacrifício financeiro. Uma cena do filme *Billy Elliot* mostra uma dessas formas de sacrifício.

O filme se passa em uma pequena cidade da Inglaterra, nos anos 1980. O protagonista é um garoto de onze anos que se apaixona pelo balé, mas o pai dele, um trabalhador comprometido com o movimento grevista dos mineiros, não aceita a escolha do filho até o momento em que se dá conta da possibilidade de o garoto ter uma vida melhor que a sua dedicando-se ao balé. É nesse momento que ele sacrifica suas convicções – ideológicas e trabalhistas – e deixa de honrar a greve da qual participava ativamente para possibilitar ao filho a busca de seu sonho.

Sim, ter e manter um filho custa caro, mas não vamos considerar agora o custo financeiro da questão. Vamos considerar o custo pessoal. Ter um filho custa horas de sono e muitas preocupações; custa mudanças temporárias de vida e renúncias; custa a necessidade de disponibilidade constante; custa abdicar de sonhos e projetos; custa paciência quando ela já se foi, custa perseverança, mesmo quando estamos cansados, e muito mais.

Realmente, ter filhos custa bem caro, mas, para termos uma ideia aproximada desse custo, precisamos deixar de priorizar o custo financeiro. O verdadeiro custo não pode ser colocado em números, porque é pessoal. É certo, no entanto, que esse custo sempre será alto, mesmo quando não reconhecemos isso.

25.2.2014

Famílias em transformação

O projeto de lei que cria o Estatuto da Família colocou na pauta do dia a discussão a respeito do conceito de família. Afinal, o que é uma família hoje? Alguém aí tem uma definição, para a atualidade, que consiga acolher todos os grupos existentes que vivem em contextos familiares? A Câmara dos Deputados tem uma resposta que considera a correta: família é a "união entre um homem e uma mulher, por meio de casamento ou união estável, ou ainda por comunidade formada por qualquer dos pais e seus descendentes".

Essa é a definição aprovada pela Câmara para o projeto cuja finalidade é orientar as políticas públicas em relação aos direitos das famílias – aquelas que se encaixem na definição proposta –, principalmente nas áreas de segurança, saúde e educação. Vou deixar de lado a discussão a respeito das injustiças, preconceitos e exclusões que a definição aprovada comporta, para conversar a respeito das famílias da atualidade.

Desde o início da segunda metade do século passado, o conceito de família entrou em crise – e uso a palavra crise no sentido mais positivo do termo: o que aponta para renovação e transição; mudança, enfim. Até então, tínhamos, na era moderna, uma configuração social hegemônica de família, pautada por um tipo de aliança – entre um homem e uma mulher – e por relações de consanguinidade. As mudanças ocorridas no mundo determinaram inúmeras alterações nas famílias, não apenas em seu desenho, mas, principalmente, em suas dinâmicas. E é importante aceitar essa questão: não foram as famílias que provocaram mudanças na sociedade, esta é que determinou muitas mudanças nas famílias. Só assim vamos conseguir enxergar que a família não é um agente de perturbação da sociedade. É a sociedade que tem perturbado, e muito, o funcionamento familiar.

Um exemplo? Algumas mulheres renunciam ao direito de ficar com o filho recém-nascido durante todo o período da licença-maternidade determinado por lei, para não atrapalhar sua carreira profissional. Em outras palavras: elas entenderam que a sociedade prioriza o trabalho em detrimento da dedicação à família. É assim ou não é?

Se pudéssemos levantar um único quesito que fosse fundamental para caracterizar a transformação de um mero agrupamento de pessoas em uma família, diríamos que é o vínculo, tanto horizontal quanto vertical. E, hoje, todo mundo conhece grupos de pessoas que vivem sob o mesmo teto ou que têm relação de parentesco, mas não constituem verdadeiramente uma família, por absoluta falta de vínculo entre seus integrantes.

Os novos valores sociais têm norteado as pessoas por esse caminho. Vamos lembrar valores decisivos para a nossa sociedade: o consumo, que valoriza o trabalho exagerado, a ambição desmedida e o sucesso a qualquer custo; o culto à juventude, que leva adultos, independentemente da idade, a adotar um estilo de vida juvenil, que dá pouco espaço para o compromisso que os vínculos exigem; a busca da felicidade, identificada com a satisfação imediata, que leva a trocas sucessivas nos relacionamentos amorosos, como amizades e par afetivo, só para citar alguns exemplos.

O vínculo afetivo tem relação com a vida pessoal. O vínculo social, com a cidadania. Ambos estão bem frágeis, não é?

29.9.2015

PARTE II
Aprendendo a viver

Filho superprotegido perde autoestima

No final e no início de cada ano letivo, dá para perceber bem melhor um movimento que os pais, muito frequentemente, fazem em torno dos filhos: o de tentar, a todo custo, protegê-los das dificuldades, dos dissabores, das frustrações, de tudo, enfim, que possa lhes causar sofrimento. Sempre que podem fazer algo para evitar que eles enfrentem alguma situação de mal-estar, os pais o fazem prontamente.

Mal começa o ano e muitos coordenadores, diretores e orientadores escolares já não aguentam mais ver pais e mães na escola, pois sabem o que eles querem: solicitar a mudança de classe do filho, para que ele fique junto dos melhores amigos, distante de um desafeto ou coisa que o valha. No fim do ano, a procissão é muito semelhante, só o objetivo muda. A questão a ser discutida nessa época é o aproveitamento escolar. E a lição de casa, então? Que pai ou mãe resiste a dar uma olhada no que o filho fez sozinho, para ver se está correto?

Essa atitude de proteção, porém, não se restringe à vida escolar. É bem mais ampla. Vai desde um detalhe, como acionar a trava da porta do carro para que ela não seja aberta pelo filho, até buscar uma solução rápida e eficiente para um conflito entre irmãos ou amigos, a fim de evitar consequências mais graves. Tudo é feito com o maior carinho e senso de proteção. Será que isso é bom para os filhos, para a formação deles, para o preparo para a vida que eles logo terão de enfrentar por conta própria, para a educação?

Vamos, por exemplo, pensar na imagem e/ou no julgamento que a criança faz de si – a hoje tão falada autoestima – quando percebe que os pais sempre estão dispostos a fazer por ela, a interceder por ela, a providenciar para ela, a defendê-la etc. Será que esse tipo de atitude não colabora para que ela se sinta insegura, frágil perante desafios, sem coragem para arriscar, enfrentar e saber que pode errar?

Pois é: quando os pais – e professores também – permitem que a criança ou o adolescente tomem uma atitude por conta própria diante de um problema, ou pelo menos os encorajam a fazer isso, estão transmitindo aos jovens a ideia de que acreditam que ele é capaz de fazer aquilo. Não é assim que eles ganham confiança para seguir em frente?

Creio, no entanto, que, por trás desse muitas vezes exagerado senso de proteção que leva os pais a tomar uma série de atitudes em relação à vida do filho, há um julgamento: o filho vai se dar mal, vai sofrer mais do que pode suportar, não vai aprender com o erro que porventura vier a cometer nem vai, muito menos, conseguir arcar com as consequências das decisões que tomar, não é competente para se virar. Nada disso – vamos convir – deve fazer bem a quem precisa alcançar autonomia num futuro bem próximo.

Todos os adultos, principalmente os que são pais, sabem que a vida não acontece num paraíso. Bem que gostaríamos que o mundo fosse melhor para os filhos, mas a realidade é que ainda temos de enfrentar muitos problemas. Talvez eles possam mudar muitas coisas com as quais não concordamos – mas, para que essa possibilidade exista, precisamos deixar de subestimá-los tanto, não é mesmo?

Claro que isso não significa, nem de longe, abandoná-los e deixar que se virem sozinhos para enfrentar situações para as quais não estão, de fato, preparados. E é bom lembrar que, a fim de que um dia estejam preparados para o que der e vier, precisam experimentar, arriscar, errar, decidir, escolher, sofrer frustrações e dissabores enquanto ainda estão sob nossa tutela e responsabilidade, pois, dessa maneira, podemos colaborar para o seu desenvolvimento, crescimento e aprendizagem. Se tirarmos deles essas oportunidades, eles demorarão muito mais a descobrir a vida como ela é.

20.2.2003

Como falar sobre a morte com os filhos?

O mundo atual não quer saber da morte. A importância que têm a beleza, os cuidados com a aparência para se manter sempre com ar jovial e não acusar a idade, o investimento na qualidade de vida, que busca evitar doenças, e o acobertamento dos velhos, por exemplo, são alguns sinais que mostram o quanto evitamos a morte. A morte deixou de ser natural, fazemos de conta que ela não faz mais parte da vida.

Quando alguém morre, sempre surge a pergunta: "Morreu do quê?", como se fosse preciso ter alguma doença ou situação trágica para provocar e justificar a morte. Está morta a ideia de que basta estar vivo para morrer. E essa é a imagem que o mundo adulto transmite às crianças. Só que a morte faz parte da vida e sempre se mostra, e provoca uma situação constrangedora para quem convive com crianças. O que falar para a criança? Como explicar a morte? Deixar ou não que a criança participe do ritual de um funeral? Permitir ou não que ela veja um cadáver? Quando alguém da família tem uma doença grave, é preciso avisar a criança da possibilidade da morte?

Primeiro, é preciso considerar que a morte não tem o mesmo sentido para a criança pequena, para o adolescente e para o adulto. Para o adulto, a morte costuma, em geral, provocar duas emoções distintas: sofrimento, quando se trata da morte de uma pessoa querida, e medo, quando se trata de considerar a própria morte. E são essas as emoções que o adulto imagina que a criança também experimenta. Só que a criança ainda não faz uma projeção da própria vida no futuro, ou seja, ainda não tem ideia de que a morte suprime para sempre a presença de alguém, então o sofrimento é enfrentado de modo totalmente diferente. Para a criança pequena, perder alguém por morte ou ter de ficar sem a mãe na escola, por exemplo, pode ter o mesmo sentido.

Por isso, a criança não precisa ser poupada da notícia da morte de alguém próximo. Até os nove, dez anos, mais ou menos, a criança ainda não acredita que isso possa acontecer com ela. Ela pode ter medo de que aconteça com os pais, e quando isso ocorre basta dizer que os pais só vão morrer quando a vida deles acabar. Isso costuma acalmar a criança. Para os maiores, também ajuda sinalizar que eles serão amados por outras pessoas próximas, protegidos e cuidados caso os pais morram antes que eles tenham autonomia. E, para os pais que professam uma religião e têm crenças a respeito do pós-morte, também não há problema nenhum em transmitir isso à criança, desde que não creditem a essas ideias a capacidade de responder às questões que o tema da morte suscita na criança.

E quanto aos adolescentes? Bem, eles têm evitado pensar sobre a própria morte, do mesmo modo que os adultos. Pensar na morte, porém, tem o potencial de humanizar a vida, de fazer pensar sobre ela. Quem não conhece alguém que, após perder uma pessoa próxima, resolveu mudar algumas – ou muitas – coisas em seu estilo de ser e se relacionar para tentar viver melhor? Isso acontece exatamente quando se considera a morte e sua inevitabilidade.

Muitos adolescentes, na verdade, vivem desafiando a morte para se aproximar da ideia da vida. Basta lembrar dos rachas de automóveis, das drogas, dos esportes radicais, por exemplo, que tanto os seduzem. Seria bem mais simples e mais humano se eles pudessem falar sobre a morte, pensar sobre ela, expressar as angústias e os medos que essa ideia lhes provoca para que, ao questionar o assunto, pudessem pensar mais e melhor sobre a vida. No entanto, nem os pais nem as escolas abrem espaço para isso nem estimulam essas conversas. Por puro receio de terem – eles também – de considerar a própria finitude e mortalidade.

É preciso encarar, com crianças e adolescentes, a ideia da morte, já que ela está logo à nossa frente e é justamente o que humaniza a vida.

14.8.2003*

* Título original: "Como e por que falar da morte com os filhos".

Cuidado com os adjetivos

Já perceberam como adultos gostam de enquadrar as pessoas com adjetivos, características etc. para defini-las? Fulano é expansivo, sicrano é difícil, beltrano é chato e assim por diante. Quando um adulto é descrito por outro dessa maneira, não há problema nenhum, já que se espera que ele saiba ter um julgamento próprio a respeito de si e possa superar esse tipo de comentário. O problema surge quando uma criança está no foco desse enquadramento, algo que pais e professores fazem em profusão. "Meu filho é tímido" e "tal aluno é fofoqueiro" são descrições que já ouvi de adultos sobre crianças. Elas até podem apresentar as características apontadas. A questão é que a infância é o período em que a criança constrói a sua imagem como pessoa, e essa construção ocorre a partir de matrizes de identificação que encontra no ambiente em que vive, proporcionado pelos adultos que convivem com ela.

Se uma criança mente uma, duas, três vezes e, a partir de então, é descrita como mentirosa, essa matriz passa a fazer parte da imagem que ela constrói a seu respeito. Além de ser uma descrição, passa a ser uma identificação e até uma profecia, mesmo quando negada. Se um educador, escolar ou familiar, diz a uma criança que ela não deve ser mentirosa, por exemplo, está afirmando que ela já é ou está se tornando mentirosa.

Mentir é diferente de ser mentiroso, mas uma criança ainda não faz essa distinção e, quando se vê rotulada por uma imagem desse tipo, acaba por tomar essa referência para se situar, para se perceber e para se identificar. Adota a parte pelo todo e, a partir de então, é bem mais provável que a mentira passe a se tornar mais frequente em sua vida. É assim que ela se reconhece porque é dessa maneira que os adultos próximos a reconhecem. O que um adulto diz a uma criança a respeito dela funciona como um espelho.

Pode parecer apenas uma questão de construção linguística, mas não é. Dizer a uma criança que ela mentiu e dizer que ela é mentirosa faz uma grande diferença para o seu desenvolvimento. Ralhar com o filho por ter feito sujeira onde não deveria é diferente de dizer que ele é um porcalhão. Chamar a atenção de um aluno por não parar quieto é bem diferente de dizer que ele é hiperativo. Além disso, enquadrar a criança em determinadas categorias de comportamento ou de atitude aniquila também a possibilidade de ela experimentar outras atitudes até encontrar o jeito mais adequado para si. A matriz de identificação pode aprisionar.

É muito comum que alunos sejam identificados pelos professores como "bons" ou "ruins", "comportados" ou "transgressores". Funciona da mesma maneira. Um aluno que logo é descrito como comportado na escola porque, em geral, acata as regras do espaço e/ou dos professores com mais facilidade acaba por se pressionar para ser sempre assim. E isso resulta em contenção, reserva, inibição, não em aprendizado de responsabilidade, de independência, de respeito e de autonomia.

Tive a oportunidade de testemunhar um fato bem interessante, que ilustra essa nossa conversa. Três crianças entre seis e oito anos, mais ou menos, almoçavam juntas no restaurante de um hotel. Os pais estavam por perto e elas preferiram a independência. Enquanto almoçavam, elas conversavam e se observavam, é claro. Em determinado momento, uma delas tirou um alimento do prato e colocou sobre a toalha da mesa. A outra, atenta, disparou: "Isso é feio! Se você não quer comer, deixe no prato". A resposta veio curta e grossa: "Eu sei". Ao ser questionado sobre por que agia assim mesmo sabendo que era errado, o garoto afirmou, com a maior tranquilidade: "É que eu sou teimoso". Quantas vezes será que esse garoto ouviu essa frase dos pais?

22.1.2004*

* Título original: "Criança incorpora imagem que adultos têm dela".

Amigos ou colegas?

O que deveria ser só festa e comemoração na vida dos filhos transformou-se em problema – se não em drama – na vida dos pais. Vamos conversar sobre um tema que, aparentemente, é bem simples: festas de aniversário de crianças com até nove ou dez anos. Recebi várias cartas sobre isso e creio que esse é um bom pretexto para pensar nessa questão. Uma das leitoras escreveu contando que a filha, que ia fazer nove anos, queria uma festa. A mãe concordou, mas a história foi se complicando a tal ponto que virou uma festa de horror, impraticável para a família. A garota, que frequentava uma escola particular, insistia que precisava convidar todos os colegas da mesma série – três classes com mais ou menos 25 alunos. A menina sentia-se obrigada a convidar todos. E sabem por quê? Para não correr o risco de não ser convidada para as festas dos colegas. Ou seja, uma norma havia se instituído na escola: em festa de aniversário, todos têm de ser convidados. E pensar que festa de aniversário devia ser coisa de amigos próximos, uma comemoração entre pessoas que se conhecem e se querem bem! Não tem sido.

E o que os pais têm a ver com isso? Pelo jeito, muito. Os filhos têm sido bastante pressionados para que sejam "sociáveis", o que, na interpretação dos pais, significa terem muitos amigos, serem convidados para viajar no fim de semana e para todas as festas, receberem muitos telefonemas, serem populares, enfim, pertencerem a um grupo enorme. O que os filhos ganham tentando ser assim, ninguém sabe ao certo. Algumas ilusões e outras tantas decepções, talvez. O que podemos pensar, tendo como base a história das festas de aniversário, é o que os filhos não aprendem, o que não têm oportunidade de experimentar.

Eles não aprendem, por exemplo, a escolher e a discriminar amigos entre tantos colegas. É na infância que começam os relacionamentos com os pares – em geral, intermediados por adultos –, e é nessa fase que se torna possível começar a aprender que ter amigos pressupõe diversos compromissos e obrigações. A lealdade, por exemplo, que exige bastante de crianças e jovens, já que eles ainda agem de modo impulsivo e têm como referência os seus próprios interesses. A generosidade também, já que ter – e ser – amigo acaba por exigir um tempo que poderia ser usado de outro modo. Convidar um amigo para ir em sua casa ou receber esse convite podem ser grandes oportunidades de cultivar intimidades, já que a casa é, por excelência, a fortaleza da privacidade. Ter amigos, enfim, pode ser uma bela experiência e um bom aprendizado de valores éticos e de virtudes.

Se, no entanto, a criança ou o jovem se sentem obrigados a convidar para a sua festa todos os pares que convivem com ele no espaço escolar, é sinal de que não conseguem escapar da ditadura do costume da maioria, não suportam a ideia de serem diferentes nem, muito menos, sofrer a frustração de não serem convidados para uma festa. Há pais que permitem – ou exigem – que o filho escolha quem vai convidar, e muitos fazem isso de modo desajeitado. É claro, estão ainda aprendendo! E o que acontece com os colegas, ou até mesmo os amigos, que não são convidados? Sofrem, sentem-se rejeitados e frustrados. Aprenderão alguma coisa com essa experiência se os pais permitirem.

Muitos não têm dado essa oportunidade aos filhos. Não se conformam com a exclusão, estimulam o filho a cortar o relacionamento com o colega – ou amigo – e alguns chegam ao limite: ligam para os pais do aniversariante em busca de explicações. Às crianças tratadas assim sobra a sensação de fracasso, que, aliás, nada tem a ver com a situação vivenciada. Os pais precisam admitir: é hora de o filho viver e aprender a jogar, e ele tem condições de superar os percalços da vida.

8.4.2004*

* Título original: "Criança perde quando é obrigada a ser popular".

Aprender com as desilusões

"Como vou educar os meus filhos se a educação que eu tive não funciona mais com as crianças de hoje?" Essa foi a pergunta enviada por uma leitora que deve ter passado por maus pedaços, pois a sua dúvida soava muito mais como um desabafo. A questão é extremamente pertinente. Não é fato que as transformações do mundo têm ocorrido em velocidade tão incrível que até mesmo jovens mães e pais identificam grandes diferenças entre o mundo de sua infância e adolescência e o atual, que aí está para receber seus filhos?

Tantas mudanças deixaram os pais órfãos de concepções educacionais, já que a referência principal que eles têm é a educação que receberam. É claro que, em geral, os pais de hoje pretendem praticar com os filhos um tipo de educação diferente daquele que seus pais praticaram com eles. Ainda assim, a referência continua sendo a mesma. Entretanto, como bem observou a leitora, a educação que recebemos não serve mais como referência, já que o contexto, principalmente sociocultural, mudou bastante.

É claro que a relação educativa dos adultos com as crianças também se transforma bastante, pressionada por dois ícones da cultura atual: a democracia e a felicidade. Todos queremos que as crianças sejam educadas para que sejam mais felizes, de uma forma mais democrática, não é verdade? E é justamente por causa desses anseios – legítimos, por sinal – que acabamos por construir uma grande contradição.

Na busca de uma relação mais democrática com os filhos, os pais não se sentem à vontade para exigir obediência; mas como educar uma criança pequena sem que ela obedeça? A saída é conversar com os filhos, para explicar os motivos desta ou daquela (quase) imposição.

Que tal sugerir a uma criança pequena, de menos de seis anos, que durma em seu quarto sozinha? Quando bem pequena, ela até aceita, mas, assim que descobre que a noite é cheia de fantasmas e monstros sempre prestes a aparecer, assim que se vê sem a mãe, recusa a condição. E cada criança, à sua maneira, acha um jeito de manifestar o seu desagrado. O que fazem os pais? Sentam-se, conversam, explicam, tentam de tudo. Como nada costuma funcionar, aceitam que o filho durma na cama deles, ou dormem no quarto dele até que adormeça. Quando o filho chora desesperadamente porque a mãe e o pai vão sair, lá vêm os pais falar sobre a necessidade de trabalhar, sobre como o trabalho traz benefícios a ele, coisa e tal. E ele para de chorar, pelo menos na despedida? Qual o quê! Embora as conversas, como única ação por parte dos pais, não funcionem, uma coisa é certa: acabamos elevando a criança ao mundo adulto com tantas explicações e diálogos em que ela, convenhamos, não está interessada nem sequer entende.

Já na busca de filhos mais felizes ocorre um fenômeno bem interessante: os pais tentam, de todas as maneiras, poupar os filhos de todos os sofrimentos possíveis e imaginados. O filho se queixa que o colega da escola não brincou com ele? Lá vai a mãe pedir à professora que cuide da questão. O bichinho de estimação morreu? Os pais ocultam o fato da criança. A tia não se lembrou de dar um presente para o sobrinho no aniversário? Os pais não titubeiam: conversam com ela para que repare sua ausência etc. Essas atitudes, por mais bem--intencionadas que sejam, atrapalham o crescimento da criança, fazem com que ela fique mais tempo na infância.

E aí está a contradição: de um lado, tiramos a criança de sua condição infantil e exigimos que seja responsável por obedecer sem ser exigida, ou seja, por adesão; de outro, impedimos que as dores do crescimento, que são realmente sofridas, a impulsionem para a frente, para que busque modos de enfrentar as vicissitudes da vida. A confusão é nossa, mas, na verdade, são os mais novos que pagam a conta.

14.10.2004*

* Título original: "Desilusões fazem parte do aprendizado".

Educar o gosto

Os pais têm reclamado bastante dos interesses e das preferências que os filhos demonstram nos mais variados aspectos da vida, e os professores fazem coro. É, o gosto das crianças e dos jovens anda bem esquisito. Julgamos como mau gosto muitas das músicas que eles ouvem, decoram e cantam à exaustão, acompanhadas de gestos que os infantilizam ou expressam vulgaridades. E as roupas? Extravagantes e ousadas, ora as julgamos pequenas e justas demais, ora enormes e largas em excesso. Maquiagens excêntricas, corpos tatuados, linguajar escrito e falado que transgride a nossa língua têm sido causa de estranhamento e críticas.

Creditamos tudo o que vemos e de que não gostamos às influências externas: a TV, a internet, as revistas que os nossos filhos costumam ler, os livros de gosto duvidoso, os amigos cujos pais não se envolvem com a vida dos filhos e que com tudo concordam, o poder das indústrias da moda e do entretenimento etc. Por tudo isso, admitimos, eles não se interessam nem gostam de coisas que, achamos nós, dariam um sabor mais apurado à vida deles.

O curioso é que damos como certo e intenso o poder de todas essas forças sobre a vida das gerações mais novas e, no entanto, não nos convencemos de que nós, que com eles convivemos diariamente e que temos a responsabilidade de os educar, possamos ter poder igual ou maior. Essa é mais uma faceta da nossa deserção de nosso papel perante os mais novos e, portanto, perante o futuro. Eis mais uma constatação de como temos subestimado os possíveis efeitos da nossa ação educativa sobre as novas gerações. Afinal, temos ou não a capacidade de influenciar decisivamente os gostos e interesses de nossos filhos?

Claro que temos. É preciso assumir que a educação abrange também o cultivo pelo gosto mais sofisticado nas mais variadas manifestações artísticas e culturais, e o desenvolvimento da sensibilidade em harmonia com os valores da civilização. E não se trata de valorizar mais ou menos determinada produção, mas de fornecer subsídios para que crianças e adolescentes desenvolvam capacidade crítica.

Já faz tempo que pais e professores anseiam por práticas educativas menos autoritárias e mais envolvidas com quem é educado. Essa aspiração, no entanto, tem sido fonte de muitos equívocos, e um deles é dar espaço para que os mais novos façam suas próprias escolhas e tenham suas próprias opiniões. Quem só tem acesso às possibilidades dominantes acaba por ficar sem escolha.

É assim que temos deixado as crianças e os jovens: sem escolha. Como podem escolher entre este ou aquele tipo de música, dança, roupa ou linguagem, por exemplo, se são exaustivamente bombardeados por apenas um estilo dessas criações? Como chegam a afirmações do tipo "eu gosto disso" ou "eu não gosto daquilo"? Temos permitido que eles tenham o gosto limitado a um determinado padrão dominante. As escolhas que eles têm feito são, na realidade, as escolhas que nós fazemos para eles.

Será, no entanto, que assumimos a responsabilidade por essas nossas escolhas? Parece que não, já que lamentamos boa parte delas. Está na hora de honrar as nossas obrigações. A educação do gosto não é tarefa apenas da família e da escola, mas também é delas. Se não assumirmos com decisão e firmeza essa parcela da prática educativa, permitiremos que os nossos filhos e alunos só apreciem o que os programas de TV e de rádio, a publicidade e a indústria da moda determinam.

Os educadores têm um grande diferencial em relação aos veículos que moldam o gosto dos mais novos: enquanto os primeiros atuam em favor da liberdade e do futuro, os últimos agem apenas movidos por interesses próprios. E então, quem dá mais?

30.3.2006*

* Título original: "Educando o gosto dos mais novos".

A confusa conquista da autonomia

Ninguém tem dúvidas a respeito da situação da criança pequena: ela exige proteção, assistência, atenção o tempo todo, sem falar no amor, é claro. Sem o adulto, o bebê não sobrevive, não se reconhece. A criança de até seis anos – é bom lembrar que idades são simples referências, pois é preciso levar em consideração as características pessoais – não tem condições de assumir responsabilidades, tomar decisões nem fazer escolhas. A criança pequena não possui, portanto, autonomia.

Parece simples, mas, na prática, essa ideia ganha uma complexidade que confunde muita gente. Um exemplo corriqueiro: o ato de se vestir. De início, a criança precisa dos pais para colocar ou tirar a roupa. Pode até resistir, mas o fato é que, sozinha, ela não dá conta da tarefa. Aos poucos, com o auxílio dos pais e à medida que ganha desenvoltura de movimentos, ela conquista a capacidade de se vestir sozinha. Aí começam os problemas.

Alguns pais, ansiosos pelo crescimento do filho, acreditam que, quando ele mostra ter condições de se vestir sem ajuda, já pode assumir a responsabilidade por essa obrigação. Esses pais, no entanto, costumam amargar muitos dissabores. Mesmo que tenham o cuidado de deixar a roupa ao alcance do filho, ora ele enrola, ora gasta tempo demais na tarefa, ora se distrai com outras coisas e se esquece de fazer o que deveria. E já sabemos o que ocorre em seguida: pequenos atritos e grandes desgastes para ambos. É que os pais não se dão conta de que saber executar o ato de se vestir é bem diferente de se responsabilizar por ele. Em resumo: a criança já aprendeu, mas precisa, ainda, de tutela. Ainda não adquiriu autonomia para isso.

E para dormir, a criança dessa idade tem autonomia? Ela ainda não sabe reconhecer quando está cansada nem tem condição de tomar a iniciativa de se recolher, por isso precisa da imposição dos pais. Depois de ter suporte para se despedir da vigília – os rituais são excelentes para isso –, no entanto, ela pode ficar sozinha até adormecer, mesmo que resista a isso. Só que os pais parecem se esquecer disso e, em geral, acolhem o pedido de companhia que o filho faz.

Essas duas situações ilustram bem a confusão que se faz com a ideia de autonomia da criança. À medida que o filho cresce, cresce em igual proporção o descompasso entre a autonomia possível e a tutela necessária. Vamos considerar, como exemplo, a relação das crianças a partir dos sete, oito anos, com o computador e a internet. Nessa idade, elas têm desenvoltura e iniciativa para executar todos os procedimentos necessários para usar bem essas ferramentas. Muitas vezes, até melhor do que os pais. Entretanto, ainda não têm condição de autonomia para isso, ou seja, não conseguem se responsabilizar pelo que fazem, se confundem com as regras de convivência e respeito que estão embutidas nos relacionamentos virtuais, não sabem dosar o tempo de uso e de dedicação a essa distração etc. Para isso, precisam da orientação dos adultos.

No início da adolescência, muitos frequentam festas que varam a madrugada, viajam em grupos sem a companhia de adultos, tomam bebidas alcoólicas, têm relacionamentos íntimos. Entretanto, não têm permissão nem são ensinados ou incentivados a irem sozinhos de transporte coletivo para a escola, entre outras atividades possíveis.

É no meio dessa confusão que eles se perdem e ficam sem referência sobre aquilo que conseguem e devem fazer sozinhos e no que precisam de ajuda ou tutela para fazer. É dessa maneira que muitos permanecem dependentes dos pais ou controlados por eles enquanto não precisariam, ou se veem abandonados, a agir e a reagir com os seus próprios recursos em situações ainda delicadas demais para eles. Para sair dessa confusão, ajuda muito lembrar que ser capaz de fazer algo é bem diferente de responsabilizar-se plenamente por algo.

4.5.2006

Tragédias na mídia

Nas últimas semanas, temos sido bombardeados, em todas as mídias, por notícias que revelam violências contra crianças, possivelmente praticadas por adultos próximos a elas. É uma criança torturada aqui, outra ali, outra que morre lá e assim por diante. E não podemos esquecer que as crianças, hoje, têm acesso a todos os veículos de comunicação e recebem essas informações.

Que sentidos elas dão a esses fatos? Tomemos dois exemplos que chegaram a mim. Uma criança, de oito anos, perguntou à mãe se o pai poderia matá-la quando ficasse muito bravo. Outra, um pouco mais nova, perguntou se ia ter as mãos amarradas se ficasse de castigo. Certamente muitos leitores passaram por experiências semelhantes com seus filhos ou alunos. As crianças estão angustiadas com essas notícias porque concluíram a partir delas que os adultos próximos, em vez de protetores, podem ser ameaçadores. Justamente aqueles em quem elas precisam depositar a maior confiança se revelam, nas notícias, suspeitos de agir de modo contrário. E agora?

Agora, mais uma parte da infância de nossos filhos fica comprometida, fato cada vez mais banal. Será que não se pode fazer nada? Podemos, sim, e devemos fazer algo por elas, que, sozinhas, não conseguem entender e expressar toda a angústia que as invade. A maioria das escolas costuma ignorar o fato de que seus alunos são expostos a essas notícias e continua seus trabalhos como se nada de excepcional ocorresse. Pois todas elas têm recursos para, de alguma forma, tratar dessas questões. É um bom momento para, por exemplo, oferecer aos alunos, nas aulas de expressão artística, estratégias para dar forma ao que eles imaginam, sentem e pensam sobre esses fatos.

O simples fato de representar de modo simbólico os sentimentos e as angústias já aponta pistas sobre outras formas de trabalhar o tema. Depois, é importante que se fale a respeito, sem psicologismos nem interpretações leigas, para que, coletivamente, eles se sintam acolhidos em suas preocupações e aprendam sobre os direitos das crianças e dos adolescentes, os valores sociais da justiça e da responsabilidade para com o bem comum.

Esse é um bom momento para que os pais ofereçam aos filhos mais segurança em relação aos vínculos familiares e deem mais relevância aos valores morais e éticos. É muito importante, por exemplo, afirmar que a família ama e respeita a vida, que nenhuma violência deve ser aceita pelos integrantes do grupo familiar, que casos como os noticiados são exceções, apesar de tanto alarde, que os impulsos agressivos podem ser controlados. É importante também estabelecer um diálogo a respeito das opiniões dos pais e dos filhos sobre esses fatos.

Todas as tragédias servem para nos fazer refletir sobre a humanidade e o nosso cotidiano. Por isso, é importante que os adultos pensem nas pequenas violências, simbólicas ou reais, que o mundo adulto comete contra os mais novos.

10.4.2008

Privacidade escancarada

A frase "criança precisa de limites" escorre pela boca de muita gente. Tenham vocês filhos ou não, convivam com crianças ou vivam bem longe delas, certamente já ouviram alguém pronunciá-la com ar de sabedoria. Se já tiveram vontade de dizê-la, espero que tenham se contido, porque boa coisa ela não significa. Dita assim, parece que consideramos dar limites algo importante para os mais novos, mas, infelizmente, não tivemos como lhes oferecer.

Pois essa pode ser uma parte da nossa realidade. Consideremos, por exemplo, a fronteira – o limite! – entre o público e o privado, entre o que é da ordem da intimidade e o que pode ser partilhado no convívio social. No mundo adulto, essa fronteira parece ter quase se dissipado, e o modo como usamos o celular evidencia isso. Todo assunto é conversado na presença de qualquer pessoa, e o nosso tom de voz não demonstra que queremos deixar os nossos assuntos protegidos de estranhos. Brigas de casal, comentários sobre um amigo, percalços financeiros, tudo é tratado no trabalho, no restaurante, no bar. Além disso, não há distinção entre vida profissional e pessoal, já que ambas estão sempre se atravessando: fala-se com os filhos no trabalho, trata-se de trabalho no convívio familiar.

Pois bem: as crianças têm reproduzido muito bem essa falta de limites. Na escola, que é onde elas começam a aprender a viver na vida pública, consideram amigos os colegas com quem mais têm afinidade – sempre temporária, é bom lembrar. E compartilham com eles toda sorte de segredos de sua vida. Fatos que acontecem com os pais, o que pensam e sentem, atos que cometeram, elas contam tudo.

Na primeira oportunidade, arrependem-se fortemente do que fizeram porque os segredos passam a ser usados como moeda de troca para pequenas chantagens, são divulgados em atos de represália, servem de motivo de chacotas etc. Mesmo assim, sozinhas, as crianças não conseguem aprender a distinguir um colega de um amigo, um assunto íntimo de um assunto social.

Outra evidência de que não sabem nem conseguem proteger a sua intimidade dos estranhos é quando as crianças usam a internet. Confiam rapidamente nas pessoas com quem conversam, publicam experiências muito pessoais na ingênua crença de que apenas pessoas que elas conhecem e querem bem vão ter acesso àquilo, distribuem comentários que deveriam ser feitos a poucos, escrevem seu diário íntimo, expõem-se.

Em geral, quando a criança usa a internet, ela se sente segura e protegida porque está em casa, e isso a ajuda a perder a noção de que um pequeno artefato tecnológico a conecta ao mundo todo. Assim, ela constrói a ilusão de que nada do que ela escreve nem nenhuma imagem que publica será acessada por quem não gosta dela, muito menos para ser usada contra ela. Muitas já sofreram experiências dolorosas e pouco aprenderam. É principalmente por isso que as crianças precisam de tutela adulta quando usam a rede.

Se queremos que os mais novos tenham uma vida melhor do que a nossa, precisamos ensinar a eles que é possível e desejável construir uma intimidade, e que amigos nós temos poucos, enquanto os colegas são muitos.

24.9.2009

Fale sério

Alguns anos atrás, a mãe de uma garotinha de quatro anos veio me contar que ficara muito impressionada com um fato que havia acontecido. Fazia um tempo que o casal tentava o segundo filho, mas até então a gravidez não ocorrera. Finalmente, surgiu um sinal: a menstruação dela estava atrasada. A primeira providência foi ir ao médico, fazer o teste e aguardar com ansiedade.

No dia em que a mulher ia receber o resultado do laboratório, a filha dela amanheceu chorosa e não quis ir para a escola. A mãe decidiu ficar com ela em casa e a garota logo ficou melhor. De repente, a menina disse: "Eu não quero ter um irmãozinho". A mãe ficou perplexa, pois não imaginava que a filha tivesse nenhuma pista do que estava acontecendo. Prontamente, deu uma resposta qualquer, da qual nem ela mesma se lembrava, mas que não tinha relação com o que a filha havia dito.

Sim: as crianças, principalmente pequenas, estão sempre estreitamente ligadas aos seus pais e conseguem, à sua maneira, entender tudo o que se passa com eles. O relacionamento com os pais e com os adultos importantes em sua vida cotidiana – como os professores, por exemplo – é o maior responsável pelo desenvolvimento saudável das crianças. Isso inclui os diálogos que ocorrem entre eles e, principalmente, a percepção que a criança tem a respeito das atitudes dos adultos que convivem com ela.

Quando a criança percebe que os pais estão na expectativa de uma gravidez, como no caso citado, ela expressa a sua angústia em relação a isso. Se não tem possibilidades de desenvolver uma conversa sobre o assunto, na qual possa ouvir e falar mais, o que pode acontecer? Primeiramente, a criança perde um pouco da confiança que tinha nos pais. E, caros leitores, a confiança nos adultos que convivem com a criança é o que a sustenta neste mundo, é o que lhe permite sentir-se segura para enfrentar o que a vida lhe apresenta.

Ter de resistir a um impulso, não poder realizar algo de que tem vontade na hora em que quer, ter de esperar, entre tantas outras coisas, são situações muito difíceis para a criança. Enquanto ela sabe que conta com adultos confiáveis, tudo fica mais tranquilo. Ao começar a perder a confiança que depositava nos adultos, a criança passa a desenvolver desconfiança em relação a eles. Vocês imaginam o que isso significa para uma criança?

Se ela precisa ir para a escola e não quer, e os pais dizem que isso é bom para ela, o mesmo em relação ao médico etc., a criança não consegue aplacar a angústia, pois desconfia de que os pais dizem qualquer coisa para ela – e não palavras verdadeiras. O impacto que isso provoca em seu desenvolvimento emocional é grande.

Por fim, a criança perde o respeito pelos adultos quando percebe que eles não a levam a sério. O resultado disso é um sentimento de abandono: a criança se sente sozinha em suas questões com a vida e consigo mesma. As consequências dessa perda podem assumir variadas formas na vida da criança, e é certo que nenhuma delas contribui para um desenvolvimento saudável.

Ao dialogar com a criança, pais e professores precisam prestar muita atenção nela. Ouvir verdadeiramente o que ela expressa pela linguagem verbal ou por qualquer outra permite um encontro significativo. E é isso o que ajuda a criança a construir histórias sobre sua vida, a desenvolver a inteligência e a vida social e, principalmente, a encontrar-se cada vez mais consigo mesma. Isso é tudo de que ela precisa para crescer bem.

15.2.2011

Medo que dá medo

Muitas mães estão com medo de que os filhos sintam medo. Pedem à escola que a professora não conte determinadas histórias e que troque a indicação do livro que o filho deve ler. Também não deixam que as crianças assistam a filmes que, seja qual for o motivo, provoquem medo. Basta que o filme veicule uma ideia: nem precisa conter cenas aterrorizantes. Essa reação dos pais leva a crer que o medo é uma emoção negativa que os pequenos não devem experimentar, e é necessariamente provocado por motivos externos à criança. Vamos pensar sobre isso.

Primeiro, vamos lembrar que toda criança pequena sentirá medo de algo em algum momento. Medo do escuro, medo de perder a mãe, medo de monstros etc. Esses medos não serão necessariamente originados por uma história, uma situação experimentada ou um mito. Esses elementos servirão apenas de isca para que o medo surja. Tomemos como exemplo o medo do escuro. De fato, é na imaginação da criança que reside o que lhe dá medo; o escuro apenas oferece campo para que essas imagens ganhem formato, concretude.

É que, no escuro e em suas sombras, a criança pode "ver" monstros se movimentando e até "ouvir" os rugidos ameaçadores dessas figuras. No ambiente iluminado, tudo volta a ser a realidade conhecida, pois a imaginação deixa de ter um pano de fundo. Os rugidos dos monstros voltam a ser os sons naturais do ambiente. E as monstruosas imagens são diluídas pela claridade.

E por que é bom a criança experimentar o medo desde cedo? Porque essa é uma emoção que pode surgir em qualquer momento da sua vida, e é melhor que ela aprenda a reconhecê-la logo na infância para, assim, começar a desenvolver mecanismos pessoais de reação.

A criança precisa reconhecer, por exemplo, o medo que protege, ou seja, aquele que a ajudará a se desviar de situações de risco. Paralelamente, precisa reconhecer o medo exagerado que a congela, aquele que impede o movimento da vida e que exige superação.

É experimentando os mais variados medos que a criança vai perceber e aprender que alguns medos precisam ser respeitados pelo aviso de perigo que dão, enquanto outros medos exigem uma estratégia de enfrentamento que se consegue com coragem. A coragem, portanto, nasce do medo. E quem não quer que o seu filho desenvolva tal virtude?

Por fim, é bom lembrar que, muitas vezes, a criança procura sentir medo por gostar de viver uma situação que, apesar de difícil, ela pode superar. Cito como exemplo uma lenda urbana que provoca medo em muitas crianças na escola: "a loira do banheiro". Para quem não a conhece, é a imagem de uma mulher que assusta as crianças quando elas vão ao banheiro.

Uma escola decidiu acabar com esse mito. Por meio de várias estratégias, conseguiu convencer os alunos de que ela não existia. Alguns meses depois, as crianças construíram outro mito para que pudessem sentir o mesmo medo que experimentavam quando se viam perseguidos pela "loira do banheiro". E quantas crianças não choram de medo depois de ouvir uma história e, no dia seguinte, pedem aos pais que a contem novamente?

Conclusão: o que pode atrapalhar a criança não é o medo que ela sente e sim o medo que os pais sentem de que ela sinta medo. Isso porque a criança pode entender que os pais a consideram desprovida de recursos para enfrentar os medos que a vida lhe apresenta.

2.4.2013

Sofrimentos inevitáveis

Costumo ouvir que atualmente os pais querem poupar os filhos de sofrer. Por isso, têm enorme dificuldade em dizer não a eles, em permitir que enfrentem suas frustrações e em deixar que atravessem as situações difíceis. À primeira vista, esse discurso soa como uma verdade, não é mesmo? Afinal, temos visto crianças e adolescentes agirem sem se importar com as normas sociais porque se sentem protegidos pelos pais em todas as circunstâncias.

Entretanto, podemos pensar um pouco além dessa linha para tentar compreender melhor o relacionamento entre pais e filhos no que diz respeito à chamada "felicidade" das crianças. Na realidade, pode ser que os pais façam de tudo para que os filhos não sofram. Porém é preciso considerar que, em geral, eles desejam protegê-los apenas de determinadas experiências dolorosas – não de qualquer uma.

Os pais não querem, por exemplo, que os filhos se sintam excluídos de nenhuma situação, nenhum grupo e nenhuma atividade. É em nome do desejo adulto de eliminar esse tipo de sofrimento que as crianças fazem as mesmas atividades que os colegas em seus dias de lazer, ganham os mesmos jogos e todo tipo de traquitana tecnológica, frequentam os mesmos lugares, usam roupas e calçados parecidos (senão iguais) e vão a mil festas de aniversário, muitas vezes de crianças que nem são suas amigas próximas.

Os pais também não querem, de maneira nenhuma, que os filhos sofram por causa da escola. É por isso que vira e mexe eles vão falar com coordenadores, professores e diretores, reclamam de profissionais, põem os filhos em aulas particulares, fazem a lição de casa com eles – ou no lugar deles – e estão sempre prontos para defendê-los de qualquer sanção que tenha sido aplicada pela escola.

E é assim, entre tentativas de evitar um e outro tipo de sofrimento, que os pais vivem a ilusão de construir para os filhos um mundo que só pode existir em outra dimensão: um mundo onde ninguém os rejeitará, onde não serão excluídos de nada e onde participarão de todos os grupos pelo simples fato de consumir as mesmas coisas que a maioria. Doce e amarga ilusão...

Há, porém, alguns sofrimentos que os pais não evitam que os filhos experimentem. Ao esconder de crianças e jovens verdades da vida que os envolvem, os pais fazem com que os filhos sofram, debatendo-se entre mentiras e silêncios. Quando o tema é doença ou morte na família, isso acontece bastante. O que os pais talvez não saibam é que, ao tentar evitar que os filhos sofram a dor da perda, acabam provocando nos mais novos um sofrimento ainda maior, que é a dor de não saber, não entender, não conseguir expressar a angústia que sentem.

Outra dor que os pais provocam, à qual não dão muita importância, é a do abandono. Buscar o filho na escola bem depois do término da aula; deixar o filho sem parâmetros; permitir que a criança atue como se já fosse responsável por sua vida e deixar em suas mãos escolhas que só deveriam ser feitas por adultos são alguns exemplos de atitudes que fazem crianças e adolescentes se sentirem abandonados pelos pais. E isso dói.

Uma garota de nove anos disse uma frase reveladora sobre essa sensação de abandono a uma amiga que estava triste e constrangida por ter sido impedida pelos pais de acompanhá-la em um passeio: "Não chore por causa disso, não. Eu adoraria que os meus pais se importassem assim comigo".

Os filhos são supostamente protegidos de sofrimentos muitas vezes inevitáveis e, ao mesmo tempo, são postos em situações que os fazem experimentar sofrimentos inúteis. Qual será o resultado desse tipo de equação?

16.4.2013

PARTE III
Educação começa em casa

Perguntar pode ser melhor que responder

Adultos que convivem e trabalham com crianças, sobretudo com as pequenas, garantem: atualmente elas estão muito mais espertas. Não é à toa. Elas frequentam shoppings e supermercados, assistem à TV, vão a teatros e cinemas, acessam a internet, fazem viagens nacionais e internacionais, praticam turismo ecológico, jogam videogame, têm grupos de amigos, frequentam a casa e convivem com a família deles e prestam a maior atenção em tudo.

Por isso as crianças sempre acham uma resposta bem inteligente e, às vezes, até adulta quando os pais ou professores impõem alguma regra, indagam sobre algo ou questionam suas atitudes. Sem contar as críticas ácidas, mas com bom conteúdo, que fazem aos pais e aos professores, e as perguntas inteligentes e impertinentes que elaboram. Isso tudo é muito estimulante e ajuda o desenvolvimento da inteligência, mas pode criar a ilusória crença de que elas sabem quase tudo ou, pelo menos, sabem muita coisa. E isso contribui para que as crianças percam o desejo de aprender e, consequentemente, o interesse pelos estudos e pela escola.

"Não sei mais o que responder ao meu filho, pois nenhuma informação que dou é suficiente", escreveu a jovem mãe de um menino que ela considera precoce aos cinco anos. Talvez o melhor jeito de ajudar as crianças de hoje seja dar menos respostas, pois o meio já se encarrega de dar estímulos demais, que muitas vezes levam as crianças a conclusões enganosas, e fazer mais perguntas, de modo a levar a criança a não se contentar com as respostas que deduz das aparências.

Há pouco tempo, em uma conversa sobre sexualidade com um grupo de crianças que estão entrando na puberdade, perguntei quais dúvidas elas tinham sobre o assunto. As respostas vieram rápidas: elas sabiam tudo, não tinham dúvidas. Decidi então inverter os papéis e fazer eu as perguntas. A cada resposta que elas me davam, eu instigava a curiosidade delas propondo diferentes formulações e novas perguntas. Bastou meia hora para que elas reconhecessem que tinham muito mais perguntas sobre o assunto do que respostas.

Com crianças menores é a mesma coisa. No final do ano, uma professora estava contando uma história de Natal para os seus alunos, com idade entre três e quatro anos. Ela perguntou se alguém já tinha visto neve. Imediatamente uma das crianças disse que sim, conhecia neve. Quando a professora perguntou onde esse aluno tinha visto neve, ele não hesitou em responder que tinha sido no supermercado, referindo-se provavelmente à decoração natalina, que simula neve com espuma ou plástico.

Outra professora fez comentários sobre o ovo a seus pequenos alunos. Vocês acreditam que nenhuma criança sabia a origem do ovo, mas todas tinham uma resposta convicta? Uma falou que os ovos caíam diretamente do céu para as caixinhas do supermercado, outra disse que nasciam debaixo da terra, como as batatas, e outra disse que havia um depósito de ovos em algum lugar e que os donos dos supermercados iam buscá-los lá.

O mundo adulto é repleto de dados e de informações que são compreendidos de modo muito particular pelas crianças. Querem ver? Para introduzir a noção de problema matemático a seus alunos de seis e de sete anos, uma professora decidiu partir do conceito que eles tinham de problema. Sabem o que foi considerado problema por essas crianças? A empregada faltar, a fatura do cartão de crédito vir muito alta, o pai ficar sem emprego, a mãe ter reunião até tarde...

Talvez nós, pressionados por esse mundo competitivo, queiramos que os nossos filhos e alunos saibam, aprendam. Muito melhor do que isso, porém, é desejar que eles queiram aprender, que eles tenham curiosidade e desejo de saber. Que eles admitam que não sabem. Que eles saibam formular boas perguntas em vez de ter boas respostas.

23.1.2003

Educação familiar é responsabilidade dos pais

Muitos pais não se dão conta, mas deixam os professores dos filhos em situação delicada. Vejam a questão trazida por uma professora de educação infantil: "Vários pais que enfrentam problemas de disciplina com os filhos em casa nos procuram para pedir orientação sobre como agir nessas situações. Como dizer a esses pais que não temos como orientá-los? O professor é avaliado também de acordo com as respostas que dá às questões que os pais apresentam".

Pois é, os pais que agem assim acreditam que os professores tenham competência para ajudá-los na tarefa educativa da família. Por que será? Bem, talvez tenha sido a própria escola que, também enfrentando dificuldades para exercer a sua autoridade no espaço escolar, tenha iniciado o movimento de chamar os pais para conversar sobre o comportamento dos filhos. Essas conversas pouco a pouco se transformaram em orientações, porque os professores creditavam os problemas de indisciplina dos alunos à educação familiar ineficaz. Pensaram que, ensinando os pais a educar os filhos, os problemas de indisciplina na escola diminuiriam.

Foi – e continua sendo – muito problemática essa atitude da escola. Em primeiro lugar, porque implica um julgamento negativo e uma depreciação do tipo de educação praticada pelos pais. Mesmo que não seja explicitado, esse parecer, de algum modo, é repassado aos alunos e compromete a relação de confiança deles com os professores, algo que é muito importante. Em segundo lugar, porque os professores se julgam competentes para entender de educação familiar. Não são. Nenhum professor tem formação para trabalhar com os pais de seus alunos, para orientá-los. A formação que eles têm – ou deveriam ter – é voltada para a educação dos alunos na escola, que é um espaço público, e não no lar, que é um espaço privado, e isso faz uma grande diferença.

Demorou, mas muitas escolas já entenderam que não compete a elas intervir na educação praticada pelas famílias. Sua competência é educar os alunos ali, em seu espaço, visando à convivência em grupo. Muitos pais, porém, insistem em pedir ajuda quando enfrentam dificuldades com os filhos. Além de criar um problema para os professores, isso é problemático também para os pais, porque significa assumir que não conseguem ter autoridade sobre os filhos, que logo percebem essa situação. E fica criado um círculo vicioso, formado por elementos interdependentes: pais que não assumem a autoridade necessária para educar os filhos, professores que julgam os pais, filhos que não obedecem aos pais por perceberem sua fragilidade e não confiam nos professores por perceberem que eles não respeitam os seus pais, e famílias e escola sem vínculo de confiança mútua. Como quebrar isso?

A escola não pode orientar os pais de seus alunos, mas pode dividir com eles os conhecimentos que tem a respeito do desenvolvimento infantil, das etapas da infância e da adolescência e dos princípios fundamentais dos direitos e deveres da criança e do adolescente, por exemplo. Pode também encorajar os pais mais aflitos a assumir o seu papel com convicção e paciência. E também pode abrir o seu espaço para que os pais compartilhem, entre eles, dúvidas, angústias, acertos e equívocos. A troca de experiência é bastante salutar, já que ser pai e ser mãe é, em geral, uma atividade bastante solitária.

Os pais, por sua vez, devem avaliar a escola pelos efeitos que a educação lá praticada produz nos filhos, não pelo que os professores lhes dizem – as tais orientações – e pelas teorias que usam. Uma boa escola faz bem aos seus alunos, esse é o ponto. Ah! E os pais devem, acima de tudo, preservar a privacidade familiar. Nada de ficar contando problemas da intimidade da família aos professores. Isso não faz bem a nenhuma das partes envolvidas, principalmente os alunos, além de ser constrangedor para quem fala e para quem ouve.

31.7.2003

Violência gratuita

Entre tantas situações difíceis que pais e professores enfrentam ao educar crianças e jovens, uma em especial tem provocado preocupações e indagações sem fim: a agressão física. Os educadores não sabem como agir – e reagir – quando irmãos, primos ou colegas de escola entram em confronto, muitas vezes por motivos banais, e partem para a violência corporal. Pontapés, beliscões, murros, mordidas, puxões nos cabelos, entre outros tipos de agressão, têm sido usados como estratégia de defesa e de ataque entre os pares. Bater tornou-se uma expressão de inconformismo diante da frustração e de mal-estar, ou como busca de solução de um conflito.

É importante lembrar que a criança pequena naturalmente aprende a usar esse tipo de recurso para conseguir o que quer. Pais e professores com filhos de idade entre dois e três anos, mais ou menos, conhecem de perto a mordida. Sem ter ainda o recurso da linguagem verbal, a criança usa o instrumento que tem – os dentes – para intervir no ambiente conforme seus interesses. À medida que a criança cresce, pode deixar de lado esse tipo de intervenção e usar a linguagem verbal como instrumento de mediação e negociação em situações de conflito. Todavia, para tanto é preciso intervenção educativa.

Acontece que hoje tem sido mais usual o adulto classificar a criança como agressiva em vez de conter o comportamento dela e ensinar outros, mais adequados, ou mesmo aplicar uma sanção quando necessário. É preciso levar em conta o contexto em que vivemos: no mundo contemporâneo, a violência física, nos seus mais diversos graus de expressão, passou a ser considerada parte da vida, como se fosse inevitável. E é bom ressaltar que falo sobretudo de uma força física que se manifesta no cotidiano e que tem se tornado quase invisível, como empurrar alguém para chegar ao local desejado, por exemplo.

É difícil, hoje, que um ato desses cause indignação e perplexidade. Recentemente, parei para conhecer um programa chamado *Pânico na TV*. Num determinado quadro, um ator com a identidade protegida por uma fantasia de caveira passou um bom tempo importunando fisicamente pessoas em uma praia. Aí está: na programação dominical da TV, em horário livre para crianças e em programa atrativo para jovens, a sociedade compactua com a agressão física e subestima seus efeitos.

Justamente por entender que esse tipo de atitude tem sido ensinada pela sociedade local e global, seria ingenuidade pensar que a educação, praticada pela família e pela escola, pudesse dar conta do problema. Não pode, mas isso não significa que os educadores devam sentir-se impotentes. Eles podem fazer muito.

Lembrando a importância do vínculo de pertencimento para a criança, os pais podem ensinar ao filho, por exemplo, que aquela família não admite a agressão física em nenhuma hipótese, e que quem desobedecer a esse princípio sofrerá algum tipo de sanção. Na escola, é preciso que fique clara e explícita para todos a intolerância em relação a esse comportamento e que, depois que ele tiver ocorrido, nenhum argumento será considerado. Essa intolerância pode ser demonstrada, por exemplo, na hierarquia das transgressões sujeitas a punições. E mais: os alunos precisam aprender que são corresponsáveis pelos atos violentos que os colegas cometem, mesmo quando não participam diretamente deles. Do mesmo modo, somos todos responsáveis também por programas de TV que fazem o elogio da violência física sem pudor nenhum.

E, por falar em pudor, seria bom que sentíssemos, todos, vergonha ao testemunhar qualquer tipo de agressão física, em qualquer lugar. Demonstrar indignação diante disso é uma atitude absolutamente necessária.

15.4.2004*

---

* Título original: "Faltam indignação e perplexidade".

Pais, filhos e babás a passeio no shopping

Recentemente, ao fazer uma visita, testemunhei uma cena inusitada. Quando o elevador chegou ao meu andar, havia uma criança de dois anos e a babá, que segurava um prato de comida. Deu para perceber que eles não estavam usando o elevador como meio de transporte, mas como distração para a criança, que, pelo jeito, adorava subir e descer – já comer, nem tanto, pelo menos o tipo de refeição que a mãe determinava naquele horário.

Entre uma e outra distração que o elevador proporcionava à garotinha, uma colherada era levada à sua boca, que se abria quase mecanicamente, sem que ela se desse conta, e então a comida descia goela abaixo. Um pouco incomodada com a presença de um estranho nessa situação tão doméstica, a babá logo foi me dando explicações. A menina fazia muita fita para comer, a mãe não tinha paciência, e comer ali era garantia de êxito na empreitada.

Aquela cena voltou à minha memória quando, num sábado, ao tomar café num shopping, fui alertada por uma amiga a observar a grande quantidade de famílias com filhos pequenos passeando, lanchando, almoçando juntos. E, especialmente, o significativo número de babás. A elas cabia fazer companhia às crianças, dar a alimentação, correr atrás, entreter. Enfim, conviver. Em pleno sábado. Dá o que pensar, não?

A primeira coisa que me ocorre é que, por trás dessas cenas, está embutido um conceito: o de que educar é cuidar. E cuidar – vamos convir –, uma boa e bem orientada babá cuida muito bem. De modo resumido, cuidar significa tomar conta: toma-se conta de uma casa, do orçamento e também dos filhos, é claro. No entanto, tratando-se de filhos, cuidar é pouco. Quem ama cuida, como sugere uma canção, mas filhos precisam mesmo é de pais que cuidem principalmente de seu futuro, não apenas do tempo presente. Quem cuida nem sempre convive, ensina, educa. E quem é apenas cuidado não aprende, necessariamente, a se cuidar.

Voltando ao caso da garotinha que almoçava no elevador: alimentada ela estava sendo, mas certamente não tinha a oportunidade de aprender a comer sozinha, a reconhecer a fome e a saciedade, a distinguir os sabores e a identificar os seus gostos e necessidades – e, mais ainda, o valor social da alimentação em conjunto com o grupo familiar.

Conviver é mais que estar no mesmo espaço: é compartilhar esse espaço, é viver em conjunto. Por isso, as crianças que estavam passeando com os pais no sábado, mas sob os cuidados da babá, não compartilhavam o passeio com a família. Estavam apenas, e quase incidentalmente, passeando no mesmo local – quase como colegas de um grupo de excursão.

É, ter filhos dá trabalho. Quem tem filho não consegue – nunca mais – ter a vida que tinha antes. Aliás, depois de ter um filho, não dá nem para pensar como seria a vida sem ele. O que também não é possível é ter um filho e tentar viver como se não o tivesse. Ao terem um filho, a mãe e o pai assumem um compromisso: o de introduzi-lo na vida em comunidade, e isso se faz, principalmente, pela convivência familiar.

O mundo contemporâneo já limita bastante o convívio entre pais e filhos. Todavia, a limitação maior para as crianças de hoje talvez seja o individualismo e o egoísmo dos adultos, que não cedem um segundo sequer do tempo que usam consigo mesmos. Para ter filhos é preciso ser generoso. E tornar-se generoso pode, afinal, ter mais valor do que ser generoso. Assim, essa é uma chance que muitos pais têm de se tornarem pais. Sempre haverá tempo, quando se tem filho ainda pequeno.

*15.7.2004**

---

* Título original: "Sobre pais, filhos e babás a passeio no shopping".

Quem decide o que é melhor para os filhos?

A mãe de uma garota de nove anos conta que a filha adora ler. A menina passa a maior parte de suas horas livres em companhia dos livros e já tem até os seus autores preferidos. No entanto, aquilo que a maioria dos adultos acharia um hábito dos mais saudáveis não é avaliado dessa maneira pelo pai da menina. Ele gostaria que a filha lesse menos e se comunicasse mais com os amigos. Ele até insiste para que ela passe um tempo na internet, para conversar com os colegas. A mãe quer saber quem tem razão: o pai, que quer mais socialização para a filha, ou ela, que adora que a filha leia?

Vou aproveitar para voltar a comentar a pressão que os pais fazem sobre os filhos para que sejam sociáveis, extrovertidos, felizes e sempre com amigos por perto demandando a sua companhia. Tem coisa mais estressante do que essa obrigação? E é em nome desse aspecto da vida que muitos pais compram a ideia de que é preciso permitir que o filho tenha e faça as mesmas coisas que a maioria dos colegas: para integrar-se ao grupo, para ter assunto e conversar com os pares. Mesmo que ao preço de sacrificar uma educação coerente com os princípios da família.

Nunca se falou tanto em respeito à diferença. Ao mesmo tempo, nunca se buscou tanta uniformidade – e conformidade – para a vida dos filhos. Um pai relutou muito em dar um celular à filha porque não achava necessário, acreditava que ela não saberia usar com responsabilidade, que seria mais um brinquedo do que uma utilidade. Ele bem que estava certo, mas não resistiu quando percebeu que a filha era uma das únicas da classe sem o aparelho, e que, por isso, devia ficar isolada do grupo sem poder jogar *games* nem enviar recados aos colegas.

É importante ressaltar que os torpedos são enviados aos colegas que estão no mesmo recreio, no pátio escolar. Pelo jeito, todos já estão isolados se, em vez de conversarem diretamente, precisam enviar mensagens a fim de se comunicar. Pois é: na ânsia para que os filhos sejam gregários, muitos pais acabam jogando por terra os seus princípios e até mesmo a sua coerência. Será que vale a pena?

    Outro ponto que a correspondência enviada pela mãe permite discutir é o gosto pela leitura. Muitos afirmam que crianças e jovens – adultos também – leem bem pouco nos tempos atuais. E, como não poderia deixar de ser, muitos encontram excelentes culpados para explicar essa falta: a televisão, o *videogame*, o computador, a internet etc.

    Mas é claro que não há um motivo único que justifique o desinteresse crescente pela leitura. É preciso considerar que o nosso estilo de vida é veloz, e a leitura – quem lê sabe muito bem disso – exige concentração, paciência e tranquilidade. Mesmo assim, há uma onda que busca introduzir os livros na vida de crianças e jovens. Claro que ler é muito bom. Ou melhor, ler pode ser muito bom. Para quem gosta, para quem descobre que os livros são excelente companhia, para quem descobre nas letras muitos segredos da própria vida. Só que é preciso ter talento para chegar a tanto.

    Sabem quando uma criança ou um jovem manifestam um talento diferenciado para determinada modalidade esportiva, por exemplo? Pois a mesma coisa pode ser aplicada ao gosto pelos livros: alguns têm jeito para a leitura, logo de cara já se entregam sem esforços. Talvez como a filha da nossa leitora. Já outros leem por necessidade, por pura obrigação. Não há gosto nenhum. Ocorre que o livro virou objeto de consumo, e não de cultura, as pessoas compram, mas não leem e por isso é cada vez mais difícil encontrar leitores entre crianças e jovens.

    Um último alerta: para muitos pais, educar bem os filhos virou estratégia na busca de prestígio. Muitas vezes, o próprio filho nem entra em questão, pois o que os pais buscam nada mais é do que uma boa avaliação como pais. Pouco importa se é o pai ou a mãe quem tem razão. O que importa é que o filho possa se encontrar e encontrar o seu rumo.

25.11.2004

Palmada educa ou deseduca?

A pedido de uma mãe, que representa muitas outras, vamos conversar sobre as palmadas. Todos sabemos que o tema é bem polêmico. Expressões como "palmada educa" e "palmada deseduca" continuam a ser exaustivamente repetidas e defendidas. Por isso, vamos tomar outro rumo e refletir a respeito de como e por que os pais batem nos filhos, mesmo sem a convicção de que isso provoque um efeito educativo.

A nossa leitora tem um filho de quatro anos que está naquela fase de desobedecer a tudo o que os pais o mandam fazer. Faz hora para escovar os dentes, nega-se a tomar banho e faz birra quando precisa organizar os brinquedos. Quem tem filhos nessa idade sabe muito bem como é que as coisas acontecem. Até parece que o prazer da criançada é contrapor-se aos pais – isso é o que muitos comentam.

Essa interpretação que atribui um comportamento rebelde a crianças menores de seis anos faz par com outra, bem popular: a de que os filhos gostam de desafiar os pais. Sempre que a criança faz algo que não deve, como mexer em uma coisa que os pais já avisaram muitas vezes que não deve ser tocada, os pais entendem que estão sendo desafiados, principalmente porque, em geral, o filho lhes mostra, com um olhar ou coisa parecida, que vai fazer o que já "sabe" que não pode. Esse tipo de entendimento é bem equivocado. A criança está é esperando que os pais não permitam que ela faça o que está prestes a fazer. Já ouviu que não pode e já entendeu a frase, mas ainda não consegue conter o seu comportamento, controlar o impulso ao irresistível. Ela ainda não sabe de verdade que não pode e pede, por isso, a ajuda dos pais.

Como os pais se sentem desafiados, desautorizados por esse comportamento do filho, reagem à altura. Já que não conseguem convencer o filho – sim, os pais do mundo contemporâneo não querem mandar, querem convencer –, apelam e usam o recurso extremo para mostrar ao filho que são autoridade. E o que está disponível nesse momento é a palmada, já que, ao menos fisicamente, os pais sabem que são bem diferentes dos filhos. Na ausência da autoridade moral, surge a autoridade física, incontestável quando os filhos são crianças – mas aviso: os filhos crescem e logo se tornam mais fortes que os pais.

A questão é que, na hora da palmada, os pais estão bravos. Têm a sensação de impotência por não saber o que fazer e sentem raiva da situação, que os deixa no papel humilhante de serem desafiados por alguém tão pequeno. A palmada acontece impulsivamente e, por isso mesmo, logo depois os pais se arrependem do que fizeram. E os filhos são os primeiros a se dar conta disso.

Quando os pais se sentem desafiados pelos filhos pequenos, eles os tiram do papel de criança e lhes dão o papel de adulto. Somado ao sentimento de culpa que as crianças logo identificam, qual é o próximo passo reservado aos filhos? Devolver os tapas, é claro. E é nesse ponto que se encontra a relação da nossa leitora com o filho de quatro anos.

Os adultos precisam ter clareza de que os filhos desobedecem por vários motivos. Entre os principais estão a tentação da descoberta e da exploração do mundo, a impulsividade e a falta de controle sobre o seu comportamento. Tudo isso faz parte do papel de filho, que testa tanto os limites do espaço em que vive quanto os das pessoas com quem convive. Os pais não devem se sentir desafiados pelos filhos, mas desafiados em seu papel educativo. Quando uma atitude não dá certo, é preciso tomar outra, e outra, e ainda outra. É assim que caminha a educação. É preciso tenacidade e perseverança. E, principalmente, disponibilidade. Vai ver, os tapas de hoje servem mais para mostrar a indisponibilidade dos adultos para a tarefa educativa do que para qualquer outra coisa.

7.4.2005

Aprender a conviver

O mundo público – no qual a gente passa a maior parte do tempo – está desordenado, hostil, agressivo, bem pouco acolhedor. Isso faz muito mal às crianças, que acabam confinadas e com muitas limitações para viver. Porém, o mal não é só esse: a convivência entre os adultos, que circulam pelas cidades e utilizam seus recursos, também está bastante prejudicada, o que põe em risco a vida civil no futuro próximo. E, nesse momento, quem vai viver nesse ambiente serão nossos filhos.

A criança, que está atenta e de olhos bem abertos para essa vida, vê como os adultos se relacionam e se educa também com essa observação. À educação que ela recebe em casa e na escola é acrescido o que ela testemunha. Creio que a influência de tudo o que presencia no mundo que a rodeia é bem maior do que a da televisão, que costuma ser a vilã quando contabilizamos as fontes de más influências na vida dos pequenos e no seu desenvolvimento. É que a criança sabe muito bem que o que ela vê na televisão – com a exceção do noticiário – é ficção, e que o que ela testemunha nas ruas é a mais pura realidade, é a vida como ela é.

Interessante é o modo como os educadores costumam reagir quando se perguntam a respeito de como querem educar os seus filhos ou alunos. Quase todos querem que o filho seja diferente do que observam por aí, que saiba respeitar o mundo que habita, que possa colaborar para estabelecer boas relações de convivência, que possa, enfim, fazer a diferença nesse mundo carente de relações respeitosas, que aprenda a agir com a responsabilidade de um cidadão. Todavia, quase todos também acreditam que, ao ensinar esses princípios e cobrar essas atitudes dos filhos, provocariam seu isolamento social, fariam com que fossem considerados "babacas" por seus pares.

Essa atitude mostra uma grande impotência dos pais perante a tarefa educativa e perante os filhos. Eles querem que o mundo que vai receber seus filhos seja melhor, mas não acreditam que os próprios filhos possam contribuir para isso. Esperam que sejam os outros a fazer essa parte, que consideram difícil. Será que os pais acreditam que o filho possa ser melhor do que eles são e foram? Esse é um requisito fundamental para a educação.

Um fato que pude testemunhar nesta semana me provocou uma reflexão. Estava caminhando pelas ruas do meu bairro quando, em sentido contrário, vinha uma mulher de uns trinta anos, segurando a guia de um cão. Ela não estava levando o cachorro para passear, estava sendo guiada por ele, porque, logo percebi, era cega. Em determinado momento, o cão mudou rapidamente de direção e foi até o meio-fio. Esse movimento não esperado do cão-guia surpreendeu a mulher, que pareceu ficar, por alguns segundos, um pouco desorientada. Abaixou-se, passou a mão pelo corpo do cão e percebeu que ele estava com a parte traseira abaixada. Estava fazendo cocô.

Já fiquei admirada com o fato de o cão ter sido treinado para não depositar as fezes na calçada. Só que o mais emocionante ocorreu logo em seguida. Assim que o cão terminou, a mulher tirou do bolso um saco plástico e, tateando, encontrou e recolheu o cocô. A grandeza do seu comportamento vai além de um bom exemplo. Ela agiu como uma cidadã responsável e madura, consciente de que o espaço público é de todos nós e, portanto, precisa ser cuidado por todos, em nome do bem-estar coletivo. Mesmo impossibilitada de enxergar, a mulher tem clareza sobre o seu dever social, ainda que os seus direitos não sejam lá tão respeitados. E quantos são os que enxergam, mas não são capazes de ver a sua implicação e os seus deveres na relação com o espaço comum?

7.7.2005*

---

* Título original: "Grandeza de comportamento é a melhor lição".

A importância de dizer não

A mãe de duas crianças pequenas fez, outro dia, um comentário bem interessante. Ao contar a aventura que é tomar conta de dois filhos menores de seis anos e educá-los, a bem-humorada mulher disse que conseguiria levar a cabo sua árdua tarefa sem a maioria dos recursos que tem, com exceção de dois: as grades de proteção das janelas do apartamento e as travas das portas traseiras do carro. Considerei muito perspicaz a maneira como ela condensou nesses dois itens de segurança a ideia de proteção que tem dominado a relação entre pais e filhos.

Já sabemos que os pais têm tentado proteger os filhos – e isso começa logo na primeira infância – deste mundo, que eles julgam perigoso e violento. E, nessa fase em que os filhos devem estar sempre sob a tutela dos pais ou de outros adultos, são consideradas perigosas as características dos ambientes que as crianças frequentam. Basta dar uma olhada nas escolas de educação infantil para constatar o grau que esse zelo atingiu. Ausência de escadas e de obstáculos, cantos arredondados, chão almofadado e areia tratada são algumas características que os pais gostam de encontrar.

Os cuidados com as crianças pequenas são fundamentais. Entretanto, eles têm dupla função: além de proteger, têm também o objetivo de ensinar que elas devem começar a se proteger. O autocuidado, tão necessário na adolescência, precisa ser ensinado desde os primeiros anos, mas, nesse afã de evitar incidentes, os adultos têm se esquecido desse detalhe tão importante. É que, ao andar, correr e brincar em ambientes tão limpos de pequenos riscos, a criança aprende que ela mesma não precisa se cuidar, e que o mundo é livre de toda ameaça. Assim, em vez de perceber que precisa se desviar de um canto de mesa, por exemplo, corre em linha reta, considerando exclusivamente o seu objetivo.

Há, porém, uma outra questão, ainda mais contundente, embutida na fala da jovem mãe. A trava de segurança, que evita que a criança abra a porta com o carro em movimento, e as grades de proteção, que impedem que ela, acidental ou intencionalmente, corra sérios riscos ao se debruçar em janelas e sacadas, apontam para a fragilidade das negativas que os adultos colocam aos filhos.

Por que os pais dependem desses artefatos para garantir a integridade das crianças? Porque não acreditam que o "não" seja respeitado pelos filhos. E por que isso ocorre? Vejamos como funciona a trava do carro. A criança curiosa certamente irá tentar abrir a porta mexendo na maçaneta. Sem conseguir abrir, poderá tentar mais algumas vezes, mas só vai desistir por um único motivo: porque aprende que ali não há alternativa. E quando são os pais que dizem ao filho que ele não deve mexer em determinado objeto? Diante da insistência das crianças, os pais desistem de impedir que elas façam o que, inicialmente, ouviram que não deveriam fazer. Ao contrário das travas das portas do carro, os pais não funcionam, e a criança não entende que não haverá alternativa.

Os pais não se dão conta de que, ao relevar o comportamento do filho que faz algo proibido, é a palavra "não" que perde valor. E isso é sério na formação da criança. Por esse motivo é que os pais realmente precisam de artefatos de segurança. Não se trata aqui, de modo nenhum, de prescindir desses dispositivos, mas de revisar a conduta adotada com os filhos. São poucas as situações que merecem um não categórico. Nesses casos, a negativa precisa ser honrada. E isso cabe aos pais.

1º.6.2006

Castigo e impunidade

É fato que consideramos a impunidade um grande mal; e também que creditamos a ela boa parte dos problemas de violência. Pensando nisso, como os pais ensinam aos filhos que seus atos produzem consequências?

Uma educadora me contou um fato interessante: um aluno cometeu uma transgressão e recebeu uma penalidade. No dia seguinte, o pai foi solicitar uma conversa com a orientadora. Quando isso ocorre, os educadores sabem o que esperar, pois muitos pais ou não aceitam que o filho arque com as consequências de seus atos no espaço escolar ou não concordam com a sanção, que costumam achar severa demais. Pois, para o espanto dessa educadora, o pai queria manifestar apoio à atitude da escola para que o filho tivesse a oportunidade de aprender que os atos têm consequências. Vale dizer que o pai estava bastante sensibilizado com o tema, por causa de notícias sobre comportamentos violentos praticados por jovens. Este é, portanto, um bom momento para refletir sobre o castigo.

De largada, vamos pensar a respeito do castigo corporal, amplamente usado por pais de todas as classes sociais. Ele costuma parecer eficaz porque produz efeitos imediatos, ou seja, o filho deixa de fazer o que não deve, ou então faz rapidamente o que deve. No entanto, esse efeito é efêmero, conforme os próprios pais podem constatar. Além disso, o castigo físico tem mais a ver com o humor dos pais ou com o seu próprio descontrole do que com o comportamento do filho. De todo modo, um castigo corporal é uma violência física contra os mais novos e, portanto, não tem como ser educativo.

As punições exageradas e as que são aplicadas mas não são honradas também ocorrem com muita frequência. Um garoto que não fez a lição de casa antes de a mãe voltar do trabalho não pôde assistir ao seu programa de TV favorito por três dias. Muita coisa, não? Uma adolescente que não voltou de uma festa no horário determinado foi proibida de ir à festa seguinte, mas tanto reclamou e fez cara feia que ganhou a permissão dos pais.

Afinal, o castigo deve ser usado na educação? E funciona? A resposta é sim para as duas perguntas. O castigo consistente pode ser uma boa estratégia para fazer frente às transgressões cometidas pelos filhos e para responsabilizá-los pelo que fazem. Para isso, é preciso que os pais, antes de aplicar uma punição, tenham uma atitude educativa firme e coerente.

Castigo em criança pequena não faz muito sentido. A contenção – que já é uma sanção –, usada para que o filho deixe de fazer algo que não deve, bem como a tutela constante, para que ele faça o que deve, são atitudes suficientes. Colocar a criança pequena para "pensar" não se sustenta, já que ela nem sequer tem autonomia para isso. Os pais de filhos nessa idade devem ter muita paciência e disponibilidade: não podem ficar bravos sempre que eles deixam de se comportar de acordo com as normas nem podem achar graça nisso. Para os maiores de seis anos, o castigo é educativo desde que precedido de regras claras e justificadas. A repetição das orientações, independentemente de serem ou não seguidas, não revela autoridade.

E é bom lembrar que o castigo aponta sempre o que não deve ser feito. Por isso, é insuficiente como estratégia educativa, já que queremos que os mais novos aprendam o que deve ser feito, o que é bom, o que é certo. Tanto as atitudes educativas quanto a aplicação de castigos exigem que os pais usem bem a autoridade e as palavras dirigidas aos filhos, conversem olho no olho, escutem os filhos de maneira interessada e sejam coerentes.

12.7.2007

Quem fala mais alto

Será que estamos diminuindo nossa capacidade auditiva? Parece que a cada dia precisamos falar mais alto. Não é de estranhar, já que a poluição sonora dos centros urbanos está cada vez pior e o nosso cotidiano é repleto de barulhos: lojas, bares e restaurantes tocam música em volume alto, e tudo isso faz com que falemos cada vez mais alto.

Como se não bastasse a dificuldade em ter vida privada – hoje, quase tudo é público –, até as nossas conversas ao telefone vazam para todos os lados, pois falamos ao celular em lugares barulhentos e isso nos obriga a aumentar o tom de voz. Resultado: a gritaria é geral, e participamos como observadores de brigas conjugais, de discussões profissionais e até das broncas nos filhos.

As crianças têm aprendido conosco a falar bem alto. Estudos já foram feitos em diversas escolas para medir a intensidade do som. Mesmo sem o vozerio dos alunos, o ruído já é alto demais e colabora para a perda da atenção e da concentração. É que em nosso país não temos a tradição de cuidar da acústica escolar: os pisos e as paredes não são elaborados com materiais de isolamento acústico. Com os alunos lá dentro, o ruído aumenta: algumas escolas que fizeram medições durante o recreio constataram decibéis em nível considerado prejudicial à saúde. Nessa hora, ao barulho do entorno escolar soma-se a gritaria geral.

Em sala de aula, os professores elevam o tom de voz para serem ouvidos, os alunos os imitam e quase ninguém mais fala: todos gritam. Segundo uma pesquisa, mais da metade dos alunos pensa que só existe uma única saída que lhes permita ouvir a aula toda: sentarem-se perto do professor. Isso significa que muitos nem sequer ouvem o que o professor diz. Em casa, muitos pais confundem seriedade ou firmeza com aumentar o volume da voz. Não é preciso subir os decibéis para ser obedecido ou levado a sério por crianças e jovens.

    Eles podem aprender a falar mais baixo, a regular o volume da voz de acordo com as situações e, principalmente, ouvir e respeitar as pessoas. Para tanto, é preciso que tenham bons exemplos. Criamos um falso conceito: a criança fala alto naturalmente, e isso é um sinal de que ela vive bem a sua infância. Muitos adultos julgam que ensinar a criança a falar mais baixo é reprimir a sua espontaneidade. Conheço uma professora de educação infantil que se esforça para ensinar os alunos a se comunicar em tom de voz suave. Claro que ela consegue, com muito esforço e depois de um tempo de convivência. No entanto, muitas de suas colegas consideram sua sala "muito reprimida".

    Na verdade, ensinar a criança a falar em tom suave e audível faz parte do ensino da comunicação verbal e é um fator importante do processo de socialização. Para chegar a isso, precisamos colocar em ação a nossa capacidade de autorregulação do tom de voz. Afinal, vamos ajudar o mundo a ser menos barulhento ou vamos continuar a agir como se só os que falam mais alto fossem ouvidos?

17.1.2008

O ensino da generosidade

Uma leitora pergunta como ensinar o filho a ser generoso. Recebo muitas cartas de pais, mas poucas delas dizem respeito ao ensinamento das virtudes e à educação moral. Esta, aliás, parece ter deixado de ser uma questão importante para pais e professores. Em tempos em que se fala tanto da necessidade de ética, valores e moral, vale a pena refletir sobre como os pais podem educar os filhos para que tenham a qualidade da generosidade.

Vamos começar por um equívoco que muitos pais cometem: praticamente os obrigam a "emprestar" seus brinquedos a um colega, um irmão etc. Em primeiro lugar, só empresta quem tem, e a criança pequena ainda não tem a posse dos seus brinquedos. Por isso, é preciso esperar um pouco. Depois, ninguém aprende a ser generoso sob pressão. Como ensiná-las, então, a serem generosas?

Como as primeiras relações das crianças são sustentadas pelos afetos, nada mais coerente do que convidá-las a olhar para outros de quem gostam, a fim de saber do que eles precisam ou o que lhes pedem e elas têm condições de atender. Perguntar ao filho se ele pode imaginar o quanto o irmão ou o colega ficaria alegre caso pudesse pegar uma coisa sua emprestada ou o ajudasse no que precisa é dar a ele a oportunidade de se dirigir ao outro sem se sentir prejudicado. É bom também analisar o pedido com a criança, pois pode ser um mero capricho.

Um ponto importante a considerar: só é generoso quem tem liberdade para tanto. Por isso, quando os pais permitem que o filho empreste suas coisas, mas acham inapropriado emprestar determinado brinquedo porque é caro, não ajudam a desenvolver a generosidade. Mais importante é ajudar a criança a perceber suas reais possibilidades de praticar a generosidade, pois algumas crianças querem ser generosas quando não podem. Uma de sete anos, por exemplo, pediu à mãe para dar um presente caro para a família do amigo. Pensar com a criança sobre essas situações é, portanto, fundamental para suscitar nela a verdadeira generosidade.

Ser generoso significa sacrificar seus interesses em benefício do outro, dizem os dicionários. Como a criança aprende muito observando seus pais e os adultos significativos de seu entorno, seria bom que tivesse oportunidade de presenciar atos generosos da parte deles. E vamos reconhecer que, em uma sociedade individualista, a generosidade não é uma virtude em alta no mundo adulto. Se quisermos melhorar o mundo em que vivemos, vamos precisar praticar a generosidade sempre que tivermos oportunidade.

À medida que as crianças crescem, é preciso aprimorar essa virtude, ou seja, ensiná-las a dirigi-la não mais apenas às pessoas queridas, mas também ao outro, com quem têm relações impessoais. Ensinar a criança a ser generosa é uma grande contribuição para que ela construa uma boa imagem de si mesma. Vale a pena, portanto, investir nesse ensinamento.

18.12.2008

Nem tudo é "êxito"

Assisti a um comercial muito interessante na televisão. Para falar a verdade, nem me lembro do produto anunciado, porque o desenvolvimento da narrativa me prendeu tanto a atenção que não retive mais nada. Na primeira cena do filme, aparece um garoto brincando em um parque. Ele não consegue se equilibrar em um dos brinquedos e a câmera mostra a sua queda. Com a expressão de dor e susto, o menino é levado pela mãe ao atendimento médico. A cena seguinte mostra a mãe em seu ambiente de trabalho, com o semblante muito preocupado. Sua colega pergunta qual é o motivo de sua preocupação, e ela responde que é o filho.

"O que foi que ele aprontou desta vez?", pergunta a colega, que, segundo sugere o comercial, já está acostumada a acontecimentos que envolvem o garoto e perturbam a mãe. "É a escola. Ele ficou para recuperação de matemática", foi a resposta.

Aí está: os autores dessa peça publicitária conseguiram captar muito bem o que se passa com quem tem filhos. Muitos pais estão realmente convencidos de que a coisa mais importante na vida das crianças e dos adolescentes é a vida escolar e o aproveitamento nos estudos. Decidimos, no mundo contemporâneo, que o preparo dos mais novos para o futuro praticamente se resume ao êxito escolar. Procissões de pais buscam escolas consideradas boas porque os seus alunos conseguem entrar em boas faculdades ou obtêm notas altas em exames nacionais como o Enem, por exemplo. Um número cada vez maior de pais se sente obrigado a acompanhar *pari passu* os deveres de casa dos filhos. Não faltam pesquisas, depoimentos, campanhas que conclamam os pais a uma participação ativa na vida escolar dos filhos.

Já é hora de refletir sobre esse assunto. E, para isso, vamos começar com uma frase de Natalia Ginzburg, extraída de *As pequenas virtudes*: "Estamos aqui [os pais] para reduzir a escola a seus limites humildes e estreitos; nada que possa hipotecar o futuro; uma simples oferta de ferramentas, entre as quais é possível escolher uma para desfrutar amanhã". Segundo a romancista, a importância exagerada que os pais costumam dar ao rendimento escolar do filho é fruto do respeito à pequena virtude do êxito, apenas isso.

Há coisas muito mais importantes no papel de mãe e de pai do que fazer as lições de casa com o filho e acompanhar sua vida escolar. Uma delas é socializar a criança. Crianças precisam aprender com os pais que não vivem sozinhas e sim em grupo. Isso significa, entre outras coisas, aprender a conviver com os outros de modo respeitoso, a se cuidar para se apresentar bem, a se comunicar de maneira adequada, a se comportar em ambientes diferentes.

Outra tarefa importante dos pais é a de dar educação moral aos filhos. Precisamos reconhecer que, hoje, boa parte das crianças se envergonha de não ter o que os colegas possuem, mas não sentem vergonha ao fazer coisas que não podem fazer, como furtar pequenos objetos, mentir, agredir e humilhar outras crianças e até adultos. Do mesmo modo, não têm constrangimentos em perturbar pessoas ao redor.

A formação do caráter, a educação moral, o desenvolvimento das virtudes e o preparo para o convívio são aspectos da educação que valerão muito mais para as crianças no futuro do que o êxito escolar.

10.8.2010

Lições de exclusão

A mãe de uma garota de onze anos me contou que a filha está com problemas na escola por estar um pouco gorda. "Gordinha", diz a mãe. Ela já tomou todas as providências para ajudar a filha a não permanecer com sobrepeso: passou a comprar gostosuras que não alimentam e só engordam, das quais a garota tanto gosta, apenas no fim de semana. A menina reclama, mas aceita, diz a mãe. Além disso, a mãe consultou uma nutricionista, que ajudou a família a montar um cardápio bem variado, com alimentos de que todos gostam. Também levou a garota a um médico hebiatra, especialista em adolescentes, que desenvolveu um programa de atividades físicas para ela.

Essa é a parte de que a filha de nossa leitora menos gosta. Ela não se limita a reclamar: arruma todo tipo de argumento para, por exemplo, não comparecer ao consultório do médico no horário agendado. Diz que fazer exercícios a deixa nervosa, mas a mãe é insistente e, se não consegue que a filha cumpra todo o programa, pelo menos alcança o que considera o mínimo necessário. O maior problema, pelo menos para a menina, é ir para a escola. É que lá ela é evitada por colegas, é chamada de "baleia gorda" e nunca é escolhida para fazer parte dos grupos em sala de aula.

Quem foi que inventou essa história de que crianças e adolescentes podem escolher colegas para fazer trabalhos em sala de aula? Claro que essa prática só pode resultar em algum tipo de exclusão, não é verdade? A filha de nossa leitora enfrenta, então, duas situações bem difíceis para essa idade: a de precisar emagrecer e a de se sentir humilhada e rejeitada pelos colegas. A mãe, que por sinal tem muito bom senso, já falou duas vezes com a coordenadora da escola, mas o problema continua. Da segunda vez, a educadora deu uma explicação para o fato de o problema continuar: disse que, em sala de aula, já não acontece mais, mas, na hora do recreio, não há como evitar. Como assim?!

O fato é que temos dificuldade em ensinar as regras de boa convivência para crianças e adolescentes. Muitas escolas acham que isso se aprende com os pais – "educação se aprende em casa" é um bordão muito utilizado por diversos profissionais da educação. Os pais, por sua vez, até tentam ensinar os filhos a terem bons modos. Muitos deles, na maior das boas intenções, cometem alguns equívocos. Obrigam os filhos a emprestar os seus pertences aos irmãos ou colegas, quando solicitados, e exigem que os filhos sempre digam as palavras mágicas "por favor", "obrigado" e "com licença". Os pais também obrigam os filhos a cumprimentar com beijos os parentes adultos.

Por que são equívocos? Porque pedir desculpas, por exemplo, não é algo que se resolva com uma palavra, não é verdade? Falar essa palavra pode ser fácil para qualquer criança, mas entender que uma atitude pode provocar sofrimento na outra pessoa é uma coisa bem diferente. E talvez aí resida nossa dificuldade para ensinar a convivência educada e civilizada aos mais novos. É que, em uma sociedade individualista, o outro vem depois de nós. Além disso, o outro é percebido mais como ameaça, de qualquer tipo, do que como boa companhia. Por que será que evitamos contato com desconhecidos sempre que possível?

A educação para a boa convivência se aprende em casa. E na escola. Professores não conseguem ensinar, pela experiência, uma criança a ser respeitosa no contexto familiar. E pais não conseguem ensinar, também pela experiência, filhos a serem respeitosos com colegas, mesmo e inclusive com aqueles com quem não simpatizam. Por fim: há situações que, mesmo sofridas, ensinam a viver. Depois de tomar as providências que a situação exige, os pais podem ensinar o filho a enfrentar com coragem os dissabores que a vida lhe apresenta.

25.9.2012

Leitura nos olhos dos outros

Recentemente foi comemorado o Dia Nacional do Livro. A data lembra a importância da leitura na vida das crianças e de todos nós. Esse é um bom motivo para refletirmos sobre a contribuição que o mundo adulto dá para que os mais novos tenham a oportunidade de desenvolver o gosto pela leitura.

Em primeiro lugar, é bom reconhecer que temos uma posição bastante moralista sobre esse assunto. Famílias e escolas repetem à exaustão que ler é uma coisa boa. Desde os primeiros anos escolares até o último ano do ensino básico, a lista de livros obrigatórios é enorme – mas será que ler é mesmo bom? Se é, por que temos de repetir tanto essa recomendação e nem assim conseguimos resultados?

Talvez porque obrigação não combine com prazer, e ler deveria ser uma questão de prazer. Muita gente se preocupa em desenvolver o hábito da leitura. Prova disso é que as crianças ficam com a agenda abarrotada de coisas para ler. Mas hábito é bem diferente de vontade. Em relação à leitura, o que podemos fazer é plantar nos mais novos a vontade de ler, mostrando as emoções que a experiência proporciona.

A segunda questão que temos é a seguinte: se ler é tão bom assim, por que é que nós, adultos, lemos tão pouco? Pesquisas mostram que o índice de leitura espontânea no Brasil é de pouco mais de um livro por ano! Muito pouco, quase nada, na verdade. Isso significa que, depois que o jovem sai da escola, ele simplesmente deixa de ler. O que podemos fazer para que os jovens encontrem o seu próprio caminho no mundo dos livros? Para que desenvolvam um gosto verdadeiro pela leitura?

Os pais podem, por exemplo, ler e contar histórias. Muitas famílias já cultivam o momento da história, lendo para crianças de até seis anos, antes de se recolherem. A questão é que eles não sabem como seguir com esse ritual depois que a criança cresce. A partir dos sete, oito anos, os pais costumam se render aos outros interesses que o filho passa a ter: programas de televisão, internet, *videogame*, jogos de computador etc. Entretanto, ouvir e contar histórias é um hábito que poderia seguir até o fim da infância como um grande incentivador não apenas do gosto pela leitura, mas também como um elemento intensificador das relações familiares.

Depois que a criança ganha fluidez, é hora de pedir que ela leia para os pais. Mostrar interesse pelos livros que ela escolhe, ouvir com atenção as histórias que ela conta sobre a sua própria vida e ler ao seu lado são excelentes maneiras de estimular a atividade leitora dos mais novos. As bibliotecas também poderiam funcionar como locais de incentivo do gosto pela literatura. Para isso, precisariam ser fisicamente mais atraentes, com livros e atividades interessantes. As famílias poderiam incluir a ida à biblioteca como um programa familiar, não é?

Ler sempre – mesmo que por pouco tempo –, comentar sobre os livros que estão lendo e incluir alguns exemplares na bagagem das férias são atitudes que os pais podem adotar para mostrar aos filhos, na prática, que ler é bom de verdade. E as escolas? Essas têm um enorme potencial para desenvolver o interesse pela leitura em seus alunos. A maioria tem optado pelos caminhos mais fáceis e menos produtivos: responsabilizar as famílias e obrigar os alunos a ler. Poucas são as escolas particulares que têm uma biblioteca atraente.

Aí está uma boa questão para os pais que procuram uma nova escola para o filho: visitar a biblioteca escolar e saber como ela é usada por alunos e professores. E, por falar em professor, quantos deles demonstram aos alunos que têm paixão pela literatura? Se ler é mesmo bom, vamos provar isso aos mais novos.

6.11.2012

Educação financeira

O mundo adulto se descontrola, e os mais novos é que pagam o pato. Um bom exemplo é a questão financeira. Ao consultar diferentes pesquisas feitas com o objetivo de avaliar a saúde financeira dos brasileiros, constatamos que as famílias estão cada vez mais endividadas. E por que é que os adultos gastam tanto atualmente? Porque vivemos na era do consumo: precisamos consumir para garantir visibilidade no mundo. Nós nos entregamos louca e desesperadamente ao consumo: porque "merecemos", porque desenvolvemos ganância, porque dá para parcelar, porque é só dar um clique, porque dá status etc. Consumir tem sido um imperativo em nossa vida. O problema é que, quando chega a fatura do cartão de crédito, as contas a pagar, percebemos que o ganho mensal não dá para quitar tudo. Aí, parcelamos mais e a espiral de endividamento só cresce.

Um gasto importante para famílias que têm filhos em idade escolar é justamente a mensalidade do colégio (e despesas paralelas, como transporte, uniforme, material e passeios). E tudo isso sai bem caro. Pôr o filho em escola particular, de preferência que tenha boa avaliação e seja disputada, também é um consumo importante, e lá vão as famílias para mais esse gasto. Só que nem sempre dá para bancar tudo. Muitas escolas precisam passar pela situação de constatar que pais inadimplentes chegam com o filho em carros caros e novos e nas férias fazem viagens ao exterior – a Disney é o destino preferido. E a escola vem sendo responsabilizada por mais uma função – como se ela já não tivesse o suficiente: dar aulas de educação financeira aos seus alunos.

O que vem a ser "educação financeira", afinal? É a disciplina que tem como objetivo ensinar a administrar de modo saudável – controlado – a renda mensal, pessoal e familiar, e a buscar garantir a segurança financeira possível para o futuro a curto, médio e longo prazo. Em resumo: procura formar consumidores mais conscientes e críticos.

O que os mais novos têm a ver com isso? Pouco, quase nada, porque quem tem renda e controla os gastos – ou descontrola – são os pais. Então, só dá para ensinar aos mais novos duas coisas importantes nessa questão: que administrem bem a mesada e que sejam críticos em relação aos inúmeros apelos de consumo a que estão submetidos. Não é boa a lição de comprar o que o filho pede quando ele usa o argumento de que todos os colegas têm: isso é ensinar a não ser crítico. Mais vale questionar se ele realmente precisa daquilo e, principalmente, ajudá-lo a encontrar outros caminhos para estar no grupo – como valorizar as economias pessoais dele, por exemplo. Dar a mesada, estipular que gastos ele fará com o dinheiro e acompanhar o seu uso, sem censurá-lo, são estratégias valiosas.

Se ele usar a semanada para comprar um lanche na escola e esgotar toda a sua reserva antes de terminar a semana, por exemplo, os pais não devem repor a quantia. Uns dias sem lanche da cantina não matam a criança de fome. O importante é saber que, nessa questão, as principais lições são aprendidas pelos mais novos quando observam a atitude dos pais diante do consumo.

9.9.2014

Educar com atitude

Precisamos pensar no tipo de educação que temos proporcionado aos mais novos e naquela que idealizamos, queremos e inclusive cobramos deles. Hoje, vamos refletir sobre como acontecimentos do cotidiano têm interferido na formação dos nossos filhos, alunos, netos etc. Como gosto de fazer, vou partir de alguns exemplos da vida real.

Outro dia, assisti a uma cena envolvendo dois motoristas, um deles com uma criança – provavelmente filho – de cerca de nove anos. Uma motorista, velha senhora, estava com dificuldades para atravessar um cruzamento sem semáforo. Atrás dela, um homem buzinava insistentemente. Alguns segundos foram suficientes para ele perder a paciência e fazer uma manobra brusca para sair de trás do carro da senhora. Não contente, abriu sua janela e vociferou: "Deveria ser proibido velha dirigir!". O garoto, que estava no banco traseiro, também abriu a janela e gritou várias vezes: "Sua vaca!". Não pensem, caros leitores, que a motorista não reagiu: ela levantou o dedo médio aos dois.

As outras situações me foram contadas por mães: a primeira tem um filho de seis anos, e a outra, uma filha no último ano do ensino médio. As duas ficaram preocupadas com o próprio comportamento depois de ouvirem os filhos. O garotinho, que não queria aceitar as ordens da mãe, dirigiu a ela um "filha da p..." em alto e bom som. A mãe ficou perplexa por alguns segundos e perguntou a ele com quem tinha aprendido o palavrão. A resposta foi imediata: "Com você e com o meu pai".

No terceiro caso, a filha contou, ao chegar da escola, que havia presenciado uma briga violenta entre colegas, em razão da escolha de candidatos nas últimas eleições. A mãe disse que falou com ela sobre respeito, tolerância, diversidade etc., e ouviu da filha: "É, mas nos seus *posts* do Facebook você diz coisas parecidas com as que meu colega disse e que provocaram a briga".

Já sabemos que, em pleno século XXI, não são apenas família e escola que educam: todas as mídias, peças publicitárias, estilos de vida urbana, comportamento no trânsito etc. influenciam fortemente a formação de crianças e jovens. Eles, como sempre, percebem e identificam todas as questões envolvidas em um fato aparentemente simples. Queremos que nossos filhos cresçam e alcancem a maturidade. No entanto, nem sempre temos sido capazes de controlar o nosso comportamento infantil e de demonstrar o que a vida adulta exige.

Temos, por exemplo, dificuldade em administrar os nossos impulsos agressivos e narcisistas: expressamos ideias – por escrito ou oralmente – de modo intempestivo e violento, afirmamos que a história é única, e é aquela que sabemos e contamos; que o importante é ganhar sempre, e que perder permite qualquer tipo de comportamento; e que falar é sempre mais valioso do que escutar, refletir e reconsiderar.

Não somos nem devemos querer ser modelo para os mais novos, porque precisamos – e como! – que eles sejam melhores do que nós. Todavia podemos e devemos mostrar maturidade: contenção, reconhecimento e respeito às diferenças, controle na expressão de nossos preconceitos e impulsos de todos os tipos.

Agora é a hora de nos perguntarmos: como queremos que os nossos filhos sejam educados? As nossas atitudes é que dirão.

4.11.2014

PARTE IV
s.o.s. escola

Pais aprisionam filhos, e escola é cúmplice

Os pais – as mães, em especial – adoram dizer e pensar que ninguém conhece melhor os filhos do que eles. Esse tipo de raciocínio é compreensível. Afinal, são os pais que, desde o nascimento, acompanham o desenvolvimento, as descobertas que o filho faz na vida, as primeiras experiências de êxito, de frustração, de alegria e de sofrimento, as mudanças que ocorrem em cada idade e a maneira como reage a tudo isso. Os pais conhecem a fundo a relação que o filho estabelece consigo mesmo e com a vida. Há um porém: todo esse conhecimento é marcado por aquilo que os pais querem e esperam dos filhos. Além disso, é no contexto da relação familiar e dos tipos de vínculo afetivo entre os membros da família que esse conhecimento se dá e se mantém.

Ocorre que, desde o início da vida escolar, no ensino fundamental, o filho tem a oportunidade de ser outro quando está na escola. Longe da vista e, portanto, das expectativas e dos desejos dos pais, a criança se sente mais livre para experimentar outras maneiras de ser e se relacionar com o mundo, com os colegas e com os adultos que não fazem parte da família. É nessa época que começam a trilhar um estilo próprio de ser e de viver. Muitos pais estranhariam o comportamento dos filhos se pudessem observá-los quando estão distantes. Esse estranhamento apenas mostra a diferença entre o filho – melhor dizendo, a imagem que os pais têm dele – e o garoto ou garota que estão botando o pé no mundo e se fazendo gente.

Os primeiros a perceber essa diferença são os professores, que acompanham o começo dessa jornada. O problema é que crianças e adolescentes não têm tido muito espaço para essas experimentações. Os pais não querem libertar os filhos, não querem permitir que sejam eles mesmos e que façam as suas escolhas, e a escola tem sido cúmplice dos pais nesse aprisionamento de seus alunos. Tudo ou quase tudo o que acontece na escola acaba chegando aos pais. O aluno mente para conseguir algum benefício pessoal no espaço escolar, por exemplo, e a escola corre a contar a novidade aos pais.

Acontece que os pais acreditam na formação que deram ao filho, e isso provoca um impasse: ou os pais brigam com a escola – seja afirmando e reafirmando que o filho não mente, seja responsabilizando-a pelo mau comportamento –, ou brigam com ele, porque ousa ser e se comportar de modo diverso do que a família quer e espera.

Ao admitir que crianças e adolescentes convivem com pessoas diferentes, pais e professores podem praticar o seu papel com responsabilidade e educar sem perder de vista o objetivo da formação: a autonomia do indivíduo. Os pais não devem se espantar com determinados comportamentos dos filhos na escola. Devem agir de modo a fazer com que o filho arque com as consequências do que faz, e mostrar a ele os valores familiares que transgrediu. Se o filho tem uma relação de pertencimento com o grupo familiar, vai avaliar criticamente a experiência vivenciada de modo a acertar seu rumo, ou então vai reafirmar sua escolha e arcar com o custo disso. À escola cabe enquadrar o aluno nas regras de convivência, já que seu papel é formar o futuro cidadão, que precisa conhecer e respeitar as leis e regras, ou então arcar com as punições e penalidades previstas em caso de transgressão.

Os pais podem, sim, conhecer bem o filho, mas ele, a partir dos seis ou sete anos, passa a exercer outros papéis também. E neles pode ser diferente, o que é natural. O que não é natural é os pais se fazerem onipresentes na vida dos filhos, vigiá-los diuturnamente, pois isso significa mantê-los dependentes. O que os filhos fazem quando estão livres dos pais sempre pode surpreender, mas a surpresa nem sempre é desagradável. E nem sempre é da conta dos pais.

7.8.2003

Para onde foi o diálogo?

Quando pais que se consideram comprometidos com o desenvolvimento dos estudos do filho querem saber um pouco mais a quantas anda a vida escolar dele, o que costumam fazer? Procuram a escola para conversar. Perguntam a professores e coordenadores quais são os pontos fracos do filho e qual é o aproveitamento dele nas aulas, querem saber a opinião dos profissionais sobre se devem ou não tomar esta ou aquela atitude na tentativa de melhorar o rendimento escolar e pedem até mesmo a indicação de um profissional especializado quando chegam à conclusão de que essa é uma atitude necessária para o benefício do filho. Os pais querem colaborar, querem participar e se fazem presentes na escola. Mais do que isso: acreditam que têm esse direito.

Os profissionais do espaço escolar, por sua vez, tomam para si o dever de passar para os pais dos alunos todas as informações que julgam importantes. Consideram que tomar essa atitude faz parte de sua responsabilidade, e não apenas visa ao atendimento dos pais, mas tenta melhorar a vida do seu aluno. Os pais mais preocupados em saber como o filho se porta na escola – se fica isolado, se tem amigos, se tem atitude ativa ou passiva na busca de sua socialização –, além de contar com as informações fornecidas pelos mestres, podem, em algumas escolas, observá-lo diretamente, com o recurso de câmeras conectadas à internet. No meio da manhã ou da tarde, no trabalho, aparece uma vontade de ver o filho, de saber como ele está? Basta um clique e pronto! Aparece a imagem do espaço que o filho costuma frequentar. Ou, em outros casos, o boletim dele também, é claro.

Até mesmo profissionais da investigação – os detetives particulares – têm se oferecido para vigiar o filho de pais que querem saber detalhes do comportamento dele (hábitos, amizades e locais que frequenta). Um contato, um contrato e, dias depois, chega um relatório pormenorizado do que o filho faz ou não faz. Agora, até teste para checar uso de drogas a tecnologia oferece.

Isso nos faz pensar: o que está acontecendo com o relacionamento entre pais e filhos? Em todos os casos citados, há sempre a necessidade de um intermediário para que os pais cheguem mais perto da vida real dos filhos. Isso é bem esquisito, já que a interação com o filho é a maneira mais adequada, próxima e segura de saber como agir com ele.

E o bom e velho diálogo, talvez o único ponto de consenso entre profissionais de áreas diversas e diferentes formação e atitude a respeito da educação, para onde foi? Para o espaço, pelo jeito, já que o universo dos pais e o dos filhos não se comunicam mais, caminham em paralelo. Os pais, porém, não podem se enganar: ter cada vez mais informações a respeito de seu filho, derivadas de terceiros ou de recursos tecnológicos, pouco ou quase nada pode contribuir para a responsabilidade de educar. Por quê? Pois, sempre que é preciso um mediador para saber do filho, os pais já se afastam um pouco mais dele e da tarefa de educar para que aprenda a se cuidar, a viver com autonomia e responsabilidade, a exercer o direito de fazer escolhas e de se comprometer com elas.

Para saber como vai a vida escolar do filho, nada melhor que perguntar a ele próprio, que é quem pode dizer, de um jeito ou de outro, a quantas anda seu relacionamento com a escola e com o conhecimento. E a vida social? De novo, basta demonstrar um interesse real, que fica mais fácil perceber se ele tem angústias ou inibições que travam as suas interações com os pares. Será que usa drogas? Há modos bem mais próprios de pais do que contratar um detetive para ver o que talvez temam já saber. Esses recursos em geral ajudam a construir e a tornar sólido um muro que separa pais e filhos. E assim fica cada vez mais difícil – e pouco afetivo – o ato de educar.

*11.9.2003**

---

* Título original: "Pais usam mediador para dialogar com filhos".

Pistas valiosas para identificar a linha da escola

As escolas que se preparem para uma bela surpresa: os pais estão mudando seus anseios e expectativas em relação aos estudos dos filhos. O que era quase unanimidade na busca por uma escola para matricular o filho – a excelência no ensino dos conteúdos necessários para a continuidade da vida escolar – pouco a pouco cede lugar a outras questões, bem mais valorosas. E é importante ressaltar que isso não diz respeito apenas à pequena parcela da população que pode escolher a escola porque tem poder aquisitivo. Neste fim de ano, em que se discute a validade de um exame de seleção para crianças que vão iniciar seus passos na escola, essa é uma excelente notícia.

Ainda não sabemos quais os motivos que norteiam essa mudança no atual momento, mas é perceptível para quem trabalha em educação que mudaram as perguntas que os pais têm feito aos educadores quando visitam a escola pela primeira vez. Em vez de a atenção estar voltada para a porcentagem de alunos que a escola consegue aprovar no vestibular, por exemplo, tem sido mais interessante saber se as pessoas que lá se formaram têm valores e princípios éticos, se têm senso de justiça. Tem sido considerada mais valiosa a aprendizagem da colaboração do que a da competição. E, mais importante, os pais não estão mais se deixando seduzir por belas palavras. Já não se satisfazem com expressões que podem ser vazias de sentido, como "escola democrática" e "exercício da cidadania", entre outras. Eles querem saber como efetivamente a participação dos alunos ocorre e qual é o alcance dessa participação.

Disciplina? Esse conceito começa a ganhar sentido se é ensinado para que possibilite a condição necessária para facilitar ao aluno a apropriação do conhecimento. Liberdade? A que propicia a convivência em grupo e que se pauta pelas regras da civilidade.

Resumindo: os pais estão mais interessados na formação. Esses pais, até há pouco tempo, eram considerados "pais diferentes", e a escola que elegiam era chamada de "alternativa". Era um grupo minoritário. Creio que isso começa a se tornar passado, já que esse grupo tem aumentado gradativamente. A questão para muitos desses pais que não se importam apenas com os conteúdos que serão ensinados na escola é saber como desvendar a concepção da educação praticada, já que ela nem sempre tem uma estrutura visível e pode muito bem ser apenas teórica. É aí que muitos têm pedido ajuda: o que perguntar na escola, o que observar para saber se ela oferece o que procuram?

Para saber se a escola se responsabiliza por ensinar seus alunos a conviver em grupo, é interessante pedir exemplos concretos de como ela procura solucionar as transgressões. Para saber como ensina o respeito ao outro, se informar sobre o que acontece com um aluno que se comporta de modo desrespeitoso com o professor ou faz bagunça em sala de aula. As maneiras de lidar com esses dilemas podem dar pistas preciosas sobre a posição que a escola adota na prática. Ela pode ou não assumir que faz parte de seu trabalho desenvolver práticas pedagógicas que colaborem para esse aprendizado do aluno. A escola que assume essa tarefa pratica a educação em valores. Já a que considera a possibilidade de tirar o indisciplinado da sala não tem esse foco.

Para saber se uma escola é, de fato, democrática, é importante ter em mente os valores coletivos que ela prioriza e como isso se dá no dia a dia, tanto para os professores como para os alunos. O que ela entende por autonomia? Como estimula a cooperação? Como desenvolve o senso de justiça? Como lida com os conflitos? Quais práticas adota para criar um espírito público nos alunos? Essa nova meta dos pais se traduz, para as escolas, em pressão das boas, porque pode provocar mudanças benéficas para todos os envolvidos na educação: os alunos, os professores e a comunidade, que anseia por novos rumos.

20.11.2003

Convívio se aprende na escola

Li uma reportagem falando do movimento crescente nos Estados Unidos de famílias que preferem ensinar as disciplinas do conhecimento escolar aos filhos em casa. Essa tendência, chamada de *homeschooling* (ensino doméstico), provocou curiosidade em pais no Brasil. Muitos enviaram correspondência solicitando um comentário sobre o tema, já que chegaram a pensar em praticar o mesmo com os filhos.

A primeira questão que os pais precisam saber é que a legislação brasileira, diferentemente da norte-americana, não abre muitas brechas a essa possibilidade. Vamos lembrar apenas o artigo 55 do Estatuto da Criança e do Adolescente: "Os pais ou responsáveis têm a obrigação de matricular seus filhos ou pupilos na rede regular de ensino".

Mesmo assim, vale a pena pensar: o que será que leva alguns pais a considerar boa a possibilidade de deixar os filhos fora da escola? Os defeitos e deficiências da escola atual? A segurança dos filhos? O controle do aprendizado? A escolha dos professores, do método de ensino etc.? Talvez esses e muitos outros itens entrem em jogo, mas o que importa mesmo é considerar o que significa, para a criança, deixar de frequentar uma escola.

Em primeiro lugar, ela fica submetida aos padrões da família e sem oportunidade de um aprendizado importante para a vida: o da convivência com pessoas diferentes, pelas quais ela não nutre previamente afeto nenhum. Respeitar pais, irmãos e parentes pode parecer duro, mas, no conflito ou no confronto, os vínculos afetivos contam, e muito. Mesmo sabendo que a violência familiar existe, sabemos também que ela é pequena diante da que envolve pessoas que não se conhecem, não têm os mesmos amigos, não são parentes, não fazem parte do mesmo grupo. Não é fácil mesmo respeitar uma pessoa que não se conhece e que pensa ou age de modo muito diferente da referência de cada um.

Por isso a escola é tão importante: é lá que a criança tem a oportunidade de estabelecer relações impessoais, justas e éticas. É lá que ela aprende a respeitar e a se fazer respeitar sem ter de usar a força; é lá que ela vive a experiência de se restringir como indivíduo para viver bem coletivamente, isto é, como cidadão; é na escola que ela tem a oportunidade de se relacionar com adultos que não têm ascendência nenhuma sobre ela, a não ser a que diz respeito aos lugares sociais diferentes que ocupam. Se a escola, hoje, não facilita toda essa aprendizagem, isso já é uma outra história.

Em segundo lugar, é na escola que a criança tem a oportunidade de passar a pensar com autonomia e independência, a ser crítica – principalmente – com o que aprendeu com a família. É, nos dias atuais, difícil para muitos pais reconhecer que os filhos precisarão superá-los para ter vida própria. Porém é assim que a vida funciona: eles recebem a orientação fundamental dos pais para conseguir ter uma referência na vida, uma direção. Os rumos que vão trilhar serão uma escolha deles, e eles só poderão alcançá-los com responsabilidade e maturidade, desde que tenham acesso organizado e reflexivo – o que se consegue com o debate e a vivência – à diversidade de opiniões, conceitos, posições, valores e modos de vida que convivem em uma sociedade democrática, e que estão mais bem representados fora da família.

Em terceiro lugar, é só na escola que a criança tem a oportunidade de começar a perceber que o espaço privado em que vive a família é muito diferente do espaço público, no qual vivem todos. No espaço comum, as regras de convívio são diferentes, as normas existem para regular o relacionamento, para proteger o coletivo das individualidades e, portanto, para proteger cada cidadão. Na escola, onde os adultos ocupam com responsabilidade o lugar de acompanhantes desse processo de iniciação, a aprendizagem é muito mais efetiva.

A escola não tem levantado essas questões? Então é melhor lutar para que ofereça essa oportunidade, em vez de desistir dela.

11.12.2003*

* Título original: "Criança precisa conviver no ambiente escolar".

Festas de escola que não divertem nem educam

Os alunos já estão cansados das escolas repetentes. Os pais, se ainda não estão, precisam ficar. Afinal, todo ano é a mesma coisa, não é verdade? E agora, que mais um ano está para começar, os pais bem que poderiam ajudar a escola que seu filho frequenta a passar de ano e deixar de se repetir.

No início do ano letivo, as escolas entregam a programação do ano. É bom verificar se há previsão de festas com a presença dos pais e apresentação dos alunos. Se houver, procure saber o que os alunos irão aprender com a atividade, qual será a inserção dela no projeto pedagógico da escola e se os alunos serão consultados sobre o interesse deles em se apresentar publicamente. Esse questionamento pode ajudar a escola que seu filho frequenta a ficar um pouco melhor. Sabe por quê?

É que, desde a educação infantil até o ensino médio, as escolas têm o hábito de realizar festas – com apresentações dos alunos ou não –, seja para fechar o ano com uma bela despedida, seja para comemorar o final de uma etapa ou uma data especial. A questão é que, em muitas escolas, o que poderia ser uma excelente oportunidade para a atualização da parceria família/escola se revela um transtorno para pais, alunos e professores. Por quê? Porque essas escolas resolvem mostrar serviço aos pais com as tais festas, fazer marketing. E, pelo jeito, funciona. Vejam o que me contou uma professora.

Ela trabalha com educação infantil, o que significa passar o ano com crianças entre dois e seis anos. A escola, com o apoio dos pais, decidiu fazer um show com as crianças, que ensaiaram uma peça. No dia marcado, tinha de tudo: criança chorando, aluno se recusando a vestir a fantasia, pais reclamando que os professores não haviam sido competentes para convencer o filho a decorar o texto etc. Como se não bastasse, alguns pais se envolveram em uma discussão durante a apresentação, porque um queria filmar, outro, falar no celular, e outro, reclamar. Tudo em nome dos filhos.

Na verdade, nada do que acontece nesse tipo de festa é em favor da educação. Professores conscientes sabem que essa atividade não envolve, não diverte e muito menos contribui para a educação da criança, já que o objetivo é uma apresentação correta, para o adulto ver. Isso impede que a criança erre, que tenha escolha, que trabalhe sem pressão. Montar uma peça pode ser uma atividade muito produtiva, fonte de aprendizados diversos para os alunos, desde que o objetivo prioritário seja esse, não o uso da criança para mostrar o que a escola é capaz de fazer. E quando os pais se preocupam mais em fotografar e filmar em vez de curtir a apresentação do filho, aí é que colaboram mais ainda para que a escola se perca da função a que se propõe.

Por correspondência, uma leitora se queixa exatamente do fato de o aluno ser a menor preocupação de algumas escolas nessa situação. Ela conta que, na escola dos filhos, a apresentação que eles tanto se empenharam em ensaiar foi simplesmente cancelada, sem nenhuma explicação, por telefone, na noite da véspera. O que fazer com a decepção dos alunos? A escola não se importou. E mais: a mãe testemunhou crianças pequenas se apresentando tarde da noite, quando normalmente já estariam dormindo, adolescentes que atuavam exaltando uma sensualidade precoce e alunos com pouca agilidade e desembaraço na dança, dispostos nas fileiras do fundo, quase escondidos da plateia. A leitora estava indignada, e com razão.

Ainda há pais que pressionam a escola para realizar festas nas quais os alunos exibam seus talentos e habilidades. Só que a escola não tem essa função. Por isso, quando decide atender a essa demanda dos pais, acaba perdendo um tempo precioso, que deveria ser dedicado ao aprendizado, em atividades que até poderiam ser ricas, caso tivessem como foco o desenvolvimento do aluno, e não a exibição dele para os pais.

29.1.2004

Generalista ou especialista?

As escolas têm apresentado tantas fórmulas novas e diversas em seu modo de ensinar e se relacionar com os alunos que os pais acabam ficando confusos. "Qual é o melhor método de ensino?", "Como posso reconhecer se a escola do meu filho tem estado atenta às inovações pedagógicas?", "A escola do meu filho não faz assembleia, isso é péssimo?". Eis alguns exemplos de perguntas frequentes enviadas por leitores com filhos na escola. Vou comentar uma delas, bem interessante.

Uma mãe quer saber se uma criança na escola de educação infantil ou cursando as primeiras séries do ensino fundamental ganha ou perde tendo mais de um professor. Quer saber se um aluno dessa idade está preparado para se relacionar com tantos estilos diferentes, tantas didáticas e tantos modos de pensar especializados. É bom lembrar que, em geral, os alunos têm um professor generalista até a quarta série e, da quinta em diante, têm professores especialistas nas várias disciplinas curriculares. Certas escolas, porém, têm mudado esse sistema.

Algumas – e provavelmente é a uma dessas a que a nossa leitora se refere – introduzem desde cedo o rodízio de professores. Em outras, no caminho inverso, as aulas ficam sob a responsabilidade de um professor principal, chamado polivalente, até a oitava série. A leitora pergunta se os alunos já têm condições de se relacionar com vários professores desde cedo. Para falar a verdade, eles têm. Nesta época em que poupar os filhos e os alunos de situações complexas parece ser a principal intenção dos pais e dos professores, é bom não subestimar o potencial deles de, ao conviver com a diversidade, tirar proveito dela e aprender.

A questão a ser feita é outra. Se a escola, desde o início, acredita que o seu papel maior é o de preparar os alunos para o vestibular e para o conhecimento especializado, aí ela encontra argumentos sólidos para introduzir o rodízio de professores desde a educação infantil. Afinal, com o conhecimento tão especializado, alunos de professores especialistas só teriam a ganhar.

Como os saberes no mundo contemporâneo se desenvolvem com uma rapidez impressionante, os professores generalistas são vistos como inferiores aos especializados. Eles não teriam condições de se atualizar em várias disciplinas ao mesmo tempo e, em consequência disso, os alunos sairiam prejudicados. Essa é a lógica do pensamento que concebe o conhecimento como algo compartimentado, que hierarquiza professores.

Os universitários se consideram professores superiores aos do ensino médio, que consideram os professores do ensino fundamental mais inferiores ainda. Ocorre que, mais do que ter aulas com especialistas, os alunos do ensino fundamental precisam é de professores que se debrucem mais sobre a relação educativa, sobre o próprio aluno. No ensino fundamental, o aluno é introduzido na cultura escolar: além de aprender a ler, a escrever e a fazer contas, aprende a conviver na escola, a se esforçar. Aprende também a pensar e a encontrar as respostas para as perguntas que tem. Além disso, precisa aprender a se organizar e a se tornar um sujeito ativo no processo de aprendizagem.

Não há motivo nenhum para pressionar os alunos com professores especialistas desde o início da vida escolar. O que é preciso, isso sim, é que o aluno seja acompanhado por um professor mais próximo a ele. E, com diversos professores, isso fica bem mais difícil. A pergunta a fazer, portanto, tem outro sujeito. É preciso interrogar se os professores "especialistas" estão preparados para não perder de vista o processo de seus alunos, sem priorizar apenas o conhecimento da "sua" disciplina. Aos pais, deve interessar que o filho aprenda a pensar, a pesquisar, a trabalhar de modo colaborativo, a conviver de maneira respeitosa, sob a orientação segura de professores que o acompanhem.

1º.4.2004*

* Título original: "Qual o melhor: generalista ou especialista?".

Discussões sobre lição de casa

O ano letivo mal começou e os pais já têm muitas dúvidas. Em vez de serem os alunos a levantar questões sobre o andamento dos trabalhos escolares – isso seria o mais lógico –, são os pais que fazem isso. Existe alguma coisa errada nessa história, não parece? Pois bem, uma questão que já está pegando é a (mal)dita lição de casa.

As dúvidas podem ser listadas em poucos itens. Primeiro: os pais não sabem, afinal, se a lição de casa é ou não importante para o desenvolvimento escolar do filho. Segundo: os pais querem saber que tipos de lição de casa colaboram para o aprendizado, e como a escola deve tratar os alunos que simplesmente a ignoram. Terceiro: os pais não sabem que atitude tomar para ajudar o filho a se responsabilizar pela atividade, nem se devem se envolver na tarefa ou não.

Vamos, então, comentar essas dúvidas. A lição de casa pode ou não ser positiva para o aluno. Isso depende da atitude da escola e da inserção que ela faz dessa prática no projeto que está sendo levado adiante por alunos e professores. Se a escola passa lição de casa porque boa parte dos pais reclama quando não o faz, uma coisa é certa: ela não deve valer muita coisa para o aluno. Aliás, sempre é bom lembrar: quem entende de educação escolar é a equipe de profissionais da escola, não os pais. Se a escola opta por não adotar essa estratégia, deve ter boas razões para tanto. Basta que seja indagada a esse respeito. Do mesmo modo devem agir os pais quando a escola decide adotar o dever de casa.

Passar ou não a lição de casa aos alunos não é índice de nada, portanto. A questão é o sentido que ela dá a esse trabalho. E, vamos convir, a lição de casa tem carecido de um trabalho consistente em boa parte das escolas. E como os pais podem avaliar se a escola tem passado lições produtivas? Temos algumas pistas. Se o aluno não consegue fazer a lição sozinho e precisa da ajuda de um adulto para dar conta do recado, a lição não é boa. Se a lição tem muito a ver com memorização e repetição, vale o mesmo. Enfim, lição de casa das boas precisa ser um desafio ao aluno. Deve exigir raciocínio, esforço e concentração. Fazer pesquisa na internet não costuma resultar em muita coisa, a não ser trabalho para os pais.

Outra dica: se a lição, depois de feita, não for trabalhada em sala de aula pelos professores – e não para mera correção ou visto –, de modo a levar à discussão, à reflexão e à identificação tanto das dificuldades encontradas pelos alunos como dos êxitos, também não valerá muita coisa. Terá valido como obrigação cumprida. Se a escola não tem estratégias claras para responder aos alunos que não fazem a lição – os famosos bilhetinhos aos pais não prestam para nada, a não ser para levá-los a castigar ou repreender os filhos –, ela também fica sem função, ou seja, a mensagem dada ao aluno é que a tarefa não tem importância. Entretanto, é bom lembrar: a atitude diante desses alunos deve ser educativa, ou seja, deve levá-los a aprender a arcar com sua responsabilidade.

Finalmente: quanto e como os pais devem se envolver na lição do filho? Bem, isso é uma decisão de cada família, e não cabe à escola intervir na questão. Se os pais gostam de acompanhar o filho no trabalho escolar, que o façam. Desde que não interfiram muito, que não o ajudem a fazer a tarefa. Já está de bom tamanho organizar o horário da criança, para que ela se lembre do que precisa fazer, e cobrar que o cumpra, bem como incentivá-la e encorajá-la a superar as dificuldades.

Se os pais costumam perder logo a paciência e saem no grito, no discurso moralizante ou nas queixas, é melhor cuidar da questão longe, bem longe do filho. E isso é absolutamente aceitável. Afinal, os pais já fizeram todas as suas lições de casa na época devida. E, por falar nisso, cabe a reflexão: no que foi que ter de fazer tantas lições de casa quando estavam na escola de educação infantil e na de ensino fundamental ajudou no crescimento e no desenvolvimento escolar, pessoal e intelectual deles?

24.2.2005

Quem escolhe a escola?

Quando os pais decidem colocar o filho pequeno na escola de educação infantil, fazem visitas a várias delas. São poucos os que já sabem, de antemão, exatamente o que querem. Por isso há uma romaria de escola em escola. Todas elas se parecem muito – são poucas as que conseguiram desenvolver um projeto pedagógico específico para essa idade. E um fato chama a atenção. Muitos pais levam o filho, geralmente entre dois e quatro anos, e delegam a ele a responsabilidade de escolher. Definitivamente, essa escolha não pode ser da criança.

Baseada em que ela dirá que prefere uma a outra? Provavelmente ela deve se basear, quando consegue responder, em algo que a seduziu em uma delas. Pode ser um brinquedo, uma piscina, um jardim, um tanque de areia. Pode ser também a pessoa que atendeu a família para mostrar a escola e contar como se trabalha lá. Pode ser qualquer coisa, e pode até não ser nada. Muitas podem responder simplesmente porque são cobradas a fazê-lo.

Escolher uma escola para o filho pequeno exige grande responsabilidade. É coisa de adulto que sabe o que observar, o que avaliar e como analisar o que vê para saber o que quer para a educação do filho. Não é possível, de modo algum, passar essa responsabilidade a ele. Nada justifica esse comportamento dos pais. Alguns pais podem pensar que essa é uma boa maneira de conduzir a relação com o filho, por supostamente contemplar mais os interesses dele. Os pais querem ouvir os filhos, dialogar com eles, mas, com criança pequena, isso não funciona, por motivos bem simples. Primeiro, porque para a criança aceitar a escola e se deixar educar pelos professores, ela vai precisar sentir que os pais confiaram naquela escola, delegaram a ela a responsabilidade de educá-la enquanto ela estiver lá. Os pais são as figuras mais importantes na vida da criança pequena. Vale lembrar isso sempre. E, se é ela a fazer a escolha, fica sem essa importante referência.

Outro motivo é que a criança pode saber – em geral, sabe muito bem – o que quer no momento presente, mas ainda não é capaz de se comprometer num futuro próximo com esse querer nem muito menos avaliar se esse querer fará bem a ela. Por isso mesmo, ela precisa dos pais.

Ainda: para escolher é preciso ter autonomia, liberdade, independência. E desde quando criança pequena tem tudo isso? Ela está no processo educativo justamente para que, aos poucos, vá se tornando seu próprio pai, sua própria mãe. Isso, porém, só ocorre lá pelos dezessete ou dezoito anos. E olhe lá, porque, do jeito que as relações entre pais e filhos caminham, nem nessa idade eles adquirem tal maturidade.

Não podemos tratar crianças como se fossem adultos em miniatura. Delegar tal decisão a uma criança é deixá-la à deriva, é abandoná-la, é abdicar de exercer o papel que cabe ao adulto. Os pais precisam honrar o compromisso assumido quando trouxeram um filho a este mundo.

Há pais que fazem isso sem perceber. Fazem até pior. Uma professora contou-me um diálogo que ouviu entre uma mãe e o filho, de cinco anos. A criança estava febril e a escola pediu à mãe que fosse buscá-la. Pois não é que a mãe perguntou se o menino achava melhor ir ao consultório do pediatra ou se preferiria ir ao pronto-socorro?

Uma das tarefas da mãe é exatamente a de cuidar dos filhos enquanto eles não podem se cuidar. Os pais precisam decidir qual será a atitude a ser tomada. Mesmo que seja para, mais tarde, se darem conta de que aquela foi uma atitude equivocada. Esse é um ônus do adulto. E deixar a bomba nas mãos da criança realmente é um absurdo. Será que alguns pais estão infantilizados a esse ponto ou é puro descaso com o filho?

21.7.2005*

---

* Título original: "Pais devem escolher a escola infantil".

As lições da arte

Por mais que os pais saibam que não há como preparar o filho para o futuro profissional, eles não desistem. Querem porque querem que o filho se dê bem no futuro e pretendem garantir um preparo que lhe proporcione o que consideram as condições mínimas para uma vida confortável. Para isso, não poupam esforços: selecionam as melhores escolas, matriculam a criança ou o jovem em cursos de línguas, informática e esportes, fazem marcação cerrada na vida escolar. E o que tem acontecido com a garotada?

As escolas de línguas não sabem o que fazer para dar conta da tarefa a que se propõem porque a garotada – adolescentes inclusive – não se concentra, não se dedica, faz bagunça em sala de aula etc. Tudo aquilo de que os professores costumam reclamar que acontece nas escolas – a chamada indisciplina – acontece também nesses cursos. Às vezes, é até pior. As aulas de informática são absolutamente desnecessárias. A molecada sabe muito bem se virar no computador. Nascidos já na era digital, eles se sentam diante do computador e se perguntam para que ele serve, não como ele funciona. E logo descobrem.

E as escolas de esportes? Pois bem, o tal espírito de equipe que se diz aprender ao praticar um esporte coletivo acaba se transformando em uma única questão: o espírito competitivo. E para aprender este, convenhamos, não é preciso curso, já que o mundo atual gira em torno dele.

Quer dizer que nada disso funciona nem é benéfico? Também não é assim. Talvez o campo das escolhas dos pais esteja excluindo outras possibilidades. Vamos refletir um pouco sobre esse preparo dos filhos para o futuro. Como estará o mundo quando os filhos forem adultos? Não dá para imaginar. Basta uma retrospectiva nos últimos vinte anos para constatar como as mudanças reviraram o mundo do trabalho, das relações pessoais, da família. Profissões com status perderam prestígio, novas profissões e cursos surgiram, o emprego mudou, e o currículo desejado também. Outro dia, ouvindo um especialista em mercado de trabalho, notei que ele destacou que a tendência é de que no futuro os empregos sejam sazonais, ou seja, as pessoas serão contratadas para projetos que têm começo, meio e fim.

Precisamos pensar nisso e considerar também a formação pessoal do futuro adulto, que terá de saber administrar o tempo, saber esperar, ter disciplina, organização e muitas outras características para sobreviver. Mais: acima de tudo, é preciso levar em conta que a sobrevivência dos filhos no futuro não é apenas material, mas também emocional e simbólica.

Um campo que muito colabora para essa formação, tanto no presente quanto no futuro, é o das artes. Poucas crianças são levadas pelos pais a cursos para aprender um instrumento, aprender a desenhar, a pintar etc. E, quando são, logo desistem, no que são apoiadas pelos pais. Pelas artes, a criança e o jovem podem aprender de modo criativo o sentido da concentração, da disciplina, do esforço e da organização. Aguçam a sensibilidade e aprendem a valorizar o belo. E podem, inclusive, entender de modo mais concreto o quanto de tenacidade e perseverança é preciso para viver.

Uma professora de música contou que crianças tidas como hiperativas aprendem a se conter pelo menos um pouco e a controlar sua concentração. E que crianças tímidas aprendem a se expressar, enquanto as muito extrovertidas começam a dar mais valor ao silêncio e a suportá-lo melhor. Talvez os pais devam considerar também essa possibilidade quando pensam na formação dos filhos. As artes têm ligação direta com as humanidades, afinal. E hoje, talvez, seja essa a maior necessidade para os mais novos.

4.8.2005*

* Título original: "Artes moldam formação da criança".

As crianças não são de cristal

Todo início de ano letivo é a mesma lenga-lenga: pais e escolas entram numa queda de braço por um motivo ridículo. Coordenadores e professores perdem horas atendendo pais que têm mil e um pretextos para tentar convencer a escola de que é preciso trocar o filho de turma. Como o fenômeno se repete exaustivamente, talvez seja interessante pensar nas razões para que ele ocorra.

Sabemos que, no mundo contemporâneo, a relação entre pais e filhos é marcada pela proteção exagerada, que tenta poupar os mais novos de situações que possam provocar dor, frustração e adaptação, ou que exijam o enfrentamento de dificuldades, obstáculos e conflitos. Os pais querem que os filhos vivam num mundo de faz de conta. Por quê?

Talvez porque acreditem que os filhos não sejam capazes de viver a vida como ela é. A vida nem sempre é justa, o mundo não é acolhedor, e crescer dói. Inclusive no corpo. Na fase do "estirão", os adolescentes não reclamam de dores nas pernas e no joelho, por exemplo? É a "dor do crescimento", dizem os médicos. Os pais, entretanto, não querem saber desse mundo real. Querem, pressionados pela nossa cultura, que os filhos sejam felizes. E, numa época em que a vida social tem sido cada vez mais restrita e em que os outros são sempre uma ameaça, querem que o filho se sinta sempre como se estivesse em família. O cotidiano vivido por crianças e jovens de classe média assemelha-se à vida em bolhas.

As escolas, por sua vez, antenadas em demasia com essa demanda dos pais, e elas mesmas submetidas sem crítica à mesma cultura, decidiram que o melhor para os alunos é que eles sejam felizes. Para isso, escolheram trilhar o mesmo rumo da família. Assim, em vez de incentivar relações de coleguismo, impessoais, porém justas, solidárias e respeitosas, optaram por estimular as relações de amizade – portanto, afetivas. Esse é o eixo que movimenta a tarefa educativa da família, não é? Portanto, nada a estranhar no fato de as escolas almejarem ser uma segunda família.

O problema é que, quando um aluno é transferido de turma no ano letivo seguinte, sente-se rejeitado, solitário e excluído dessa "família" que foi incentivado a ter como sua. Por isso, reage com reclamações e resistências, e os pais, claro, imediatamente correm em seu socorro. Quando, no início das aulas, acontece essa aglomeração agitada de pais que solicitam a mudança de turma para o filho, a escola reage como se apenas os pais fossem responsáveis por esse fenômeno e não os poupa de julgamentos apressados e ácidos. A escola costuma moralizar o comportamento tanto dos alunos como dos pais. Expressões como "mãe superprotetora", "família desorganizada", "desestruturada" e "pais ausentes" são alguns exemplos desse moralismo praticado pela escola. Ela precisa saber que é parceira dos pais na construção desse fato que se transforma em problema.

A questão é que as crianças não são de cristal, para usar a expressão de um colega. Elas têm potencial para enfrentar as vicissitudes da vida – mudança de classe, distanciamento de colegas queridos, separação de amigos feitos no espaço escolar. Aliás, não apenas têm potencial como devem aprender a lidar com isso enquanto têm suporte, enquanto são tutelados pelos adultos.

Os pais podem ficar tranquilos quando o filho passa por uma situação assim. Não é preciso que o poupem de viver essa experiência; é preciso que o encorajem a superar as primeiras dificuldades que encontra para conviver com o novo grupo. Ao final do processo, o filho só terá a ganhar em relação à imagem que faz de si mesmo.

A escola, por sua vez, precisa assumir a sua parcela de responsabilidade e parar de culpar os pais por tudo o que acontece em seu espaço e que ela acredita que não deveria acontecer. A escola não é apenas vítima dos problemas que enfrenta.

9.2.2006

Sobre atrasos e responsabilidade

Outro dia fui a uma escola para uma reunião com os professores depois do horário da aula. Cheguei perto das 18h. Por todo o espaço escolar, havia crianças correndo, gritando, conversando, jogando, brincando, desde as da educação infantil (com menos de seis anos) até as que frequentam as séries iniciais do ensino fundamental.

Como as aulas já haviam terminado, perguntei por que as crianças permaneciam lá. A diretora me respondeu que muitos pais se atrasam para buscá-las e, por isso, a escola permanece aberta até que o último aluno seja levado para casa. Ela disse, inclusive, que isso pode ocorrer perto das 19h. Para uma escola que encerra as aulas às 17h45, é muito tempo.

Resolvi fazer uma pesquisa rápida com amigos e colegas que trabalham em escolas e todos repetiram a mesma coisa: muitos pais costumam se atrasar para buscar os filhos, e esses atrasos variam de quinze minutos a uma hora. Conhecedoras da situação, algumas escolas até fazem contratos à parte com os pais e cobram por esse período. Se essa é uma boa saída para a escola, que pode, desse modo, remunerar funcionários especificamente para essa tarefa – afinal, as crianças não podem ficar sozinhas –, não é boa para os alunos.

Uma criança não tem a mesma noção de tempo do adulto. Para ela, o tempo cronológico do relógio não tem muito significado. O decorrer do dia, para a criança com menos de seis anos, é compreendido a partir das experiências que ela vive. Desse modo, ela entende que, ao terminar o tempo de estar na escola, acaba também o período de ficar separada de seus pais ou longe de sua casa, que os representa nesse momento. Isso quer dizer que um atraso de quinze minutos, se não faz muita diferença para o adulto, para a criança faz.

É parte da rotina escolar o fechamento do dia para que o aluno se organize e se prepare para a mudança de experiência, e isso acontece no horário combinado. A partir desse momento, a criança espera os pais ou responsáveis porque sabe que, depois da escola, é hora de encontrá-los e ir para casa. Quando demoram, mesmo que por alguns minutos, a criança se ressente. Tem receio de ficar desamparada, sente-se solitária – já que o grupo com o qual se identifica foi desfeito – e experimenta o isolamento, mesmo que ao lado de vários colegas cujos pais são, igualmente, retardatários. Nessa idade, a criança não entende o que é atraso nem os motivos que podem provocar isso na vida de um adulto, e por isso interpreta que foi abandonada.

Para os alunos mais velhos, que já dominam um pouco mais o tempo cronológico, o atraso dos pais é também problemático, já que eles relacionam a demora com o fato de não serem uma prioridade. E por que os pais se atrasam para esse compromisso tão sério? Em primeiro lugar, vivemos numa cultura que não dá muita importância à pontualidade. Atrasos são sempre tolerados, e até previstos, em quase todas as atividades. Em segundo, porque o trabalho exige cada vez mais das pessoas, e elas se comprometem cada vez mais com ele. Entretanto, quem tem filho precisa encarar as mudanças que isso provoca na vida – de homens e mulheres – e se programar para dar conta de um compromisso tão importante.

Claro que imprevistos ocorrem na vida de qualquer um, mas quem tem filhos precisa contar com essa possibilidade e se organizar para que alguém o substitua nesses momentos. O que não pode acontecer é o que tem ocorrido: atrasos sistemáticos. Ora, isso é não assumir o devido compromisso nem com o filho nem com o papel de mãe e de pai. Imprevisto nenhum justifica essa situação.

15.6.2006

Política na sala de aula

Uma professora que trabalha com crianças com menos de seis anos me contou que, de vez em quando, fica espantada e preocupada ao observar como fica o espaço da escola logo após os alunos tomarem o lanche. "É muito grande a quantidade de lixo produzido", disse. Como cidadã que tenta ser uma consumidora consciente, ela fica aflita ao perceber a quantidade de embalagens acumuladas que vão para o lixo após o recreio. Isso sem falar nos alimentos que são desperdiçados.

Parece que muitos pais não sabem a medida da fome do filho ou, então, têm esperanças de que ele coma mais na escola do que em casa, e por isso enviam um lanche enorme, do qual a criança não consegue dar conta. Isso é desperdício, e fartura não é sinônimo de esbanjamento.

Quando mães assumem a tarefa de preparar o lanche que os filhos levam para a escola, é bom saber que, nesse trabalho aparentemente simples, muita coisa importante está em jogo: a educação alimentar, os cuidados com a nutrição e também a educação para o consumo responsável.

Com as reportagens a respeito do aquecimento global e de suas consequências, todos devem ter se preocupado, por pouco que seja, com essa questão, principalmente os que têm filhos e netos. Alguns já tomaram, inclusive, pequenas mas importantes decisões. Uma conhecida contou que vai passar a usar apenas álcool como combustível para o carro, por exemplo. Outra disse que vai tentar montar um esquema de rodízio de pais para levar os filhos até a escola, e uma terceira vai passar a se preocupar em educar os filhos para o uso racional da energia e da água. Atitudes como essas mostram aos mais novos o quanto estamos – ou não – implicados com o futuro, deles e do mundo. No entanto, é preciso bem mais do que isso para que eles possam se tornar cidadãos conscientes e consumidores responsáveis. É preciso que esse tema faça parte do processo educativo, das conversas em família, da programação escolar.

Muitas escolas já fazem coleta de lixo seletiva. Essa é uma atitude que pode funcionar como estratégia educativa. Para tanto, precisa fazer parte de um projeto mais amplo, com ações e discussões integradas. Não adianta a escola ter os recipientes coloridos para separar o lixo e deixar de conversar com os alunos a respeito da produção de lixo e do desperdício de comida na hora do lanche, por exemplo. E isso acontece. É que a coleta seletiva, para muitas escolas, não passa de estratégia de marketing ou de ação politicamente correta.

A produção excessiva de lixo e o desperdício não são temas ligados apenas à ecologia. O que está em jogo é a noção de respeito e de amor à vida. Como seres humanos, temos a obrigação de agir de modo a não prejudicar o ambiente, entre outros motivos porque os nossos filhos permanecerão por aqui depois de nós. Do mesmo modo, temos o dever de ensinar a eles que os recursos naturais não são inesgotáveis e que as atitudes de descaso em relação à natureza são irresponsáveis, já que não somos capazes de substituir o que é destruído.

Os cidadãos e consumidores que se tornam conscientes dessa questão não vão conseguir, apenas com o seu estilo de vida, transformar a atitude inconsequente de governos e de grandes empresas que agem de maneira quase suicida. Porém essa consciência dá acesso a atitudes políticas que, em conjunto, adquirem considerável força de pressão.

É assim que se exercita a cidadania, é assim que se faz política.

22.2.2007*

---

* Título original: "Política na escola".

O que há nas mochilas

No ato de observar os mais novos à distância é que podemos apreender o resultado das nossas ações, principalmente as que visam à construção do futuro, ou seja, as educativas. E, às vezes, essa observação nos mostra que cometemos equívocos.

Pois é a reflexão entre o que miramos – o nosso objetivo – e o que conseguimos promover – o resultado – o que possibilita a correção de rumos e a mudança de estratégias para que nos aproximemos mais do que almejamos. Considerando esse ponto de vista, hoje vamos pensar em uma questão bem trivial: o material que os alunos levam para a escola, e como o levam.

Deveríamos parar em frente a uma escola para constatar: o tamanho das mochilas é descomunal. O fenômeno não é recente, e vários profissionais já avisaram que as crianças podem sofrer danos ao carregar peso. Diante dessa informação, a solução pareceu lógica: trocar pastas e bolsas por malas com rodinhas e mochilas enormes. O interessante é que não paramos para pensar na necessidade de tanto material.

Pedi à mãe de um garoto de seis anos que me mostrasse a mochila dele, que não era das maiores. Primeira surpresa: havia também uma lancheira. Mesmo enorme, a mochila não reservava espaço para o lanche. Abri a mochila e tive a segunda surpresa: lá dentro, apenas uma muda de roupa e uma agenda. Abri a agenda: já no reinício dos trabalhos escolares, apenas meia dúzia de comunicações entre professora e mãe. Uma agenda digna de um adulto nas mãos de uma criança serve para quê? Perguntei as razões da mãe para mandar uma muda de roupa, e ela contou que essa é uma solicitação da escola. Uma criança não pode ficar suja por algumas horas? Por que uma mochila tão grande? "Porque todos os alunos têm", disse a mãe. E tem mais: alunos dessa idade que fazem natação na escola, por exemplo, além da roupa de banho, levam roupão, touca e outras tranqueiras. Ou seja: ir para a escola equivale a uma viagem, ou a uma ida ao clube.

As mochilas dos mais velhos também contêm as indefectíveis agendas – conseguimos burocratizar a vida escolar dos nossos alunos! – e livros didáticos, apostilas, mais livros didáticos e apostilas, um caderno para cada disciplina, folhas avulsas etc. A pergunta que precisamos fazer é: avaliamos o ensino por quilo? Parece.

Voltemos ao eixo de nossa reflexão: o que procuramos atingir com o material escolar e o que de fato conseguimos? Pelo jeito, cometemos alguns equívocos nessa questão.

9.8.2007

O teste da transferência

Quando um aluno precisa mudar de escola, seja qual for o motivo, ele deve passar por uma avaliação antes de ter a matrícula aprovada pela nova escola? E essa avaliação pode ter o caráter seletivo e, portanto, excludente? Essa atitude, tomada pela escola, não é discriminatória? Essas questões foram levantadas por uma leitora indignada, que ao mudar de casa procurou vaga em escolas particulares de São Paulo e enfrentou, em quase todas, essa situação.

São muitas as famílias nessa posição: alguns pais decidem pela troca em busca de um ensino melhor para o filho, outros porque ficaram insatisfeitos com a escola que o filho frequentava, outros porque consideraram legítima a solicitação do filho para trocar de escola etc. De forma velada ou escancarada, quase todas as escolas praticam seleção nesse momento. E os pais se submetem. Por quê?

As justificativas das escolas para esse procedimento são inúmeras. E a nossa leitora tem razão: muitos alunos são preteridos. Ora porque são julgados em desnível em relação ao currículo da escola, ora porque não tiveram boa produção no teste, ora porque não conseguiram classificação para o número de vagas disponíveis etc. Não importa o motivo, o fato é que alguns alunos são aceitos em algumas escolas, e em outras, não. Como eles apreendem o fato? Que "passaram" no teste desta ou daquela escola e não "passaram" em outras – tal e qual é encarado o resultado do vestibular.

Muitas escolas particulares trabalham com a ideia de um determinado perfil de aluno, ou seja, querem como alunos apenas aqueles cujas características se encaixam no aspirado pela instituição. Essas escolas não são boas para qualquer aluno – como deveriam ser todas as escolas. Mesmo assim, muitos pais gostariam de ter seu filho lá.

O que eles não consideram é que, a qualquer momento, o filho pode mudar seu perfil de aluno, tanto no aproveitamento como no comportamento, o que, aliás, é muito salutar no desenvolvimento de crianças e jovens. Aliás, essa é a melhor hora de os mais novos experimentarem ser desse ou daquele jeito no exercício de um papel social. E, se a escola rejeita trabalhar com determinados tipos de aluno, o seu filho também poderá ser rejeitado no momento em que for para lá.

Sabemos também que as escolas, principalmente as particulares, evitam enfrentar situações difíceis. Os alunos que não caminham como o esperado, tanto no aprendizado como na convivência, são chamados de "alunos-problema" porque desafiam a escola e o trabalho que ela pratica. Na seleção de início de ano, as escolas tentam vislumbrar quais deles poderiam receber esse diagnóstico, a fim de evitá-los, é claro. O curioso é que são justamente esses os alunos que mais precisam da escola, não é verdade?

Em resumo: os testes de admissão só atendem a um único interesse: o das escolas. Por que, então, os pais se submetem aos caprichos dessas escolas? Boa pergunta, não é?

6.12.2007

Hora de ir à escola

"Qual será a melhor idade para colocar a criança pequena na escola? Será que o meu filho já está preparado para essa atividade? Passar pelo conhecido sofrimento inicial dos primeiros dias não será prejudicial para uma criança tão pequena? Será que a decisão que tomei foi a mais acertada para ela?"

Essas são algumas das muitas perguntas que devem acompanhar o sono ou a insônia dos pais que têm filhos com menos de três anos nesta época do ano. Como seria bom para eles se tivéssemos respostas para todas as questões. Só que eles sabem que não há certezas nem respostas certas para suas dúvidas. Mesmo assim, é possível refletir a respeito delas.

Já houve um tempo em que muitos profissionais, principalmente da área da saúde mental, não hesitariam em dizer que a melhor idade para matricular a criança na escola seria em torno dos três anos. Aliás, até hoje alguns pesquisadores mantêm essa convicção. O que amparava esse princípio era o fato de a criança, até os três anos, precisar apenas do amor dos pais e de cuidados exclusivos para se desenvolver. Além disso, o aconchego da casa e a presença afetiva de pelo menos um parente seriam condições reconfortantes e estruturantes para o início da vida.

Sabemos que, com o atual avanço das ciências, é difícil encontrar consensos, mesmo no conhecimento sistematizado. Por isso, hoje não é simples afirmar o mesmo que décadas atrás – nem o contrário. Em resumo: não temos dados que garantam que, para o bom e saudável desenvolvimento da criança, o melhor seja ficar dentro ou fora da escola nos três primeiros anos de vida. Isso quer dizer que são os pais que precisam analisar o contexto da vida familiar para fazer uma escolha criteriosa.

O essencial é que os motivos da escolha tenham como referência a criança e não os próprios pais. O mais importante é que, tomada a decisão de forma sensata e consciente, os pais se sintam seguros. Se há um fator que pode atrapalhar a ida à escola na primeira infância é a ansiedade dos pais. Ela é passada para a criança, que percebe que algo não está bem, e isso gera consequências em seu humor e em sua possibilidade de desfrutar a nova situação e de desenvolver todo o seu potencial.

É sempre bom ressaltar que a criança sente tudo o que ocorre à sua volta. Claro que ela não consegue nomear as razões do que sente, mas reage a elas. Desse modo, quando a criança vai para a escola e chora desesperadamente por muito tempo, ela expressa, quase sempre, a emoção ou resistência que a mãe tem para deixar o filho.

É por isso que muitas escolas construíram um período inicial chamado de adaptação. Nesse espaço de tempo, a escola convida a mãe ou um responsável para acompanhar de perto a iniciação no espaço escolar. Essa estratégia permite que os pais estabeleçam um vínculo de confiança mais sólido com a escola, porque observam de perto os cuidados que os profissionais têm com as crianças, as atividades que elas realizam e, desse modo, ficam mais seguras. Mãe segura resulta em criança tranquila e livre para uma boa despedida, não é?

Quando uma criança resiste desesperadamente, com todas as suas forças, a ficar na escola, o mais provável é que os pais estejam despreparados para deixá-la, e não que ela não esteja pronta para esse período de separação. Se pudermos tirar alguma conclusão, ela é simples: criança menor de três anos pode se desenvolver na escola, em casa ou com parentes. O que importa é que seja bem cuidada, que o ambiente seja rico em afetos e que os pais tenham confiança nas pessoas que a acompanham.

31.1.2008

Bullying e incivilidade

O *bullying* não é um fenômeno moderno, mas hoje os pais estão bem preocupados, pois parece que ele se alastrou por onde há grupos de crianças e jovens, principalmente na escola. Todos têm receio de que o filho seja alvo de humilhação, exclusão ou brincadeiras de mau gosto por parte dos colegas, para citar exemplos, mas poucos são os que se preocupam em preparar o filho para que ele não seja autor dessas atividades.

Quando pensamos no *bullying*, nos vêm à mente atos violentos e agressivos, mas é raro que os consideremos como atos de incivilidade. Vamos, então, refletir a respeito desse fenômeno sob essa ótica. Por que é que mesmo os adultos que nunca foram vítimas de atos de violência, como assalto ou furto, sentem uma grande sensação de insegurança nos espaços públicos? Simples: porque sentem que ali tudo pode acontecer. A vida em comunidade está comprometida, e cada um faz o que julga o melhor para si, sem considerar o bem comum.

Outro dia, vi uma cena que exemplifica bem essa situação. Em uma farmácia repleta de clientes, só dois caixas funcionavam, o que formou uma fila imensa. Em dado momento, um terceiro caixa abriu e o atendente chamou o próximo cliente. O que aconteceu? Várias pessoas que estavam no fim da fila e outras que ainda aguardavam a sua vez correram para serem atendidas. Apenas uma jovem reagiu e disse que estavam todos com pressa, mas aguardando a sua vez. Ela se tornou alvo de ironias e ainda ouviu um homem dizer que "a vida é dos mais espertos". Essa cena leva a uma conclusão: ser um cidadão responsável e respeitoso implica desvantagens.

É esse clima que, de modo geral, reina entre crianças e jovens: o de que ser um bom garoto ou aluno correto não é um bem em si.

Além disso, as crianças e os jovens também convivem com a sensação de insegurança, de que, na escola, tudo pode acontecer. Muitos criam estratégias para evitar ser vistos como frágeis e se tornar alvo de zombaria. Tais estratégias podem se transformar em atos de incivilidade.

A convivência promove conflitos variados e é preciso saber negociá-los com estratégias respeitosas e civilizadas. Muitos pais ensinam aos filhos como negociar conflitos de modo pacífico e polido, mas outros tantos não o fazem. É preciso estar atento a esse detalhe. Aliás, costumo dizer que é nos detalhes que a educação acontece.

Faz parte também do trabalho da escola esse ensinamento. Aprender a não cometer atos de incivilidade diminuiria muito o *bullying*. Para tanto, não se pode abandonar crianças ou jovens à própria sorte: é preciso a presença educativa e reguladora dos adultos. Isso vale, principalmente, nos horários escolares em que o fenômeno mais ocorre: na entrada, na saída e no recreio.

6.3.2008

Ranking de pais

Muitas escolas sérias, que realizam um projeto de trabalho claro, em busca de uma prática mais coerente com suas propostas teóricas e de aprimoramento, estão pressionadas por causa do resultado do Enem. Desde que passou a existir um ranking de escolas elaborado a partir de resultados de exames desse tipo, elas são avaliadas pela comunidade de acordo com a posição alcançada. As escolas consideradas de maior qualidade estão pelo menos entre as quinze primeiras. E tem mais: agora se calcula também a relação entre a mensalidade e o ranking, pode?

O resultado do exame não pode ser descartado, é claro, mas também não deveria ser levado tão a sério. Afinal, o trabalho escolar realizado por nove anos no ensino fundamental e depois no ensino médio não pode ser computado em uma prova. Por quê?

Ora, porque alguns alunos não produzem tudo o que sabem, uns por ficarem tensos em situação de prova, outros por ainda não terem se acostumado a passar por avaliações de forma ritualística. Uns por não estarem no seu melhor dia quando fazem a prova, outros por não darem valor à avaliação. Claro que também há alunos que não apresentam resultados melhores porque a escola não desempenha o seu papel a contento.

Mesmo assim, isso não pode ser deduzido apenas pela prova. A escola não é só instrutora de conteúdo, certo? Uma colega, educadora profissional, muito espirituosa, manifestou de forma bem-humorada a sua crítica ao estardalhaço que se faz com o tal ranking de escolas. Disse que os pais só entenderiam o que isso significa se fizéssemos também um ranking de pais. Adorei a ideia. Aliás, as escolas que aplicavam e ainda aplicam, de forma velada, a malfadada prova para a entrada de novos alunos não deixam de agir assim, não é mesmo?

No entanto, poderíamos aprimorar o processo. Para os alunos da educação infantil, a avaliação seria tanto das crianças quanto dos pais. A estes, poderíamos fazer um questionário para avaliar, por exemplo, se contam histórias a seus filhos, se fazem programas culturais com eles, se praticam a educação moral e ensinam virtudes, se têm disponibilidade para acompanhar de perto o trabalho da escola e se são modelos coerentes de pais. E, nas crianças, avaliaríamos o quanto é efetivo o trabalho realizado pelos pais, ou seja, veríamos se elas demonstram curiosidade pelo mundo à sua volta, se sabem se comportar em situações diversas, se o seu conhecimento está de acordo com o esperado etc.

Para os alunos do primeiro ciclo do ensino fundamental, o esquema ainda seria semelhante ao citado acima. A avaliação dos pais verificaria itens como a disponibilidade para realizar parceria com a escola e comparecer às reuniões, a capacidade de organizar o tempo do filho para os estudos e para exigir compromisso e responsabilidade para com o trabalho escolar, a forma de delegar a educação escolar à instituição de ensino etc. Com os alunos, poderia ser verificado se eles sabem acatar limites e conviver respeitosamente com os colegas, se assimilam bem as lições, se sabem respeitar os adultos etc. Com a combinação dos dois resultados seria elaborado o ranking de famílias. As escolas disputariam os primeiros colocados e dispensariam os outros.

Com os alunos do ciclo final do ensino fundamental e os de ensino médio, os pais poderiam ser dispensados do exame porque, afinal, os filhos já deveriam ter incorporado o trabalho educativo, não é?

Essa brincadeira serve para mostrar a falta de bom senso que é avaliar o trabalho das escolas apenas pelo resultado dos exames de seus alunos. Os pais não precisam levar tão a sério os tais rankings escolares.

3.7.2008

Consumir de forma livre

A publicidade está cada vez mais entranhada no nosso dia a dia. E o pior é que não querem mais nos vender apenas objetos, mas também conceitos e estilos de vida. Os temas que estão na ordem do dia, saúde e qualidade de vida, são explorados em anúncios de todo tipo. Para tentar dar um caráter quase científico às qualidades dos produtos anunciados, alguns usam até mesmo nomes de profissionais. Dessa forma, tomamos conhecimento de que o pediatra da personagem do anúncio indica o uso de tal sabonete no banho dos filhos, de que ginecologistas recomendam outro, específico para a higiene feminina, de que dentistas preferem usar determinada marca de creme dental, de que nutricionistas aconselham certo alimento, por exemplo.

Li nos jornais uma notícia interessante, que tem íntima relação com esse assunto. O Conselho Federal de Medicina, preocupado com o tipo de relacionamento estabelecido pela indústria farmacêutica com os médicos, pretende regulamentar a distribuição de benefícios aos profissionais da medicina no novo Código de Ética Médica, que está em discussão.

Oferecer presentes caros, como viagens e inscrições em congressos internacionais, objetos de uso pessoal, refeições e brindes de todos os tipos são práticas usadas por muitos laboratórios no assédio aos médicos. A intenção é clara: que eles receitem este ou aquele medicamento aos pacientes, que somos nós. Por isso, a discussão é muito bem-vinda!

Agora, um fato que muitos desconhecem é que esse mesmo tipo de assédio é praticado nas escolas. Indústrias de alimentos oferecem aos alunos oficinas e aulas, com direito a brindes, sobre conceitos de boa (!) nutrição, por exemplo. Outras empresas abrem as portas às escolas que querem realizar atividades extraclasse para que os alunos aprendam (!) como são feitos embutidos, biscoitos e similares; fabricantes de material escolar elaboram livretos para uso do professor em aula etc.

Muitas escolas – não sei se por ingenuidade ética ou comodismo – aceitam sem reflexão que o seu espaço seja usado para esse tipo de marketing. O que elas não sabem é que, ao agir assim, dão o seu precioso aval ao tipo de consumo proposto por essas empresas e aos produtos por elas fabricados, e se tornam, portanto, garotas-propaganda. É bom lembrar que os pais muitas vezes nem sabem que os filhos estão expostos a tais propagandas. Aliás, nem sequer são consultados a respeito dessas visitas que a escola recebe. Como funciona, afinal, a propalada parceria família-escola?

As crianças já são suficientemente bombardeadas por todo tipo de apelo ao consumo. Não deveria ser a escola o lugar onde se aprende a consumir de forma livre, desprendida, crítica e consciente? Sendo assim, ela não pode, jamais, abrir as portas às indústrias, para promover o consumo em seu espaço. Que os pais fiquem alertas, portanto.

*30.10.2008**

---

* Título original: "Propaganda nas escolas".

Adaptação para os pais

No início de fevereiro, milhares de crianças com menos de cinco anos começam a frequentar a escola. Muitas delas estreiam no espaço escolar, mas mesmo as que já o frequentavam podem estranhar a distância dos pais e o afastamento de casa no retorno das férias. Por isso, passam por um período de adaptação. A reação das crianças nesses dias é bem diversificada: umas entram na escola e já vão brincar, outras choram, outras ainda se agarram nos pais, sem contar as que se recusam a sair do carro. Porém, tudo pode mudar em dias ou semanas: as que entravam sem problemas agora podem expressar recusa, as que choravam agora entram sem problemas, e assim por diante.

É bom saber que esses comportamentos – e a alternância entre eles – são naturais. Afinal, na primeira infância a vida é intensamente ligada às pessoas com as quais a criança tem vínculo afetivo e ao espaço de sua casa, porque isso é o que oferece a segurança necessária para que ela se sinta tranquila. Ao mesmo tempo, sabemos que as crianças crescem melhor junto de outras crianças. Como hoje as famílias não têm mais o hábito de frequentar com regularidade a casa de outras famílias, as crianças vão para a escola cada vez mais cedo para conviver com seus pares – e isso não é problema, desde que os pais estejam seguros de sua decisão.

Esse período de adaptação se transformou em um processo complexo, que pouco auxilia a criança pequena. As escolas, cada uma à sua maneira, inventaram uma série de dispositivos para amenizar a mudança para a criança, mas o alvo principal são os pais. Na família atual, a relação entre pais e filhos é das poucas relações afetivas não passíveis de dissolução. Isso teve consequências, como a extremada dedicação dos pais aos filhos.

Ao levar o filho pequeno para a escola, os pais sentem culpa, angústia, insegurança. E por isso que muitas escolas permitem que eles fiquem com os filhos no início. Foi para aquietar os pais, não os filhos, que o processo foi inventado. Para a criança, isso não é bom. Em primeiro lugar, porque a separação fica mais sofrida, por durar muito mais, o que dificulta e atrasa a apropriação do novo espaço. Segundo, porque o clima da sala fica artificial: professoras constrangidas, mães que interferem no espaço, crianças que poderiam ficar mais à vontade e que são aprisionadas pelo olhar da mãe etc.

Se as escolas fossem mais firmes no propósito de ter o aluno como o seu foco, esse período seria menos penoso para todos. Claro que algumas crianças continuarão chorando por um tempo na hora da entrada, e algumas mães continuarão resistindo à separação, mas isso sempre ocorreu e sempre ocorrerá. Enquanto acreditarmos que esse processo é necessário, ele será. Só por isso, não pela necessidade das crianças. Elas podem reagir diferentemente do que esperamos. Basta que tenham oportunidade.

5.2.2009

Alfabetização precoce

O pai de um garoto de dois anos conta que o filho já sabe o nome de quase todas as cores e também contar até doze, tudo ensinado por ele e pela mãe. O próximo passo será ensiná-lo a escrever o nome. A mãe de uma menina de quatro anos está aflita porque neste ano teve de matricular a filha em uma escola mais em conta, que não pede lição de casa nem ensina a ler e a escrever algumas palavras, como a anterior. Ela acredita que a filha vai regredir no aprendizado.

Muitos pais andam afoitos para que os seus filhos com menos de seis anos se iniciem nas letras e nos números, aprendam conteúdos específicos na escola, tenham acesso a outra língua etc. Estudos mostram que essas crianças têm alta capacidade de aprender. Muitas escolas, atentas a esse anseio, passaram a ofertar estímulos para a alfabetização precoce. Os pais, em geral, ficam satisfeitos e orgulhosos com as conquistas dos filhos – mas essa atitude é boa para as crianças?

Nossa reflexão não pode se basear em estudos sobre as vantagens e desvantagens da alfabetização antes dos seis anos. Essa discussão está posta há tempos e não permite uma conclusão inequívoca, já que os especialistas se dividem em posições opostas e se fundamentam em pesquisas científicas. Talvez o melhor caminho seja pensar em alguns efeitos da introdução precoce da leitura e da escrita.

O primeiro deles é que um bom número dessas crianças não aprende as letras e passa a apresentar o que se convencionou chamar de dificuldade de aprendizagem. Pasmem: médicos têm recebido pais torturados com filhos de três, quatro ou cinco anos que não acompanham o aprendizado dos colegas. Esse fenômeno ocorre porque nem toda criança se interessa por aprender a ler e escrever o nome dos colegas, nem simplesmente está pronta para enfrentar o processo de alfabetização. Como a escola, em geral, não tem metodologia para lidar com grupos de alunos com diferença de ritmos e maturidade entre si, acaba por tratar a média como norma. Assim, crianças que não se situam nessa média costumam ser suspeitas de apresentar distúrbios de aprendizagem.

O segundo efeito da alfabetização precoce é que ela contribui para o desaparecimento da infância. Que as crianças pequenas já carreguem grande parte do peso do mundo adulto, pois não conseguimos mais protegê-las dele, é fato. No entanto, colocá-las intencionalmente nesse mundo é bem diferente. Até os seis anos, o mais importante é brincar livremente, para desfrutar o que pode da primeira infância, que dura tão pouco. Claro que algumas se interessarão pelas letras espontaneamente. Que isso seja tratado como brincadeira, então. Acelerar a aprendizagem na esperança de uma formação melhor para o futuro é uma ilusão, um equívoco de nossa parte.

Cabe aos pais e às escolas a defesa intransigente do direito da criança a ter infância, já que tudo o mais conspira para o seu desaparecimento. As nossas escolhas mostram se realizamos isso ou não.

*30.4.2009**

---

* Título original: "Alfabetização".

Intimidação e furtos

Muitos pais pedem providências da escola quando o filho passa por alguma situação problemática. Dois temas são campeões dessas solicitações: o *bullying* e os furtos.

Acostumamo-nos a usar o termo *bullying*, mas um leitor reclamou, creio que com razão. Temos várias palavras em nossa língua que dão conta desse fenômeno, e vou escolher uma delas: intimidação. Os pais precisam saber que, embora essas situações ocorram principalmente na escola, eles podem atuar para reduzir a sua incidência.

A primeira coisa importante a saber é que os pequenos furtos que ocorrem na escola – em todas – não são atitudes de "alunos problemáticos" que não recebem uma boa educação em casa, têm carências etc. São fruto do consumismo que temos praticado e ensinado aos mais novos. Qualquer criança, portanto, pode cometer um pequeno furto por um desejo exagerado e incontrolado de ter algo.

Os pais têm contribuído muito para que as tentações na escola sejam irresistíveis para essa geração que tem aprendido que ter é ser. Mandam os filhos para a escola carregados de eletrônicos: celular com vários recursos diferentes, *game* portátil, iPod etc. E o que dizer do arsenal de canetas, lapiseiras, réguas e outras quinquilharias que recheiam as enormes mochilas que eles carregam?

Pois a primeira contribuição que os pais podem dar é a de evitar que o filho leve para a escola todas essas bugigangas, que, aliás, atrapalham a concentração exigida pelo estudo. Os alunos deveriam levar materiais simples, para que saibam que a aprendizagem é o que importa.

Não podemos desvalorizar esses furtos quando o objeto é de baixo custo nem valorizá-los em demasia porque é valioso. Todos devem ser tratados da mesma maneira, já que se trata de educar as crianças.

Quanto à intimidação, ao assédio, às provocações que ocorrem entre crianças e jovens, precisamos considerar a responsabilidade que nos cabe. Valorizamos muito a competição, os vencedores e os poderosos, não é? Acreditamos que as crianças devem se relacionar preferencialmente – quando não exclusivamente – com os de mesma idade e, desse modo, não ensinamos nem o respeito aos mais velhos nem os cuidados com os mais novos. Pois a conduta deles segue o que ensinamos.

Na verdade, poucos pais têm se preocupado com a educação moral dos filhos, com o ensinamento das grandes virtudes – como a generosidade, a polidez, a humildade, a simplicidade, a compaixão, a coragem. Esta última, por sinal, tem sido bem desvirtuada, já que as crianças acreditam que coragem é pegar algo que não é seu e ter disposição para briga.

Os pais devem ter em mente que os filhos não são apenas alvo de intimidação: muitas vezes são os agentes dela. É bom lembrar que os papéis na escola circulam entre os alunos, não são fixos. Por isso, além de exigir um trabalho educativo primoroso da escola no que diz respeito aos furtos e à intimidação, os pais têm o dever de ensinar os filhos a serem morais e virtuosos.

7.5.2009*

---

* Título original: "Intimidação e furtos na escola".

Dificuldades para aprender

À medida que se aproxima o fim do ano letivo, muitos pais começam a se preocupar com o rendimento do filho. Há os que ficam bravos com as notas baixas, a recuperação ou mesmo a reprovação. E há os que ficam apreensivos porque ouvem dos professores que seu filho apresenta dificuldades de aprendizagem. Deveríamos abolir essa expressão quando nos referimos à vida escolar das crianças – e temos motivos para isso. O principal deles é que, por trás dessa expressão, há uma multiplicidade de sentidos sem muita coerência entre si.

Alunos com ritmos diferentes dos de seus colegas, alunos dispersos, alunos com estilos específicos de aprendizagem, entre outros, costumam receber o diagnóstico de "dificuldade de aprendizagem" para justificar o baixo rendimento escolar. Como entender essa expressão infeliz? Vamos nos aventurar na missão possível de desconstruir essa frase tão usada.

O primeiro passo é aceitar a ideia de que todos temos dificuldades de aprendizagem. Por quê? Ora, porque aprender é trabalhoso e difícil, e exige um reconhecimento fundamental: o de que não se sabe. Só pode começar a aprender quem admite que não sabe. E talvez um dos grandes problemas que crianças e jovens do mundo atual enfrentam seja esse. Tem sido cada vez mais difícil para eles admitir que não sabem, que não conhecem, pois isso angustia e incomoda. E, em tempos de aparências, precisamos mostrar que sabemos muito, não é? Os mais novos logo percebem esse clima e o incorporam em sua vida.

A questão é que lidar com a angústia de não saber não é fácil, então a melhor saída tem sido rejeitar esse estado. E isso gera dificuldade de aprendizagem, já que essa angústia é o que dispara o aprendizado. Quem tem filhos pode constatar o fenômeno da recusa do desconhecimento ao observar quantas vezes as crianças repetem a frase "eu sei, mãe" ou "eu já conheço, pai".

O segundo passo para desconstruir a expressão "dificuldade de aprendizagem" é reconhecermos também que o mundo nos leva a sermos hiperativos e dispersos. Ora, isso traz dificuldades para aprender, já que esta é uma atividade que exige concentração, esforço e dedicação – mesmo que temporária – a uma única coisa. Além disso, os obstáculos que surgem têm sido vistos como impedimentos, não como desafios, por isso preferimos contorná-los a enfrentá-los.

Isso, sim, é um problema para muitas crianças do mundo atual: parar, aquietar-se, lidar com a angústia de não saber, concentrar-se, perseverar para, então, aprender. Por isso e por muito mais, em vez de pensar na "dificuldade de aprendizagem", seria mais produtivo oferecer a elas meios para que se desenvolvam e ponham em prática o seu potencial.

26.11.2009

Regras coletivas

A mãe de um garoto de nove anos escreveu reclamando de uma regra adotada pela escola de seu filho. Ela marcou uma consulta para o menino no pediatra e queria ir buscá-lo antes do fim das aulas. Só que a escola não permite essa prática e, mesmo com a sua insistência, não cedeu. Resultado: o garoto precisou faltar. Nossa leitora tem dois argumentos para contestar a posição da escola: considera que é melhor o aluno assistir a uma parte da aula do que faltar o dia inteiro e acha que a rigidez e o apego às regras não contemplam a diversidade da necessidade dos alunos. Creio que essa questão merece uma boa reflexão.

Antes de mais nada, vamos lembrar que à escola cabe a transmissão do conhecimento em uma situação específica: no espaço coletivo. Os alunos devem aprender com os colegas, o que leva a uma série de outros aprendizados. Um deles é o respeito às leis da instituição escolar, que é de convívio público. Muitas das leis que existem na escola têm origem em princípios que servem de base ao bom convívio. Está certo que muitas escolas se importam mais com as regras do que com os princípios por trás delas, e por isso exageram na sua aplicação. É o caso do uso do uniforme. Sei de alunos que foram impedidos de entrar na escola porque usavam meias brancas com enfeites coloridos.

À parte esses equívocos, os pais deveriam acatar as leis escolares e incentivar os filhos a respeitá-las, pois assim ensinam também o que significa ser cidadão, viver em comunidade. Imaginem, leitores, uma escola com centenas de alunos que precise administrar entradas e saídas fora do horário. As aulas ficam confusas, os alunos, dispersos, e o espaço, desorganizado. E isso influencia o aprendizado de todos.

É por isso que o trânsito, por exemplo, tem as suas leis: para proteger todos os que caminham ou dirigem pelas ruas. Transgredir essas leis põe em risco muita coisa, inclusive a segurança de todos nós. O trânsito é caótico porque cada um pensa apenas nas suas necessidades, e sabemos que o resultado não é bom para ninguém.

Lembro-me de uma época em que o ator Antonio Fagundes decidiu ser rigoroso no horário de uma peça. Quem chegasse após o início seria impedido de entrar. Isso gerou polêmica. Por quê? Porque, no modo de vida individualista que adotamos, pouco nos importa o outro, já que tudo o que interessa é o que "eu quero agora" ou aquilo de que "eu preciso".

Pois é, estamos mais para a televisão do que para o cinema ou o teatro. Enquanto assistimos à TV, comemos, conversamos, atendemos ao telefone, zapeamos etc. Não há um ritual necessário. Já no cinema ou no teatro, devemos seguir determinados rituais, e isso tem incomodado muito. Só que uma sociedade desritualizada leva a dificuldades de convívio.

Por isso, senhores pais, é bom ensinar aos filhos o respeito às leis escolares. Quando a escola demonstrar rigidez, não rigor, aí é hora de dialogar em busca dos princípios de base das leis que ela aplica.

18.3.2010

Um pedido de perdão

Como a data em que se comemora o Dia das Mães está próxima, quero aproveitar e, em nome de muitas escolas, pedir perdão a mulheres que têm filhos em todos os níveis do ensino básico e da educação infantil. Senhoras mães: perdão por reclamar dos seus filhos, por muitas vezes sugerir que eles possam ter problemas emocionais, físicos ou intelectuais, e até por solicitar que sejam levados a um especialista.

É que a nossa tradição é a de lidar com alunos exemplares ou medianos, os quais não nos convocam a pensar, refletir nem agir de modo diferente daquele a que estamos acostumados. Então, para evitar que eles revelem as nossas falhas e os nossos limites, adotamos essa atitude de creditar aos alunos – os filhos de vocês – alguns defeitos que precisariam ou deveriam ser consertados.

Senhoras mães: perdão por invadir tanto a privacidade da sua família, por fazer tantas perguntas com a finalidade de ter informações que nem chegaremos a usar em benefício dos seus filhos no exercício de nossa função. Afinal, saber se o nosso aluno foi desejado como filho, como vivem os pais dele, quais são os problemas que eles enfrentam, e conhecer segredos familiares, por exemplo, não facilita o trabalho pedagógico, por mais que digamos que sim.

Senhoras mães: perdão por julgarmos e criticarmos a maneira como cuidam de seus filhos e os educam. Demos para acreditar que sabemos mais do que vocês a respeito da educação familiar, embora não saibamos ao certo por quê, e não nos damos conta de que, com os nossos próprios filhos, muitas vezes nos comportamos do mesmo jeito que vocês. Temos nos confundido no exercício de nosso papel e não raro queremos educar vocês em vez de ajudar os nossos alunos.

Senhoras mães: perdão por enviar na agenda tantos bilhetinhos e correspondências a respeito do que se passa com o seu filho na escola, por convocar a sua presença para tantas reuniões coletivas e algumas pessoais, e inclusive por solicitar a sua intervenção em assuntos que, na verdade, deveriam ficar apenas entre seu filho e a escola. O problema é que já não sabemos ao certo como lidar com as crianças e os adolescentes, não conseguimos encontrar estratégias para resolver as situações problemáticas diretamente com eles, aqui, no espaço escolar e, por isso, apelamos para a sua intervenção, na esperança de que assim as coisas se resolvam.

Senhoras mães: perdão por fazer vocês pensarem que a vida escolar dos seus filhos é a coisa mais importante da vida, contribuindo para que a função materna fique tão parecida com a função docente.

Por fim, perdão por insistir nessa história de comemoração do Dia das Mães, deixando tantas mulheres em situação difícil perante os filhos. Esquecemos que muitas delas não podem, por razões que nem nos interessam, ou não querem comparecer às festas que programamos para agradar às mães dos alunos. E, nessa hora – devemos reconhecer –, nem sequer nos lembramos de que não faz parte das nossas funções promover esse tipo de atividade. Sabemos que pedir perdão é pouco, senhoras mães. Por isso, nós nos comprometemos a fazer uma reflexão crítica sobre o nosso trabalho.

29.4.2010*

---

* Título original: "Perdão às mães".

A escola e o preconceito

"Mãe, não quero mais ser preto, quero ser branco." Uma conhecida foi surpreendida por essa frase, pronunciada pelo filho de oito anos, na saída da escola. A reação foi emocional e intensa, mas ela teve o bom senso de deixar de lado tudo o que pensava e sentia, para conseguir dialogar com a angústia do filho.

Perguntou-lhe que motivos ele tinha para dizer isso. O garoto prontamente respondeu que estava cansado de sempre ser o bandido quando brincava com os colegas na hora do recreio. Contou que, naquele dia, quando manifestara vontade de ficar ao lado dos mocinhos, ouviu dos colegas que, por ser preto, ele só podia ficar no lado dos bandidos. No mundo da diversidade e do discurso do respeito à diferença, o preconceito e o estereótipo ainda imperam.

Por isso, precisamos pensar na educação que praticamos com as crianças. Vamos tomar como exemplo as diferenças físicas, para falar do preconceito e dos estereótipos que as crianças enfrentam, geralmente sozinhas, e o caso do início do texto ilustra bem essa situação. A escola, local onde as crianças se encontram, nos permite ter uma bela visão das diferenças de aparência entre elas. Vemos crianças de todos os tamanhos, pesos, cor de pele, cabelos, olhos etc.

Entretanto, entre essas diferenças, algumas são mais expressivas, e são as que chamam mais a atenção. As crianças que as apresentam são as que se tornam alvo de apelidos, de atitudes preconceituosas e, portanto, de discriminação. O que torna essas diferenças mais expressivas que outras? São vários os motivos, mas talvez uma das razões mais importantes seja o distanciamento delas em relação àquilo que é considerado como o "tipo ideal". E qual é esse "tipo ideal"? Por mais difícil que seja, vamos encarar a imagem do nosso tipo ideal: homem, jovem, branco, magro e bem vestido, fisicamente perfeito. E como fica a situação das crianças que usam óculos, das que estão com sobrepeso ou que são muito magras, das que têm o cabelo vermelho ou crespo, a pele negra, os olhos puxados etc.? Foguinho, japinha, quatro-olhos, nanico, crioulo e baleia são algumas das denominações que as crianças dão a esses colegas.

E a escola, caros leitores, tem sido um ambiente indiferente a essas questões. Ela não desenvolve nenhum trabalho sistemático sobre esse assunto e pratica, portanto, a política do avestruz: enfia a cabeça no chão para não ver os problemas à sua frente. A questão é que os prejudicados não são apenas as crianças vítimas desses preconceitos. Todo o esforço da educação, que é o de buscar uma vida melhor, fica comprometido.

Por isso, aquela expressão tão valorosa, mas tornada vazia de sentido, que toda escola sustenta em seu projeto – "educação para a cidadania" – precisa ser honrada para que, na prática, crianças como a do exemplo não sofram, sozinhas e sem apoio, discriminação de seus colegas. Esses, por sua vez, precisam aprender o sentido do que fazem.

Lutar contra o preconceito também é uma responsabilidade da escola, afinal trata-se de educação, mas isso não deve acontecer pelo moralismo ou pela adesão ao politicamente correto. O eixo desse trabalho deve ser o conhecimento e a construção de relações justas, solidárias e respeitosas no ambiente público.

7.9.2010

Por trás das listas escolares

A imprensa está com os olhos voltados para as listas de material que as escolas encomendam aos pais dos alunos todo início de ano letivo. Dia sim, dia não, somos bombardeados com reportagens que tratam do assunto, e os órgãos de defesa do consumidor estão em estado de alerta por causa delas. Ao assistir a uma dessas reportagens na televisão, vi a apresentadora tecer um comentário infeliz ao denunciar o exagero de algumas escolas nas benditas listas: "Nenhuma criança menor de dois anos vai usar esse tipo de papel", disse ela, ao apontar um material listado por uma escola.

Não há dúvida alguma de que há exagero e falta de bom senso por parte das escolas quando elaboram as listas. O que passa pela cabeça de um profissional da educação quando ele pede, por exemplo, dez lápis pretos para o aluno usar em seus trabalhos escolares?

Já perguntei a várias escolas o motivo de pedido tão estranho. Acreditem, leitores: a culpa desse pedido é toda sua. Pelo menos na visão de algumas escolas. Eles pedem tantos lápis – e olha que escolhi como exemplo um dos itens mais básicos – porque, em geral, os pais não fazem a reposição necessária em tempo hábil. Será que eles estão certos? Tenho cá minhas dúvidas.

Entretanto, o exagero das listas não pode ser analisado sem lembrar que consumir é a marca de nosso tempo. Consumir mais material escolar ganhou o estatuto de maior oportunidade de aprendizagem. Eu mesma já fui consultada por uma mãe a respeito disso. Ela estava muito apreensiva com a escola que escolhera para o filho frequentar. O motivo? A lista de material era muito pequena e custara bem pouco, menos da metade do valor que as amigas estavam deixando nas papelarias e lojas do gênero quando compravam todo o material contido da lista de cada aluno.

Para essa mãe, alguma coisa estava errada. Não com a lista das outras escolas – caras e abusivas –, e sim com a lista enxuta da escola do seu filho. Porém, a extensão da lista não tem nenhuma relação com o ensino que será ministrado na escola nem com o aprendizado do filho. O material necessário para tanto não se compra: é a relação professor-aluno e a competência do mestre ao ensinar.

Mas voltemos ao comentário infeliz da apresentadora do telejornal. Como ela pode afirmar que a criança não vai usar determinado tipo de papel? A apresentadora, assim como muitas outras pessoas, acostumou-se a pensar que as crianças podem fazer muito pouco na escola. Bem menos do que, de fato, podem realizar. E é esse tipo de pensamento que tem roubado das nossas crianças muito do seu potencial.

Criança pequena na escola, até mesmo com menos de um ano, é capaz de muita coisa, sim senhora! Pode usar qualquer tipo de material que o professor se disponha a adotar em determinada proposta de trabalho. Já deveríamos ter passado da época em que a lista de material escolar aumenta de acordo com a idade da criança. Eu me lembro de que, quando cursei a faculdade, a lista de habilidades que poderiam ser desenvolvidas nas crianças apresentava mais duas ou três linhas a cada ano que a criança ganhava.

Tantos estudos depois, continuamos a pensar dessa maneira linear e restritiva em relação ao desenvolvimento das crianças. Como podemos cometer tamanho erro? É por causa desse conceito antigo e superado que temos represado o aprendizado das crianças. Elas podem muito mais do que temos oferecido ou exigido. Precisamos deixar de subestimar os mais novos. De verdade.

1º.2.2011

Invasão de especialistas

No princípio, era a escola com os seus alunos e professores. Uniformes impecáveis, comportamento idem, disciplina militar, regras de todos os tipos, alunos em geral obedientes, passivos, temerosos. Quando o aluno cometia alguma falta, era imediatamente penalizado: via-se obrigado a escrever muitas vezes determinada frase, a ficar no canto da sala, a levar um puxão de orelha etc. A suspensão e a expulsão também eram punições aplicadas de modo exemplar.

Há quem sinta certa nostalgia dessa escola, que assim permaneceu pelo menos até o início dos anos 1960. O que não se costuma considerar é que essa escola era para poucos, bem poucos. Para os alunos que não precisavam que a escola, de fato, exercesse o seu papel. Para funcionar bem, essa escola distribuía veredictos: os alunos que não aprendiam como a média dos colegas eram simplesmente considerados inaptos para o estudo escolar. E ponto final.

Na década de 1960 surgiram novas teorias da educação que traziam o anseio de alunos mais participativos no processo escolar e condenavam muitos dos castigos até então aplicados. Novos ares tomaram conta da escola. Nos anos 1970, a instituição se abriu para muitos alunos novos, que, antes, não tinham lugar ali.

Mudou muita coisa, mas quero chamar a atenção para uma nova presença no espaço escolar: a dos psicólogos. A proposta da entrada desses profissionais na escola era bem interessante: colaborar para que o ensino fosse democrático, ou seja, garantir que todo tipo de aluno pudesse aprender. No entanto, essa proposta não vingou. Diagnósticos "psi", atendimentos clínicos na escola e o mau uso de princípios teóricos da psicologia no espaço escolar deram um ar moralista a essa disciplina do conhecimento. Logo depois chegaram também os fonoaudiólogos, os fisioterapeutas, os psicopedagogos...

Não parou por aí. Em seguida, os médicos foram convidados e/ou se convidaram a também entrar na escola, e os diagnósticos médicos explicando e justificando as mais diversas questões dos alunos passaram a ter presença regular na instituição.

No princípio, era a escola com seus alunos e seus professores; agora temos alunos, professores, psicólogos, fisioterapeutas, fonoaudiólogos, terapeutas ocupacionais, psicopedagogos e médicos das mais diferentes especialidades. São os especialistas.

Vocês acham, caros leitores, que vamos parar por aí? Nem pensar. Agora há outro profissional entrando na escola pela porta da frente e interferindo nela: o advogado. Atualmente, muitos pais têm procurado advogados para que eles garantam o que consideram um direito do filho, ou para que processem a escola por ter agido mal, ou por não ter agido em situações bem diversas, como notas baixas, relacionamento com os colegas, relacionamento com os professores, aprovações, retenções, fatos que repercutem nas redes sociais e envolvem alunos da mesma escola etc. Estamos vendo a inauguração de uma cultura escolar.

No princípio, era a escola com seus alunos e professores; agora, a relação entre aluno e professor tem a interferência de vários outros especialistas, inclusive médicos e advogados. Deveríamos nos interessar em saber como fica a relação que deveria ser a mais preciosa – entre professor e aluno – com a intervenção de tantos outros profissionais alheios à educação escolar.

3.4.2012

Bullying de gente grande

Não gosto do conceito de *bullying* e do uso que temos feito dessa palavra. Eu já disse isso e reafirmo aqui. Por que tenho rejeição em relação ao conceito? Porque ele leva o adulto a se ausentar das questões que os mais novos enfrentam na convivência com os seus iguais.

É como se nada no comportamento manifestado pelas crianças – nos conflitos, provocações, brigas e desavenças, apelidos e piadas a respeito de aparência – tivesse relação com o mundo adulto. E mais: é como se elas fossem totalmente responsáveis por tudo o que fazem. De errado, é claro. O conceito nos permite, portanto, ficar de fora desses problemas. Talvez por isso mesmo faça tanto sucesso entre nós, adultos.

E o que dizer, então, do uso da palavra? Temos uma especial atração pelo exagero nessa questão. Uma criança pequena que é mordida pelo colega na escola, um primo que zomba do outro que perdeu o jogo, a criança que usa óculos e ganha um apelido por isso... tudo agora é transformado no tal do *bullying*.

Pois bem, encontrei um bom uso para essa palavra e esse conceito – e é disso que vou falar aqui. Trata-se do *bullying* de adultos contra crianças e adolescentes. Outro dia ouvi a mãe de uma menina chamá-la de "anta" e dizer que ela só fazia coisas erradas. Ainda ouvi a garota responder, com cara de choro, que não havia feito aquilo por querer... Tinha errado tentando acertar. Isso é *bullying*, concordam, leitores?

Uma criança humilhada por alguém de quem ela não pode ou não consegue se defender pode muito bem ser entendido assim. E nas escolas? Os pais e os professores têm praticado o *bullying* contra os alunos no espaço escolar, sabiam? Vou começar pelos pais, dando alguns exemplos. A escola tem um vício, entre tantos, que afeta fortemente alguns alunos. Escolhe "bodes expiatórios" para arcar com quase tudo de errado que acontece na sala de aula e no espaço escolar. Muitos alunos conversam, saem da carteira, fazem bagunça, mas a professora só chama a atenção, nominalmente, de um ou dois. Claro que todos os alunos percebem isso e passam a acreditar que só aqueles determinados colegas fazem o que não deveriam fazer e, em casa, reclamam deles aos pais.

O que muitos desses pais fazem? Conversam com outros pais para falar mal dos bodes expiatórios, procuram a direção da escola, fazem abaixo-assinado, ameaçam cancelar a matrícula do filho caso esses alunos não saiam da classe ou até mesmo da escola.

É puro *bullying* de um grupo de adultos contra uma ou duas crianças. E os professores? Vocês não têm ideia, caros leitores, de como alguns deles são capazes de fazer referências irônicas e depreciativas a respeito de determinados alunos quando conversam na sala dos professores, por exemplo. Os alunos em questão não ficam sabendo do que é dito a seu respeito? Nem precisa, porque isso será percebido no relacionamento com os professores.

Talvez esteja na hora de fazermos um acordo no mundo adulto: o de só falarmos do *bullying* entre os mais novos quando controlarmos o nosso próprio comportamento, e de pararmos com essa história de humilhar, depreciar, excluir, intimidar e agredir, velada ou escancaradamente, as crianças e os adolescentes.

5.3.2013

Consumismo na escola

Nos últimos dias, duas mães me contaram fatos acontecidos nas escolas dos filhos e que as deixaram bem aborrecidas. São dois exemplos que podem nos ajudar a pensar a respeito do papel da escola no mundo contemporâneo.

A primeira mãe contou que o filho está num dos últimos anos do ensino fundamental e que a escola tem, anualmente, um evento que envolve as ciências da natureza. Essa é – ou pode ser – uma atividade muito boa para os alunos, que precisam usar na prática os conceitos que aprendem na teoria e apresentar o trabalho aos visitantes do evento – normalmente, pais e parentes –, o que colabora para o desenvolvimento da linguagem oral ligada ao conhecimento.

Essa mãe, de modo geral, apreciou bastante o acontecimento e ficou orgulhosa da participação do filho. Acontece que, dias depois, a escola enviou aos pais um questionário com o título "Pesquisa de satisfação", com perguntas referentes ao evento que iam do uso do espaço à performance dos alunos.

Essa mãe não gostou nem um pouco desse questionário e, ao trocar ideias com outros pais, percebeu que eles se dividiam em dois grupos: os que apoiavam a atitude da escola e a consideravam um ato de parceria entre família e escola, e os que, como ela, não achavam a atitude pertinente.

Já a outra mãe contou que a escola frequentada pelo filho ofereceu às classes "palestras" a respeito de nutrição e do valor nutritivo de alguns alimentos. Acontece que quem ofereceu as tais "palestras" foi uma empresa que produz um desses alimentos, distribuído "graciosamente" aos alunos após a explanação. Foi o que bastou para deixar essa mãe indignada e que a fez procurar outra escola para o filho.

Qual é o elemento comum em situações tão diversas? O fato de pais e alunos serem tratados como consumidores pelas escolas. Sim: o papel do consumidor tem merecido atenção especial da nossa sociedade, não é verdade? Direitos cada vez mais respeitados, publicidade cada vez mais cara, bens de consumo mais sofisticados. Vivemos na era do consumo.

E a escola? Qual é o seu papel social nesse contexto? Repercutir essa ideologia? Claro que não. Cabe à escola, na formação cidadã de seus alunos, usar o conhecimento para que eles, em meio a tantas ofertas e sob pressão para o consumo desenfreado, possam fazer escolhas conscientes, bem informadas e críticas. E é bom saber que as escolas, queiram ou não, formam cidadãos, principalmente no "currículo oculto", ou seja, aquilo que é ensinado indiretamente, pelas atitudes, como essas de nossos exemplos.

Os mais novos não vão à escola para satisfazer os pais, deixá-los orgulhosos ou para aprender a consumir. O mundo já se encarrega desse último item, muito bem, por sinal. Eles vão à escola para, por meio do conhecimento, entender melhor o mundo, desenvolver o senso crítico e ser capazes de pensar de modo diferente dos pais. É justamente isso o que possibilita que o mundo mude, não é verdade? Ou queremos que eles vivam como os seus pais?

Se, no entanto, a escola não pensar minuciosamente naquilo que ensina de todas as formas, ficará submetida a várias ideologias, principalmente a do consumo. É isso o que queremos para os mais novos?

2.7.2013*

---

* Título original: "Ideologia do consumo na escola".

A escolha certa

Diversas mães estão em busca da primeira escola para o filho e têm dúvidas sobre o que procurar e o que priorizar. Vocês sabem, caros leitores, como funciona atualmente a procura por escola? Em geral, os pais procuram aquelas bem avaliadas por seus conhecidos – que têm ou tiveram filhos lá – ou por avaliações formais, dessas que resultam em rankings publicados pela imprensa. Depois de fazer uma lista com as que consideram as mais interessantes, visitam todas elas. E aí é que vem a parte pior: escolher só uma.

Os pais sabem que não existe escola perfeita, mas querem acertar. Por isso, investigam muito: pedem orientações aos profissionais da área, procuram informações na internet e até leem artigos e livros em busca de mais conhecimento. O que eles ganham, porém, são mais e mais dúvidas, por diversos motivos: as ciências da educação têm diversas vertentes, muitas vezes antagônicas entre si; as escolas seguem mais a tradição e os anseios sociais que lhes rendem alunos que as novas teorias da educação; e há muitas posições diferentes sobre primeira infância e a escola.

Algumas mães têm me enviado questões muito interessantes em relação a esse assunto e que valem uma boa conversa. Começo pela pergunta aparentemente simples e direta de uma leitora: "O que é uma escola alternativa?".

Talvez essa palavra tenha começado a ser usada para qualificar escolas que se propunham a ser uma opção à escola tradicional, ou seja, que praticavam métodos novos e que se organizavam de modo diferente do já conhecido sistema escolar. Pouco a pouco, porém, a palavra ganhou tom pejorativo. Hoje, quando se quer fazer referência a uma escola um pouco diferente, mas à qual não se dá muito crédito, usamos a palavra "alternativa". Escolas alternativas, no sentido original do termo – que sejam, de fato, uma substituição ao modelo tradicional de organização e de ensino –, temos poucas. Por isso, talvez essa característica nem deva contar para quem está na batalha para escolher uma boa escola.

Outra leitora fez uma observação muito perspicaz: disse que tudo o que encontrou a respeito de escola para os primeiros anos de vida foi a ênfase no brincar, mas que todas as que visitou não dão valor a isso. É verdade: a brincadeira virou estratégia pedagógica. E é assim que se acaba com ela.

Brincar não pode ter objetivo, como brincar de amarelinha para aprender os números, ou pular corda para aprimorar a motricidade. O brincar é livre e busca o prazer e o entretenimento, mas provoca efeitos colaterais: aguça a curiosidade, estimula a investigação e a experimentação, intensifica a criatividade e amplia o conhecimento do mundo em todos os sentidos. A brincadeira burocratizada, domesticada, pedagogizada, não serve para nada mais do que aborrecer a criança. E é esse tipo de brincadeira que a maioria das nossas escolas de educação infantil pratica.

As leitoras detectaram uma questão crucial nessas escolas: em nome da preparação para o futuro, elas empobrecem a infância. A melhor maneira de preparar a criança para um futuro melhor é cuidar bem do presente dela. Criança pequena, na escola, precisa ser tratada como criança pequena, não como um futuro adulto.

3.6.2014

Escola em tempo integral

Cada vez mais, a educação escolar em tempo integral surge como opção para os pais de filhos de todas as idades, desde os que têm poucos meses de vida até os que estão na adolescência. Entretanto, talvez pela falta de tradição desse tipo de ensino em nosso país, as dúvidas são inúmeras. É bom, para a criança e/ou para o jovem, frequentar a escola por oito, nove, às vezes até doze horas? Qual será a idade ideal para passar a frequentar os dois turnos? É melhor ficar na escola, com outras crianças, ou em casa, com adultos? Eis alguns exemplos de perguntas que os pais fazem.

Primeiramente, é bom considerar a realidade da vida das famílias. Muitos pais simplesmente não têm com quem deixar a criança em casa, por isso põem os filhos na escola de tempo integral, mas mesmo assim ficam em dúvida e com sentimento de culpa. Nesses casos, a dúvida e o sentimento de culpa dos pais atrapalham mais o filho do que o fato de ele ficar na escola por um período mais longo. Se a família não tem alternativa, que seja com a convicção de que essa é a vida possível para eles. Afinal, por que alimentar o sentimento de culpa em relação ao que é impossível mudar?

E os pais que podem escolher? É importante saber que não há respostas certas para as dúvidas. Não há consenso entre os estudiosos das ciências humanas quanto a ser benéfico ou não, para os mais novos, dedicar mais tempo à escola. Pesquisas sustentam tanto a vertente dos que apontam mais vantagens quanto a dos que veem mais desvantagens no ensino em tempo integral. E agora?

Para ajudar os pais que estão em dúvida sobre a escolha mais acertada, levanto algumas pistas que podem iluminar a decisão.

1. As crianças pequenas se desenvolvem melhor junto de outras

crianças, mas estar em casa, mesmo na ausência dos pais, promove segurança e bem-estar emocional. Se os pais podem escolher, deixar a criança ficar um turno em casa, pelo menos alguns dias na semana, pode ser uma decisão equilibrada.

2. Ficar o tempo todo no mesmo ambiente pode ser enfadonho para a criança, por isso considerar a programação da escola para os dois turnos e a diversidade de espaços e atividades é um ponto importante. Além disso, há espaços dedicados somente para as crianças ficarem no contraturno de seu período escolar, participando de uma programação cultural pensada para elas.

3. As escolas que oferecem o período integral precisam contemplar o desenvolvimento emocional e social dos mais novos. Como eles podem desenvolver e conquistar autonomia sem ter a oportunidade de fazer escolhas, por exemplo?

4. Os professores precisam funcionar como equipe que se reúne com regularidade e planeja junto, para que o ensino não fique ainda mais fragmentado do que já é na estrutura escolar atual.

5. Pais e professores precisam estar convictos de que o tempo integral é benéfico para a criança e para o jovem. Verificar com o corpo docente se eles têm sustentação e se contam com uma formação promovida pela instituição pode ser fundamental.

6. A criança precisa de um tempo para descansar e ficar sozinha, se quiser; portanto, a escola precisa oferecer essa possibilidade aos alunos.

7. A pista mais preciosa, porém, diz respeito aos pais. Como somente eles conhecem bem o filho que têm, devem basear a sua decisão nesse conhecimento.

2.9.2014

Particularidades da aula particular

Uma leitora me contou uma história interessante, que despertou a minha curiosidade. Na vizinhança onde ela mora, há uma professora particular 24 horas por dia. A qualquer hora e a qualquer dia, há pais que levam os filhos para ter aulas com ela. Os filhos chegam devidamente munidos com material escolar e ainda levam de brinde a cara feia e a briga com os pais, que ficam dentro do carro. Nem o domingo é respeitado: ela já testemunhou um carro deixando um garoto lá, nesse dia de descanso, perto das 22h!

Para saber se era um caso isolado ou se já é um fato que começa a se tornar frequente, investiguei o assunto com diversas pessoas. E, para a minha surpresa, descobri que há muitos professores particulares que fazem isso, na própria casa, na do aluno ou por Skype.

Vamos lá: não há novidade na existência de professores particulares. Décadas atrás, alunos de famílias de posses já usavam esse tipo de serviço, que, em geral, provocava vergonha e constrangimento no estudante que precisava de um acompanhamento específico e exclusivo para conseguir dar conta da vida escolar. Por isso, quase ninguém comentava o assunto, e os próprios docentes nem sequer anunciavam esses serviços: ou aquilo era um favor que prestavam a alguém conhecido, ou era um bico que faziam em momentos de aperto financeiro.

O panorama mudou muito: o mercado de aulas particulares, reforço escolar ou coisa semelhante cresceu bastante. Deve ser rentável, pois hoje existem até franquias desse tipo de serviço, o que significa profissionalização. Encontrei excelentes professores, de todos os níveis, exclusivamente dedicados a isso ou que lecionam em uma escola por meio período e no outro dão aulas particulares.

O valor cobrado varia bastante: conversei com bons professores que cobram trinta reais a hora-aula e com pais que já pagaram duzentos reais. As variações seguem um padrão curioso: quanto mais novo o aluno, menor o valor cobrado; quanto mais velho, mais a família pagará pelas aulas particulares. Façam as contas, caros leitores, do peso disso no orçamento familiar.

Para a criança e para o jovem, ter acesso a aulas particulares não é mais motivo de vergonha e sim de orgulho. Uma professora me contou que, ao chamar a atenção de um aluno e dizer que ele precisava se concentrar no trabalho em sala de aula, ele respondeu que não precisava, porque o seu professor particular já havia explicado a matéria para ele.

Qual a razão do crescimento fantástico desse mercado? Resposta fácil: de algumas décadas para cá, muitas famílias ficaram verdadeiramente obcecadas com o rendimento escolar dos filhos. Se antes eles amargavam broncas homéricas e castigos severos pela desobediência aos pais ou parentes adultos, hoje isso ocorre pelas notas baixas. Uma coisa eu não consigo entender nessa história toda: por que os pais não acham estranho ter de recorrer a professores particulares para que o filho dê conta da escola?

Não vale a resposta "o meu filho não consegue acompanhar o ritmo dos outros alunos", porque é muito grande o número de crianças e jovens usando – e abusando – desse serviço. Há algo muito errado no reino da educação escolar e na relação das famílias com essa questão, não acham? Precisamos pensar melhor a respeito disso!

18.11.2014*

---

* Título original: "Particularidades".

Aprender sem pressa

Por que as crianças com menos de seis anos não devem ser matriculadas no primeiro ano do ensino fundamental? Essa é a pergunta de muitos pais que já consideram os filhos maduros e prontos para enfrentar o aprendizado das letras e dos números do modo formal que se faz nas nossas escolas, usem elas este ou aquele método de ensino e de alfabetização. Vale a pena refletir sobre essa questão, já que a ansiedade dos pais tem apressado a entrada de crianças nessa importante etapa da vida escolar, que vai durar pelo menos uns nove anos, seguidos de mais três anos de ensino médio.

A nossa sociedade foi bombardeada com informações apontando caminhos para um futuro exitoso e uma carreira bem-sucedida para quem ainda está na infância. Quanto mais cedo a criança começar a aprender, maiores serão as suas chances de sucesso, afirmam, de maneira geral, esses estudos. E isso resultou numa corrida das famílias em busca da melhor formação para os filhos. Reforço escolar, alfabetização precoce, cursos das mais variadas disciplinas e atividades passaram a fazer parte de uma agenda carregada já a partir de três anos de idade, quando não menos.

As escolas, atentas ao movimento da comunidade, responderam à altura: trouxeram para a educação infantil o modelo de funcionamento do ensino fundamental. Dessa maneira, crianças de três, quatro anos passaram a usar carteiras em sala de aula, a ter professores especialistas (?) e a brincar livremente apenas no horário do recreio. Já na década de 1990 vimos crianças viver essa correria rumo ao sucesso, com os pais sempre metidos na louca necessidade de forçar o filho a ser um bom – de preferência o melhor – estudante. Pelos resultados que observamos, porém, parece que todo esse esforço não deu muito certo. As universidades passaram a receber jovens cada vez mais infantilizados, que relutam em concluir a graduação, e os pais veem-se a enfrentar, ainda no decorrer do ensino fundamental, a falta de vontade dos filhos de se comprometer minimamente com os estudos.

Foi então que novas pesquisas passaram a ser difundidas, apontando para a necessidade de a criança ter mais liberdade para ser criança e, de fato, viver a infância na hora certa. Foi por esse motivo que surgiu, nos Estados Unidos e na Inglaterra, um movimento chamado *slow parenting*, que no Brasil ficou conhecido como "pais sem pressa", e um movimento de desaceleração da infância, que prega menos demandas dos pais aos filhos, para que eles tenham tempo para o ócio, questões fundamentais para uma vivência infantil tranquila e produtiva.

Voltemos, então, à pergunta inicial: por que as crianças de cinco anos não devem ser matriculadas no ensino fundamental? Porque não precisa, porque não é bom para elas. Simples assim. E também porque, por mais que o Ministério da Educação tenha elaborado documentos orientando as escolas a se adaptar para receber crianças de seis anos no primeiro ano do ensino fundamental, a maioria apenas acrescentou mais uma série ao fundamental, seguindo o mesmo tipo de funcionamento dos anos posteriores, sem nenhuma adaptação pedagógica ao tempo ou ao momento das crianças.

A criança de cinco anos, e mesmo a de quatro, pode se alfabetizar por interesse próprio e aprender muito mais com o apoio dos professores da educação infantil, os quais, aliás, têm a mesma formação dos professores dos anos iniciais do fundamental. E pode fazer isso brincando, sem ter de fazer lições nem participar de aulas expositivas.

28.4.2015

Lições da educação infantil

De uns quinze anos para cá, passamos a ter boas escolas de educação infantil. Antes disso, já tínhamos algumas, aqui e acolá, que respeitavam a primeira infância, ouviam as crianças, reconheciam a sua potência de aprendizagem no ato de brincar e não as separavam por idade nem data de fabricação, como diz o britânico Ken Robinson, estudioso da inovação na educação.

Esse número passou a se multiplicar em decorrência de influências teórico-metodológicas e de experiências em escolas pelo mundo. Por isso, hoje, já é possível encontrar uma escola para crianças com menos de seis anos na qual o currículo não seja apenas um elenco de conteúdos, o ato de brincar seja a principal atividade para a criança, não haja uma profusão de brinquedos prontos e haja professores com formação continuada e em serviço.

Está certo que, em relação ao número de creches e escolas de educação infantil que temos no país, essas ainda são minoria, mas já é uma boa notícia saber que existem. Em tais escolas, as crianças aprendem a se concentrar porque a brincadeira exige isso e porque elas têm participação ativa na escolha da brincadeira, seja em grupo, seja individualmente. Aprendem também a fazer perguntas e a pesquisar para buscar respostas, a exercitar a criatividade, a pôr a mão na massa em tudo. Atenção: na massa – e não, necessariamente, na massinha.

Os alunos aprendem, também, a conviver: os professores aproveitam todas as ocasiões para dar à criança oportunidades para aprender a ver e a considerar seu par, a esperar sua vez, a elaborar em palavras o que sente e pensa, a viver em grupo e a ser solidária.

É uma pena que as escolas de ensino fundamental e médio não tenham a humildade de olhar com atenção para as de educação infantil e aprender com elas. Há uma espantosa hierarquia escolar, caros leitores: as escolas de graduação pensam que praticam um ensino "superior"; as do ensino médio se consideram mais especializadas no conhecimento sistematizado que as do ensino fundamental; e todas pensam que a de educação infantil não exige conhecimento científico.

Para ter uma ideia de como isso se materializa, dou um exemplo: uma professora que trabalhava na educação infantil da rede pública e que é comprometida, estudiosa e pesquisadora ouviu, na avaliação final do ano passado, da diretora da escola: "É um desperdício você ficar na educação infantil". Foi transferida para o ensino fundamental.

As escolas do ensino fundamental e médio precisam se inspirar nas de educação infantil e não deixar o aluno ser totalmente passivo em sua aprendizagem: ele precisa, para se motivar, fazer algumas escolhas. O aluno que participou, de alguma forma, da escolha do que deve estudar e aprender, bem como do modo de fazer isso, não se distrai com tanta facilidade. E é bom lembrar que uma das maiores queixas feitas aos alunos é exatamente a falta de atenção, de foco e de concentração. Precisam também reconhecer que aprende mais quem pratica o que deve aprender. Como eu já disse: mão na massa! Ninguém merece ficar horas em aulas expositivas ou em arremedos de trabalho em grupo.

O que as famílias têm a ver com isso? Tudo! Quando a sociedade questionar verdadeiramente a atual organização escolar, certamente teremos mudanças. Até agora, porém, vemos mais conformismo e adesão que questionamentos, não é verdade?

5.5.2015

Valores democráticos

Os filhos da família Silva estudam em uma renomada escola particular de uma capital brasileira. Mensalidade caríssima! O mais novo frequenta o último ano da educação infantil, e o mais velho já está no final do primeiro ciclo do ensino fundamental. A escola, assim como muitas outras, tem em seu projeto educativo o ensino do tema da sustentabilidade. A cada ano letivo, toda a escola se envolve em um tema comum, cada turma desenvolve um projeto adequado à série e, conduzidos pelos professores, os alunos aprendem muito com esse tipo de trabalho, além de aos poucos ganharem mais consciência cidadã.

Neste ano, o tema foi a crise hídrica que nos afeta. As famílias dos alunos dão total apoio aos trabalhos, participam deles e alguns projetos se transformam em verdadeiras campanhas dirigidas à comunidade escolar. Uma das mães, entretanto, ficou cismada com o comportamento do filho mais velho no decorrer do projeto. O garoto, que tem dez anos, passou a cronometrar o tempo que os pais gastam no banho. Passados cinco minutos, bate na porta e diz que é preciso desligar o chuveiro. Depois, marca em uma tabela o tempo gasto no banho por todos da família e leva a informação para a escola.

A mãe, professora universitária, ficou preocupada: associou esse comportamento a práticas de sistemas totalitários. Neles, as crianças eram doutrinadas pelas escolas a denunciar os pais, caso eles transgredissem os princípios adotados pelo governo. Lembram-se disso, caros leitores?

Os filhos da família Duarte frequentam uma escola pública, também de uma capital brasileira, que participa de eventos literários que a cidade promove, como o Encontro com o Autor, por exemplo. Um dia desses, uma gestora da escola procurou na internet uma das obras de uma escritora e poeta convidada, para distribuir aos alunos que iriam conhecê-la.

No encontro, a escritora deu-se conta, pela participação dos alunos, de que eles haviam lido um poema destinado a adultos, que continha palavrões. Ela os alertou sobre isso, mas não deu maior importância. Já os pais deram. Ficaram muito bravos e levaram o caso para as redes sociais. A imprensa fez reportagens, criticando tanto a autora do texto quanto a gestora da escola, que teve o seu emprego ameaçado.

A escola errou? Errou, mas não foi um erro descomunal, tampouco insuperável, considerando o acesso que as crianças têm hoje ao mundo adulto. Um amigo, que mora na mesma cidade e é professor de literatura, também ficou cismado e me perguntou a respeito.

Muitos pais têm censurado as leituras que a escola indica aos alunos, pelos mais variados motivos. E a escola tem acatado os pais, na maior parte dos casos. O grande equívoco é aceitar esse tipo de intervenção de pais na atuação profissional da escola. Uma boa saída para resolver a situação é o diálogo entre todas as partes envolvidas. Alunos inclusive, e principalmente.

Os nomes das famílias são fictícios, mas as histórias são reais. Os acontecimentos são díspares, mas têm algo em comum: a transgressão, mesmo sem intenção, de princípios democráticos valiosos, como o respeito à privacidade e o ensino do conhecimento com liberdade para aprender com os erros.

Precisamos ensinar na escola os valores democráticos. Não é difícil transmitir às crianças os cuidados que devemos ter para a manutenção da democracia. O futuro irá reconhecer nosso empenho nesse sentido.

12.5.2015

PARTE V
Direitos infantis

Por que adultos tomam o espaço da criança?

Rua é lugar para criança? Muito bem, no mundo atual, o espaço público não tem sido nada amigável nem acolhedor para elas. Brincadeiras com pares, jogos, andar de bicicleta ou qualquer outra atividade que requeira o espaço que a rua oferece, em geral, têm sido praticados em locais fechados, como clubes e parques, sempre na companhia de adultos. Do jeito que a vida está, a rua não tem sido um lugar bom para criança.

Há ainda uma outra característica da vida moderna. As casas e os apartamentos ficaram menores: varanda, quintal ou jardim são privilégios. Acontece que as crianças, mesmo com hábitos e brinquedos diferentes, ainda exigem espaço para expandir o corpo e experimentar movimentos. Para os que escolheram morar em apartamento – ou não tiveram outra opção –, muitas vezes em busca de segurança para os filhos, resta uma possibilidade: procurar prédios que tenham espaço destinado ao lazer.

Uma leitora, mãe de dois filhos, escreveu contando o que ocorre no prédio onde mora. Como não se trata de um fato isolado, escolhi esse assunto para discussão. Pois bem: o prédio adotou todo tipo de regra para restringir a vida da criançada na área comum. Na rampa interna da garagem para o subsolo, que as crianças logo descobriram ser um excelente espaço para andar de skate, foi proibida a atividade, por causa do trânsito de carros. No imenso jardim do condomínio, elas não podem jogar bola, para não estragar a grama nem sujar o muro. Aliás, depois das 20h, as crianças nem sequer podem descer para a área de lazer, pois o barulho que fazem perturba os moradores dos andares baixos.

Neste ponto da conversa, bem que eu poderia apontar para os direitos mínimos da criança – como o de brincar e o de conviver com outras crianças, por exemplo – e para a necessidade de ter espaço e tempo. Prefiro perguntar por que tem sido difícil garantir isso às crianças.

Uma das causas pode estar no fato de o adulto não abdicar de ocupar ele mesmo todos os espaços. A nossa leitora percebe essa questão quando comenta, por exemplo, que o prédio prioriza os carros e seus donos, adultos, em vez de se importar com os filhos dos moradores. Ela pergunta por que o prédio não instala uma placa com o aviso "Cuidado, crianças brincando" para alertar os motoristas que entram na garagem, permitindo, desse modo, a brincadeira da garotada. A resposta é simples: porque o adulto – e sua vida – é o que conta.

Filhos – e alunos também – são a garantia de continuação da vida, ou seja, de futuro. É por isso inclusive que os temos, não é? Só que a presença de crianças no mundo acaba por se tornar incômoda exatamente por esse motivo. Afinal, o mesmo futuro que as espera aponta para o nosso fim. Ceder espaço para a criançada viver significa recuar. E o adulto que vive no mundo contemporâneo tem recusado esse papel.

Um bom exemplo de como adultos não cedem o espaço próprio da criança é o que acontece na escola. Pais e professores tomam conta do processo escolar no lugar de filhos e alunos. Bilhetes, reuniões, entrevistas, plantões para pais, tudo isso mostra como o papel dos mais jovens tem sido protagonizado, indevidamente, pelos adultos.

A leitora que enviou a carta pergunta, no final de sua mensagem, se vale a pena lutar pelos direitos dos filhos a ter espaço no condomínio ou se isso seria apenas capricho de uma mãe zelosa. Batalhar pelo espaço dos mais novos – e não apenas nos prédios – é um ato de coerência. Permitir que a vida se manifeste no presente é um modo de aceitar o futuro, afinal.

29.4.2004

Pais e professores desvirtuam "combinados"

Muitos pais querem educar os filhos de modo mais democrático e participativo. Isso significa permitir às crianças que tenham voz ativa nas questões que têm a ver com elas, que as afetam. Tudo bem: esse anseio por uma relação mais aberta e respeitosa com os filhos é legítimo e, aliás, muito pertinente nos tempos atuais. Entretanto, é preciso considerar alguns pontos a respeito de como tal relação tem sido construída por alguns desses pais. Escolhi um conceito muito utilizado por eles – e também pelos professores, no ambiente escolar – para esta reflexão: os tais "combinados".

A relação dos pais com os filhos e o tipo de educação que eles escolhem praticar começam a ser delineados desde muito cedo. Por isso, vamos considerar o uso que os pais fazem dos combinados com filhos de até seis anos, mais ou menos, ou seja, desde o início.

Combinado significa "acordado", "pactuado". Todo adulto já experimentou algum tipo de pacto ou acordo na vida. Afinal, os relacionamentos são mediados por esses princípios. Vamos tomar como exemplo uma situação bem simples: dois amigos – adultos, é bom lembrar – combinam encontrar-se em um restaurante para jantar. Para um combinado simples e trivial como esse, os dois precisam, em primeiro lugar, querer o encontro. Só que, além de querer, é preciso também realizar, ou seja, tomar a decisão.

Para um jantar a dois, é necessário que ambos escolham fazer isso naquele dia determinado, e não outra coisa qualquer. Além disso, precisam assumir o compromisso de renunciar a qualquer outro evento que venha a surgir e que coincida com o horário previamente combinado. Por aí já dá para perceber que combinar algo com alguém exige, no mínimo, compromisso, responsabilidade, autorregulação e maturidade para tomar decisões.

Agora vamos pensar em um exemplo também simples de "combinado" que os pais começam a fazer com os filhos pequenos. Observei a cena que vou contar no corredor de um shopping. Um garoto que aparentava ter entre cinco e seis anos insistia com a mãe para que ela lhe desse um sorvete. A mãe argumentou – timidamente, devo dizer – que ele acabara de lanchar. Diante da persistência do filho, ela "combinou" que compraria o sorvete, desde que ele a acompanhasse sem dramas até determinada loja. O garoto concordou no ato, é claro, mas menos de dez minutos depois voltou a choramingar e a gritar pelo sorvete. Tudo o que a mãe fazia era lembrar ao filho o "combinado". A reação dele diante da atitude dela? Ignorá-la.

O garoto reagia assim porque não tinha como bancar o que a mãe chamara de combinado, ou seja, ele não tinha feito acordo nenhum. Apenas deixara, por alguns minutos, de continuar a fazer birra só porque vislumbrara, momentaneamente, a chance de tomar o sorvete que tanto queria. Nessa idade a criança ainda não controla o próprio corpo nem suas reações, e não tem autonomia para se conter, por isso ele voltou com a birra. Não podemos dizer que ele não cumpriu o combinado; apenas não combinou nada.

Se a mãe tivesse afirmado que ia comprar o sorvete depois de fazer o que precisasse e, nesse período, tivesse feito algo para ajudar o filho a se conter, a esperar, teria sido muito mais sensata. Teria sido mãe, teria agido como um adulto responsável em seu papel perante uma criança. Só que, do jeito que as coisas se armaram, o filho assumiu o papel de irresponsável, dada a ausência de responsabilidade da mãe.

Muitos pais e professores têm agido assim com boas intenções. É assim, entretanto, que o conceito de combinar, acordar, pactuar tem sido desgastado e desvirtuado. Já está na hora de inventarmos a ansiada educação democrática com mais maturidade. Da nossa parte.

13.5.2004

Respeitem as férias infantis

Quem tem filhos na escola que se prepare: as férias chegaram. Isso significa criança em casa, o que sempre modifica – conturba, segundo alguns pais – o cotidiano familiar. Criança adora férias. Nesse período, ela não tem de seguir aquela rotina rigorosa de horários, obrigações, tarefas a cumprir etc. Durante as férias, a criança e o jovem podem dormir sem precisar ser despertados, ou seja, até o sono acabar, podem fazer as coisas sem ser atropelados pelos horários dos adultos. Podem ter preguiça sem sofrer cobranças.

Quer dizer, poderiam fazer tudo isso se os adultos permitissem e se respeitassem o período das férias. Parece, porém, que a gente grande resolveu abrir guerra contra as crianças e os adolescentes. Querem ver só?

As escolas de educação infantil oferecem cursos de férias em julho. Em que consiste isso? Em geral, os educadores se requebram para inventar atividades que façam alguma diferença em relação às oferecidas no período normal de aulas, para que elas ganhem contornos mais atraentes e mais parecidos com férias e menos com aulas regulares. Temas centralizadores, que norteiam todas as atividades, passeios e pequenas excursões, piqueniques, experiências culinárias, contar histórias, vale tudo para entreter a criança.

E ela, como reage? Gosta? Sim, não podemos negar que essa recreação orientada tem lá os seus méritos. Então, qual é o problema de levar os filhos a esses cursos? Um deles é o fato de a criança perder a possibilidade de curtir o tempo de férias como bem quiser. Outro ponto importante: os educadores passam a assumir um papel bem pouco adequado. Transformam-se em animadores, em recreadores. Ora, esse papel cai bem em quem trabalha em bufês infantis, mas não em professores, certo?

Família e escola têm a sua responsabilidade nessa história. Muitos pais solicitam à escola que ofereça cursos de férias para que os filhos não fiquem em casa o tempo todo, largados ao léu. Eles sempre têm boas justificativas para essa demanda: continuam trabalhando nesse período e os filhos criam muita confusão quando não têm rotina e ficam muito tempo sozinhos. A esses pais dou uma sugestão: que em seu próprio período de férias decidam passar esse tempo no local de trabalho, desfrutando das mesmas companhias. Quem se habilita?

As escolas, por sua vez, agem nessa hora como se fossem um negócio qualquer e se rendem aos pedidos da freguesia. Para tanto, esquecem todas as teorias do conhecimento que indicam como os períodos de descanso da rotina são importantes para o desenvolvimento da criança, para que ela tenha tempo para aprender a ser sozinha e, com isso, amadurecer e ganhar autonomia.

E com os alunos do ensino fundamental e médio, o que acontece? Para esses, os professores têm alvo certo: trabalhos e lições para realizar no período em que deveriam pouco se lixar para as atividades escolares. E há pai que gosta, pois aí tem o que cobrar do filho. Os pais deveriam proibir os filhos de fazer lição nesse período, tanto quanto não aceitam – e, se aceitam, não deveriam – levar trabalho para casa durante as férias. Escola que realiza o seu trabalho com competência no período letivo não manda lição de casa nas férias.

Só para lembrar: segundo o *Dicionário Houaiss*, "férias são um período de descanso a que têm direito empregados, servidores, estudantes etc., depois de passado um ano ou um semestre de trabalho ou de atividades". Direito é para ser respeitado. Essa não é uma das lições que queremos dar aos nossos filhos e alunos? Como exigir que cumpram os seus deveres se não respeitamos o seu direito básico a ter férias?

8.7.2004*

* Título original: "Respeitem as férias infantis como se fossem as suas".

Há pouco tempo para ser criança

Muitos pais se afligem demais com a entrada precoce dos filhos na adolescência, ou mesmo com a pressão dos próprios filhos para que os pais os liberem para tanto. Outros, por sua vez, nem se dão conta de que empurram os filhos para que deixem de ser criança antes mesmo que queiram. É, a força do mundo contemporâneo, que elegeu a juventude como seu ícone maior, não perdoa nem mesmo a infância. A criança também quer, como todos, ser jovem.

Constatamos esse fato em vários e diferentes aspectos da vida infantil: no vestuário, nos acessórios e adereços, nos celulares, no modo de falar, na aparência e nos cuidados com a beleza, na linguagem gestual etc. É o estilo jovem de viver que invadiu a infância.

Tomemos como exemplo as meninas e o hábito de frequentar o salão de beleza. Como mostrou recentemente uma reportagem da "Folhinha", não é apenas para cortar o cabelo que elas vão – ou melhor, são levadas – ao salão. Colorir o cabelo, fazer as unhas e esmaltar, fazer escova, alisamento, hidratação e tudo o mais que estiver na moda elas fazem. Inclusive com bastante regularidade. Algumas mães escreveram comentando a reportagem e perguntando se não é muito cedo para uma garota de menos de doze ou treze anos dedicar parte do tempo a atividades típicas de mulher-feita, e quais efeitos isso pode provocar mais tarde. Na verdade, não é possível afirmar que os efeitos desse tipo de vida serão, necessariamente, negativos. Estamos pagando para ver o que acontecerá a essas garotas quando forem adultas.

Uma coisa, porém, é certa: elas estão com menos tempo para ser criança. Outro dia, eu estava no cabeleireiro e, ao meu lado, uma garota de nove anos cuidava das unhas com a manicure. A mãe insistia para que ela colocasse esmalte, mas ela se negava. A mãe tanto insistiu que conseguiu uma bela reação da filha, que escolheu um esmalte vermelho. Nem adiantou a mãe dizer que, na idade dela, rosa ficaria melhor. A garota bateu o pé: "Ou esmalte vermelho, ou nenhum!". Devo confessar que tive esperança de que a mãe percebesse a jogada da filha, que não queria esmaltar as unhas. Não foi daquela vez: a garota saiu com as unhas vermelho vibrante.

Isso dá o que pensar, não é verdade? Os pais insistem em que a mídia influencia demais o estilo de vida das crianças. Ora, é claro que, se a criança se vê tentada a fazer algo, vai cair no jogo da sedução com bastante facilidade. Sempre é bom lembrar que a criançada sabe muito bem o que quer. E qual é o papel dos pais? Equilibrar o desejo dos filhos com as possibilidades familiares e o estilo de vida que o grupo preza, avaliar se o que o filho quer é necessário e se vai fazer bem à vida dele naquela fase da vida, e descartar o que considera desnecessário. Para tanto, é preciso que os pais não tenham medo de bancar a posição firme de negar quando for o caso.

Outra correspondência, de um pai, chama a atenção para um fato semelhante: a filha de dez anos quer ir à boate para crianças. O pai explica: no horário das 13h às 16h há, na cidade, uma boate que promove evento para crianças de nove a doze anos. Como o pai mesmo diz, ele não acredita que um evento desse tipo tenha nada de mais para a criançada, mas é ao simbolismo da ideia que ele resiste. E com razão.

É que, até há pouco tempo, as crianças brincavam de namorar, de ir ao salão de beleza, de médico etc. Elas brincavam de ser gente grande. Hoje, muitos pais estão levando a sério essas brincadeiras. Desse jeito, logo os filhos vão estar receitando e fazendo diagnósticos médicos, não?

O período da infância é bem curto, considerando a expectativa de vida; por isso, seria importante que as nossas crianças tivessem tempo para viver esse período sem pressa de sair dele antes de entrar na adolescência. Nada como terminar bem uma fase para entrar em outra. Entretanto, para que seja possível ser criança na época certa, é preciso a presença de adultos que garantam isso. É o que temos feito?

18.11.2004

Luta pela infância

Já constatamos que a infância está em franco declínio. Crianças de classe média têm a agenda lotada de compromissos, sofrem pressão para aprender cada vez mais cedo e têm pouco tempo e espaço para brincar. Crianças pobres trabalham e assumem responsabilidades precocemente. Modos diferentes de entrar cedo demais no mundo adulto, mas muito semelhantes na consequência que produzem: a perda dessa fase da vida. Com isso, crianças pequenas carregam o fardo do contato com as mazelas dos adultos. Levamos muito cedo para a vida de nossas crianças o consumo e a noção de economia, a competição acirrada, a responsabilidade de fazer escolhas e de arcar com elas, a vida individual como valor máximo e outros aspectos da nossa cultura. Isso sem falar em todos os dramas e nas pequenas e grandes tragédias da nossa sociedade.

A nossa intenção parece nobre: preparar os filhos para o futuro e inseri-los por completo no mundo em que vivem. Porém, se lembrarmos que essas questões já tornam complexa e tensa a vida de um adulto, precisamos reconhecer que, para as crianças, isso é elevado à máxima potência. Entretanto, é bom saber que é possível resistir a esse movimento e que há pais que têm enfrentado essa batalha com convicção e coragem. A meus olhos, cresce vagarosa, mas progressivamente, o número de pais que lutam para garantir a infância dos filhos.

É significativo o grupo de pais que não procuram escolas que ensinam as crianças a escrever desde os três anos e a aprender, ao modo adulto, os conteúdos de disciplinas. Esses pais querem escolas com professores capacitados para acompanhar as brincadeiras dos filhos e para conduzir com qualificação o processo de socialização. Do mesmo modo, muitos pais já não hesitam em privar os filhos de objetos inúteis, mesmo quando eles insistem em conservá-los. Sabem dizer, com firmeza, que o filho não precisa daquele tipo de calçado, nem de mais um brinquedo só porque todos os colegas têm.

Há, inclusive, pais que se negam a sustentar um mercado que tem como alvo as crianças e um estilo de vida. Recentemente, testemunhei uma cena deliciosa: uma família celebrando o aniversário do filho, com algumas crianças, em uma praça da cidade. Conseguiram sair do círculo do aniversário comemorado em bufê infantil, com dezenas de crianças e sem os parentes adultos.

E há os que seguram os filhos na infância até perto dos doze anos sem dar a mínima para essa bobagem de "pré-adolescente". As crianças não vão a festas sozinhas, não viajam com adultos que os pais mal conhecem, não frequentam shoppings sem responsáveis os acompanhando, não têm acesso às mídias sem tutela, por exemplo. Esses pais sabem que pagam um preço por essa resistência: além de estar muito mais atentos aos filhos, precisam bancar os conflitos que surgirão. Sabem, no entanto, que prestam um excelente serviço à sociedade e ao nosso futuro.

21.5.2009

Quando o Estado quer educar

Algumas cidades do interior paulista adotaram o toque de recolher para crianças e adolescentes, e outros municípios já estão interessados na medida. Fiquei perplexa quando li a primeira notícia que tratava do assunto, mas logo percebi que há todo um quadro que sustenta a medida.

Primeiro, já faz tempo que desertamos das ruas das cidades porque perdemos a confiança de que sejam lugares onde se possa ter uma vida boa. As ruas são consideradas locais inseguros, que provocam medo; transformaram-se em depósitos de problemas que têm origem no nosso estilo de vida. Todo o aparato de segurança que usamos – dos condomínios fechados à trava de segurança nas portas do carro – serve para nos levar para fora das ruas. Vivemos em pequenos "quartos do pânico", não parece?

Em segundo lugar, já faz tempo que nós, adultos, perdemos a mão ao nos postar perante os adolescentes. Em parte porque eles têm aquilo que mais desejamos, perseguimos e fazemos de conta ter: a juventude. Por isso, passamos a tratá-los como iguais, como se ocupassem lugares simétricos aos nossos.

A questão da educação democrática é um capítulo à parte. Passamos a acreditar que os adolescentes devem ser respeitados em seus direitos sem saber ao certo o que são tais direitos, e também sem ensiná-los sobre os deveres correlatos. Sim: cada direito – o de ser respeitado, por exemplo – exige um dever – o de respeitar. Só que isso só serviu mesmo para estimular mais uma deserção: a da nossa autoridade. Em nome dessa ideia de educação, sentimo-nos sem o direito de ocupar um lugar legítimo para conter, restringir, coibir ou suspender, mesmo que temporariamente, os desejos impulsivos e impositivos deles.

Por fim, vivemos um período em que, voluntariamente e em nome de causas aparentemente nobres, temos abdicado da nossa autonomia. Vivemos em tempos de terceirizar as nossas vidas, lembram-se? E é isso o que abre espaço para a entrada do Estado. Basta enumerar, como exemplo, quantos decretos proibitivos que envolvem a vida social já foram editados.

Voltemos ao toque de recolher. Muitos pais são favoráveis à medida. Imagino que seja mais fácil, para eles, segurar o filho em casa pela força do Estado do que pela própria autoridade. É bom lembrar, no entanto, que essa medida restringe a liberdade de escolha dos pais sobre como educar os filhos.

Em relação aos jovens, diretamente atingidos, a medida é preconceituosa. Afinal, qual é a porcentagem de adolescentes nas ruas que comete delitos, envolve-se em confusão ou toma contato com drogas, por exemplo? E a dos que não fazem nada disso? E a dos que fazem tudo isso dentro de casa? Mais uma vez, optamos por demonizar a juventude e retirá-la de cena. Cada vez mais, permitimos – e queremos – a intervenção do Estado em nossa vida. Parece mesmo que buscamos nele um pai que as governe. Quem precisa de pai e de mãe são as crianças e os jovens. Que sejam eles a governar a vida dos filhos, não o Estado, a polícia etc.

28.5.2009*

---

* Título original: "Educação em poder do Estado".

Caso de polícia

Na semana passada, soubemos, pela imprensa, que uma garota de sete anos foi parar na delegacia por causa de uma briga na escola que começou, parece, por causa de um doce. As notícias afirmam que ela agrediu os educadores e até mesmo os policiais que foram chamados pela própria escola para ajudar (?) a resolver a situação. A mãe da menina disse que ela faz tratamento e que a escola está ciente da situação, mas não vou considerar esse dado, pois muitas crianças dessa idade podem se descontrolar fisicamente mesmo sem ter problema nenhum. E é bom lembrar que a criança, quando perde o ainda escasso e em desenvolvimento controle sobre seu corpo, dificilmente consegue parar uma crise de birra sem ajuda.

Não estamos sozinhos nessa atitude de colocar a criança como responsável total por suas atitudes. Na Inglaterra, uma garota de dois anos está sendo acusada por um vizinho de ter cometido atos de vandalismo. A polícia foi chamada e está investigando o fato de a menina ter batido com uma varinha no carro do homem que a acusa. Imaginem, caros leitores, a cena: uma criança que vive num mundo habitado por fadas, bruxas e crianças com poderes mágicos – vale lembrar que Harry Potter tem origem britânica – decide usar uma varinha para transformar um carro em uma carruagem, um veículo voador, uma abóbora ou coisa que o valha. E tudo o que consegue é ser violentamente empurrada para o mundo adulto: vai parar na polícia.

No caso brasileiro, tudo o que a menina queria era um doce, pelo qual resolveu batalhar com os recursos de que dispunha, mas o que conseguiu foi o mesmo que a sua companheira britânica: a polícia.

Os adultos estão totalmente impotentes perante as travessuras, as estratégias usadas para atender a impulsos e o comportamento desgovernado das crianças. Aliás, não só impotentes, mas também ausentes. Não havia por perto um adulto disposto a tirar a "varinha de condão" da mão da menina de dois anos ao perceber que, em vez de mágica, ela estava provocando um estrago no carro do vizinho. Não havia, na escola que a garota de sete anos frequenta, em Campinas, nem sequer um adulto capaz de conter fisicamente o descontrole corporal dela.

Muitos dizem que o Estatuto da Criança e do Adolescente é o responsável pela omissão dos adultos diante de comportamentos inadequados dos mais novos. Será que não sabemos mais intervir para conter uma criança sem usar violência, sem humilhar, sem desrespeitar a sua dignidade? Será que não sabemos mais a diferença entre ação firme e ação violenta?

Vamos lembrar que a criança e o velho são os que precisam, no nosso país, da existência de estatutos que os defendam e garantam os seus direitos, o que não é bom sinal. E agora parece que, além de não defendermos nem respeitarmos as nossas crianças por vontade própria, passamos a sentir medo delas. O que há de vir depois?

22.10.2009

Outros maus-tratos

A procuradora aposentada Vera Lúcia Gomes, acusada de maltratar severamente uma criança de dois anos que pretendia adotar, já foi condenada por todos nós. Quem é que não culpa um adulto que humilha, impõe castigos físicos, destrata e agride uma criança indefesa? Por isso, nos permitimos adjetivar a procuradora como "louca", "bruxa", "psicopata".

Em entrevistas, a acusada reconhece que exagerou algumas vezes no tratamento dado à garota, mas por um bom motivo: dar educação a ela. E Vera Lúcia fez mais. Declarou que agiu mal porque perdeu a paciência com uma impertinência da menina, como acontece com quase todas as mães quando ficam nervosas, irritadas ou estão num mau dia. Essa declaração da acusada revela um incômodo: por trás da tragédia que ela protagoniza, se escondem milhares de dramas cotidianos enfrentados por crianças de todas as idades, inclusive aquelas que vivem em famílias de classe média.

Decidimos submeter as crianças a uma intensa pressão: tão logo os pais lhes ensinem, elas precisam aprender a se comportar, precisam ainda gostar de estudar e ter êxito na escola, devem aproveitar bem o que os pais lhes oferecem e demonstrar gratidão por isso e, principalmente, corresponder à expectativa da família. A criança, no entanto, não aprende de primeira e, mesmo depois que aprende algo, vai transgredir e desafiar; criança gosta mesmo é de brincar, não de estudar; criança acha que os pais têm obrigação de dar tudo o que ela quer; criança não tem autocontrole e gosta de experimentar.

Num mundo em que a infância está desaparecendo e em que os adultos teimam em parecer juvenis, é quase uma impertinência a criança se comportar como tal, dar trabalho, exigir paciência e persistência dos adultos que a educam. E é por essa razão que, todos os dias, muitas crianças sofrem: apenas porque são crianças, e os adultos se impacientam com isso. Hoje, alguns comportamentos delas são considerados síndromes, doenças, desajustes que exigem cuidados especializados e medicação. Há muitas maneiras de se maltratar uma criança. Uma delas é não suportar que ela se comporte como criança.

1º.6.2010

A imposição das escolhas

Vocês têm filhos com menos de seis anos, leitores? Que tal garantir a eles a oportunidade de viver como crianças pequenas que de fato são? Um bom começo é deixar de dar tanta importância à preparação delas para um futuro exitoso. Pois é: hoje, as crianças perdem esse período precioso da vida, e tão breve, porque decidimos que, quanto mais cedo elas forem apresentadas ao manuseio das ferramentas do mundo adulto, maiores serão suas chances quando se tornarem adultas.

Essa atitude, cheia de boas intenções, é um componente importante no processo em curso, que promove o desaparecimento da infância no mundo contemporâneo. E vocês sabem, leitores, o que significa ser criança sem ter a chance de viver a infância? Não. Ninguém sabe ao certo como é a vida das crianças neste mundo. Entretanto, temos algumas pistas. Ansiedade, insônia, depressão, inquietação constante, medo, hipertensão, obesidade, doenças do aparelho digestivo – males que antes eram exclusividade do mundo adulto hoje são frequentes na infância, inclusive na primeira parte dela.

Pressa, pressão, compromissos, deveres. Nada disso combina com os primeiros anos de vida. O que combina? Tempo, material e oportunidade para brincar, por exemplo. Ou para nada fazer: só olhar, observar, participar da vida de modo muito particular. Crianças dessa idade podem aprender informática, línguas, esportes, letras e números? Podem. Precisam disso? Não precisam. Pelo menos não do modo como temos feito. Criança com até seis anos aprende brincando. Porém, ela não deve brincar para aprender determinado conteúdo e sim aprender algo, por acaso, brincando apenas. Simples assim.

Outro caminho para deixar a criança viver a infância a que tem direito é não repassar a ela as responsabilidades que são nossas. Não se espantem, leitores: fazemos isso diariamente. Escolher a roupa que vai vestir, o brinquedo que quer ganhar, o calçado que quer usar, o horário em que vai se recolher para descansar, qual escola vai frequentar, se vai atender a imposição familiar ou se vai desobedecer... Quantas escolhas permitimos que elas façam e que deveriam ser só nossas! Vamos convir: escolher algo é um processo complexo até para um adulto, não é verdade? Quem não pena para escolher se muda de emprego ou não, se casa ou permanece solteiro, se rompe um relacionamento amoroso desgastado ou deixa a coisa rolar, se usa esta ou aquela roupa em uma ocasião especial, entre outras situações? Pois essas escolhas, que são tão importantes na vida de um adulto, porque interferem no eixo vital deles, são similares às escolhas que obrigamos as crianças pequenas a fazer. Sim: obrigamos.

Elas querem, elas pedem por tudo isso e atendemos – é assim que preferimos pensar. Elas até podem querer, mas nós é que devemos saber o que faz bem a elas ou o que fará com que padeçam. Por não suportar o sofrimento que a criança experimenta quando é desagradada, temos feito com que sofram muito mais. Se vocês conseguirem poupar os filhos menores de seis anos do processo de fazer escolhas complexas e permitirem que eles passem os primeiros anos de vida apenas brincando, sem nenhum outro objetivo que não o de se divertir, darão a eles uma vida presente muito rica. E essa é a melhor maneira de preparar um futuro melhor.

25.1.2011

Timidez não é defeito

Toda criança tem o direito de ficar sozinha e quieta. Toda criança tem o direito de não ser extrovertida, de gostar de brincar com poucos colegas e de não responder a todas as perguntas que os adultos lhe fazem, inclusive – e principalmente – os pais e os professores.

A criança tem o direito de ser tímida!

Mas, pelo jeito, estamos roubando esse direito dela.

Já faz um tempo que "participar" das aulas na escola, mesmo que seja falando qualquer bobagem, tem sido uma atitude exaltada e incentivada pela maioria dos educadores. Receber muitos telefonemas, convites para festas, para brincar na casa de colegas da escola ou para viajar no fim de semana tem sido visto como índice de boa socialização.

Os pais, em geral, se preocupam quando os filhos, mesmo os menores de seis anos, não são "populares" entre os seus pares. O problema é que agora estamos exagerando. Não basta considerar a timidez um defeito: queremos transformar essa característica em patologia, tratar. Isso já é demais.

A mãe de um menino de dez anos me escreveu contando que a escola promoveu uma palestra para os pais com o título "Como tratar as crianças tímidas". Ela foi, ouviu tudo e voltou preocupada. Agora, essa mãe acredita que precisa levá-lo para um tratamento psicológico porque, segundo aquilo que ouviu na escola, ou pelo menos o que interpretou do que lá foi dito, o futuro do filho não será lá muito promissor caso ele não consiga superar a timidez.

No mundo da diversidade, não suportamos as diferenças, é isso? Queremos que os nossos filhos tenham todos os brinquedos que os colegas têm. Queremos que viajem para os mesmos lugares que seus pares contam ter visitado, que usem as roupas e os calçados das mesmas marcas que a maioria dos colegas, e que se comportem de modo semelhante ao da maioria.

Acreditamos que crianças padronizadas formam um grupo e que os diferentes estão excluídos dele. Isso é uma grande violência contra os mais novos. Afinal, será que desconhecemos que o mundo tem lugar para todo tipo de pessoa? Será que ninguém conhece adultos bem-sucedidos em sua profissão e que são extremamente tímidos na vida social? Conheço vários casos assim e, pela leitura de biografias, muitos outros: escritores, cientistas com renome internacional, artistas, professores etc. E adultos muito extrovertidos, com uma vida social intensa e uma rede de conhecidos enorme, mas que apesar disso são infelizes e não realizados na vida: será que ninguém conhece?

Temos tratado as crianças de maneira muito pouco respeitosa. Não suportamos que elas sejam muito ativas, rebeldes, que fiquem tristes, que reclamem, que desobedeçam, que queiram ficar quietas, que não parem, que sejam tímidas. Ora, queremos formar uma massa de crianças medianas ou medíocres?

Vamos deixar as crianças tímidas em paz. Elas podem mudar na adolescência. Aliás, as muito extrovertidas também podem se transformar em tímidas nessa mesma época da vida. Timidez não é defeito, tampouco doença. É apenas uma característica, e se a criança tiver oportunidade de ser aceita e reconhecida da maneira como ela é no momento e aprender a não permitir que esse seu traço impeça a sua vida de acontecer, ela vai crescer de acordo com seu potencial e vai conseguir, sim, encontrar meios de viver de acordo com esse seu jeito de ser. Se, ao contrário, insistirmos para que ela altere essa sua característica, aí, sim, poderemos atrapalhar seu desenvolvimento e prejudicar seu autoconhecimento, o que é fundamental para qualquer pessoa viver melhor.

12.4.2011

"Educação ambiental" é outra coisa

As regras têm feito o maior sucesso neste nosso tempo, não é verdade? Esse fato é mais uma evidência de que vivemos em um mundo infantilizado. Criança pequena necessita de regras porque ainda não consegue compreender princípios. À medida que vai crescendo, precisa aprender os princípios que regem a vida, para que as regras se tornem desnecessárias, ou então sejam utilizadas com autonomia e liberdade.

Um bom exemplo são os cuidados com a saúde que precisamos ensinar aos menores, o que demonstra o amor à vida. De início, os pais estabelecem regras: escovar os dentes após as refeições, tomar banho diariamente, lavar as mãos antes de comer etc. Entretanto, se essas regras iniciais não se transformarem em princípios – no caso, o autocuidado, que expressa respeito consigo mesmo –, elas logo podem ser descartadas.

A partir desse exemplo, temos várias pistas de que não estamos alcançando muito êxito com esses ensinamentos. Na adolescência, época em que transgredir as regras é usual, não observamos muitos indícios de que os jovens aprenderam a amar a vida e a se respeitar, não é verdade? Pois não podia ser diferente com a educação ambiental.

Crianças precisam aprender desde cedo a amar a natureza e a entender o relacionamento do ser humano com ela. E a melhor maneira de começar esse processo é colocar a criança em contato com a natureza, para que ela possa interagir, descobrir e reconstruir as relações entre natureza e cultura. Com o estilo de vida urbano que nós escolhemos, no entanto, mesmo nas cidades pequenas é difícil haver espaço para que ocorra de verdade esse relacionamento entre criança e natureza. As escolas de educação infantil, por exemplo, por pressão social e por convicção, são construídas para que o aluno fique muito tempo na sala e tenha pouco contato com a natureza.

E tem mais: como adoramos as regras, temos ensinado uma porção delas às crianças, na tentativa de praticar o que chamamos de "educação ambiental". Não deixar a torneira aberta, não jogar lixo em local inadequado, separar o lixo, apagar as luzes etc. Que experiências proporcionamos aos menores que podem se transformar em conhecimento sobre a água, a eletricidade, a terra, o lixo etc.? Quase nenhuma.

O que resta às crianças, então, a não ser se apropriar das regras ensinadas? E elas têm feito isso de maneira exemplar: invertendo a relação de autoridade com os adultos. Transformaram-se em "fiscais da natureza", principalmente em casa, com pais e familiares, mas também em todos os lugares onde encontram espaço para tanto. Isso, porém, não significa que as crianças estejam se apropriando dos princípios do respeito a si, ao outro e à vida. Não! Aprenderam algumas regras e as usam – apenas isso. Uma escuta atenta dessas crianças evidencia isso rapidamente.

O mais curioso é perceber quantos pais se orgulham do que os filhos fazem nesse sentido, tanto quanto escrever precocemente, por exemplo. Não faz sentido achar bom a criança perder o seu lugar de criança e a sua infância. Nós é que devemos cuidar do ambiente para que as crianças tenham um bom futuro, não é verdade?

20.12.2011

PARTE VI
Brincadeiras e mitos

Guerra aos ursinhos

Todo mundo sabe que criança pequena adora um ursinho macio, gosta de estar o tempo todo com ele por perto, chora quando vai para a escola e tem de deixar o companheiro em casa, bem longe de sua vista. Se não é um ursinho, é outro bichinho qualquer, de preferência bem macio e com cheiro adquirido pelo uso. E chega uma hora em que a criança cresce e deixa o ursinho de lado. Ele, que foi tão amigo, é abandonado, porque a criança ganha o mundo e, com ele, outros interesses na vida.

Pois tenho uma desconfiança bem séria: a de que, por tantos abandonos, os ursinhos foram acumulando carências, reuniram-se e se rebelaram. E, por vingança pura, invadiram o mundo adulto. Vejam se essa teoria não tem fundamento: uma mulher de quase trinta anos saiu de casa com uma tarefa muito simples – comprar uma camisola. Encontrou fácil: de todas as cores, mas a maioria com a mesma estampa: ursinhos e companhia. Pensam que ela achou estranho ou ridículo? Que nada! Comprou, e até ficou feliz.

Mas tenho outro exemplo, relacionado a um assunto muito mais sério: os bancos escolares de quem está fazendo doutorado. Uma profissional da área de ciências exatas, cursando a pós-graduação para aprimorar os seus conhecimentos, uma necessidade de quem atua como professora universitária, tinha de apresentar um seminário de avaliação. Além dos conteúdos, avalia-se também a apresentação do trabalho, da qual ela cuidou nos mínimos detalhes. Adivinhem qual imagem decorava a segunda tela do trabalho, apresentado em *data show*. Ele mesmo: o ursinho.

O professor estranhou, mas a aluna achou normal. Qual é o problema, afinal? Nenhum, já que moças recém-saídas da adolescência e já vestidas como mulher enfeitam bolsas, celulares e chaveiros com ursinhos e companhia. Pois é: o ursinho, um objeto que, para a criança pequena, muitas vezes compensa a ausência da mãe e a ajuda a enfrentar a angústia dessa situação, agora faz parte do mundo adulto. Talvez porque os adultos – principalmente os jovens adultos – estejam passando por um processo de infantilização. E isso já não pode mais ser tratado como brincadeira, já que as crianças são os grandes observadores do mundo adulto e aprendem muito com ele.

O mais interessante é que o inverso também acontece. Agora corremos o risco de ver passeando pela cidade uma jovem mãe enfeitada com adereços infantis ao lado da filha pequena, toda faceira, de sapatos de salto. O assunto merece reflexão porque não se trata apenas de uma questão estética. Afinal, por que se preocupar com o fato de universitários, por exemplo, utilizarem material escolar com desenhos infantis? Isso, por si só, não seria um problema. Ele aparece quando os pais desses estudantes de curso superior – superior! – procuram os professores dos filhos para tratar da vida escolar deles. Aí a coisa fica bem mais complicada, porque mostra que estamos criando uma geração – ou mais de uma – sem autonomia. E é nesse ponto que voltamos ao nosso conhecido assunto: a educação que visa à autonomia.

Ninguém nasce autônomo. Autonomia, responsabilidade e liberdade são conquistas da vida adulta e fruto da educação – que têm o seu preço, é claro. O adulto precisa fazer escolhas, arcar com as consequências delas, comprometer-se com elas. E, ao fazer escolhas, precisa deixar de lado muitas outras que poderia ter feito. Por exemplo: quem se casa, constitui família, tem filhos abre mão da vida solitária e independente e assume responsabilidades consigo e com outros. Quem escolhe outro rumo abre mão de uma vida compartilhada e companheira. Um estilo de vida não é melhor que o outro: são diferentes. Só não dá para levar os dois ao mesmo tempo. Portanto, quando vocês surpreenderem um ursinho – ou algo equivalente, seja em objetos, seja em atitudes – na vida dos filhos jovens ou adultos – ou mesmo na de vocês –, é bom refletir sobre o que isso significa.

Precisamos combater a praga dos ursinhos.

30.1.2003

Acreditar em Papai Noel é fundamental

Esta é uma época em que a criança se torna alvo de toda a atenção do mercado publicitário. Para que o comércio explore todo o potencial de vendas no período, Papai Noel ganha o status de principal garoto-propaganda das campanhas, de vendedor-mor de brinquedos e diversões de todos os tipos. E lá vem, de novo, a criança com a lista de "presentes" que espera ganhar no Natal. E é bom lembrar que algumas não pedem, exigem. E os pais as atendem, ou melhor, lhes obedecem, muitas vezes com sacrifício e sem nenhuma convicção.

Já comentei esse prático hábito das listas de presentes que se alastrou por todas as comemorações e festividades: Natal, casamento, aniversário etc. A moda pegou porque é um costume prático e útil, já que todos acham que ganhar aquilo de que precisam ou aquilo que querem é sempre gostoso – e, para quem dá o presente, é muito menos trabalhoso. No entanto, também é bem pouco humano. Por quê? Porque a relação entre a pessoa que espera e vai ganhar o presente e a pessoa que oferece deixa de ser a prioridade, e o que passa a ter maior valor nessa ocasião é aquele bem chamado presente.

O que deveria importar é que o presente pode ter sentido de presença: alguém se ocupa da missão de procurar e encontrar algo que faça sentido para determinada pessoa, que simbolize o vínculo que há entre elas. As tais listas são bem interessantes nas festas de amigo-oculto corporativas, já que nelas as relações são impessoais. No entanto, de pais para filhos, entre amigos e pessoas que se querem bem, as listas de presentes não fazem sentido nenhum, a não ser o de consumo.

Voltemos à criança e à relação dela com o Natal e com Papai Noel. Já houve um tempo em que deixar a criança – sobretudo a de menos de seis anos – acreditar nessa figura era considerado um ato totalmente incorreto. Com os mais velhos, isso quase nunca foi problema, já que eles, em consequência do crescimento, abandonam esses mitos do mundo da imaginação infantil. Por sorte, hoje pais e profissionais reconhecem que acreditar em Papai Noel não atrapalha a vida da criança.

O mundo da criança pequena é bem diferente do mundo do adulto. A imaginação interfere na vida real e vice-versa. Esse mundo imaginário é repleto de seres inventados por ela mesma e por outros que ela conheceu por ter sido apresentada a eles pela cultura em que vive. Esses personagens aparecem apenas de quando em quando, em ocasiões especiais, e Papai Noel é, entre eles, um dos mais importantes. Porém, muitos adultos não conseguem se dar conta da importância desse acontecimento. Num mundo em que as sensações são mais importantes do que as emoções, ter um personagem com quem se identificar e se emocionar é, para a vida da criança, fundamental.

Muitos pais ainda acreditam que tudo de que os filhos precisam e querem para ficar alegres e satisfeitos no Natal são muitos presentes e brinquedos. O que a criança necessita e quer mesmo é um presente carregado de afeto, não apenas mais brinquedos. E isso ela não consegue ao ganhar um presente encomendado nem ao acreditar que Papai Noel é um vendedor persuasivo que ela conheceu numa loja de brinquedos.

Contar aos filhos as histórias mágicas de Papai Noel, contextualizar o personagem e, principalmente, abdicar de usá-lo como figura educativa – o que ele não é – ajuda a criar uma atmosfera de magia e de fantasia para o filho. Dar voz à imaginação e permitir que a criança use a criatividade para manifestar seus desejos, suas expectativas e angústias é muito mais importante que qualquer presente que ela almeje ganhar no Natal. Dessa maneira, Papai Noel deixa de ser um mero vendedor de brinquedos, deixa de ser apenas mais um explorador do consumo e passa a representar afeto e emoção, passa a simbolizar o ambiente afetivo verdadeiramente sincero na família.

18.12.2003

O melhor presente

Uma amiga pediu-me que a ajudasse a escolher brinquedos para dar de presente a seus três sobrinhos no Dia da Criança. Muito dedicada e comprometida com o desenvolvimento e a educação da garotada, ela queria sugestões que servissem para mais do que, simplesmente, brincar. Ela até se arriscou a nomear as qualidades que gostaria de contemplar: criatividade, motricidade fina, atenção concentrada, conhecimento das artes etc.

Devo dizer que essa amiga não é educadora, mas, com toda a literatura especializada dirigida aos pais, quase todos os que lidam com crianças já se tornam verdadeiros profissionais da educação. Considerando isso, pensei que quem tem filhos pode estar às voltas com essa questão e, por isso, uma conversa sobre o tema pode ser bem interessante.

Quase todas as atividades das crianças, no mundo atual, têm objetivos. Os passeios, por exemplo, costumam seguir um *script*. As brincadeiras seguem o mesmo padrão. Dos brinquedos, então, nem se fala. Que mundo infantil é esse em que tudo tem de ter um objetivo programado? Acabamos por limitar de tal maneira a vida da criança que conseguimos o oposto do que pretendemos.

A brincadeira é, para a criança, a forma de se relacionar com o mundo, com a realidade, com os afetos e as angústias que sente. É pela brincadeira que a criança se conhece, projeta a sua vida interior, se desenvolve, investiga o mundo que a cerca e explora as suas possibilidades. Ela não precisa de objetivos planejados, de brinquedos educativos nem de brincadeiras específicas, tampouco de estratégias planejadas e/ou conduzidas por adultos.

Tudo de que ela precisa é liberdade para se manifestar a seu modo, espaço para se expressar e pesquisar o que lhe chama a atenção, vínculos afetivos acolhedores e, principalmente, tempo. Tempo para usar como quiser, inclusive para aprender a brincar ou estar sozinha. Todas as vezes que fazemos um programa qualquer com as crianças buscando atingir, deliberadamente, determinado foco, restringimos as possibilidades delas, represamos o aprendizado.

Vamos considerar um passeio, por exemplo. Hoje é frequente que pais e escolas programem saídas para locais que possibilitem estimular aprendizados e conhecimentos. Quando o adulto põe o foco naquele aprendizado específico, deixa de se interessar por tudo o mais que a criança manifesta. Dessa maneira, perde a grande chance de ouvir – com atenção e disponibilidade – o que não está relacionado à sua proposta inicial. Acontece que, para a criança, qualquer passeio é uma viagem ao mundo da imaginação e do conhecimento. Tudo é – ou pode ser – motivo de indagação, interrogação, perplexidade, curiosidade.

E, muitas vezes, matamos todas essas possibilidades em nome do objetivo proposto. O mesmo ocorre com atividades e brincadeiras. Já tive a oportunidade de assistir a um adulto lendo um livro de histórias para crianças pequenas, de menos de cinco anos. Algumas delas faziam perguntas que não tinham relação direta com a história lida, mas que surgiram, sem dúvida alguma, pelo que elas ouviam. A resposta que o adulto dava era totalmente inibidora: dizia que as crianças deviam prestar atenção e que, mais tarde, terminado o livro, eles conversariam. Ora, qual criança dessa idade conseguiria guardar a pergunta para mais tarde? Elas iam esquecer, e assim morreram muitas oportunidades de aprendizado. E, o mais importante, o que se perdia na situação era o estímulo à vontade de querer saber.

Muito tempo atrás, assisti a uma matéria do *Globo repórter* sobre o trabalho infantil que mostrou uma cena emocionante. Um garoto de uns dez anos, trabalhador da roça totalmente sem recursos, tinha construído um jogo com pedaços de ossos de pequenos animais encontrados no mato. Ou seja, para que a criança descubra brincadeiras e aprenda, não é preciso muito, como o menino pôde nos ensinar. No Dia da Criança, qualquer programa com a família, qualquer brinquedo serve para estimular a garotada. Basta não fixar previamente as suas possibilidades na relação com o seu presente.

*30.9.2004**

---

* Título original: "O melhor presente para as crianças".

Mundo infantil de fantasias

As manifestações de amor que os pais dirigem aos filhos têm sido cada vez mais vigorosas. Expressões como "eu amo você" são tão usadas que chegam a se tornar banais, além de oferecerem a possibilidade de deixar a criança sufocada com tanto carinho. Outro dia, assisti a uma cena que pode ser usada como um exemplo disso. Ao buscar o filho de uns cinco anos na escola, a mãe o abraçou e disse: "Eu te amo tanto!". A resposta do garoto foi imediata e mostrou com que frequência ele devia ouvir a mãe dizer isso: "Já sei, mãe. Não precisa falar de novo".

Claro que é importante que a criança sinta o amor dos pais, mas o carinho também se expressa de outros modos além do contato físico ou das expressões verbais. É principalmente a partir do tipo de interação que os pais têm com o filho que ele percebe o carinho e a importância dada à sua presença na família. Porém, hoje tem sido muito difícil a criança ser reconhecida como tal, inclusive pelos pais.

Vivemos na era da tecnologia, e a ideia de qualidade de vida tem sido construída a partir de orientações científicas. Isso tem contribuído para que a típica fantasia da criança seja banida do nosso mundo; impera a lógica do adulto, inclusive nas relações com os pequenos. Acontece que acolher a criança e suas fantasias, reconhecendo que essa é a sua maneira de enfrentar as angústias, talvez seja o ato mais carinhoso que podemos demonstrar. De nada adianta repetir "eu te amo" e tratar os filhos pequenos como se vivessem e entendessem a vida como os adultos.

Uma ilustração de como as fantasias das crianças são desconsideradas é o modo como as perguntas que elas fazem são respondidas. Tomemos como exemplo as questões sobre a origem da vida e a sexualidade. Informações da biologia, detalhes da concepção, do nascimento e do relacionamento sexual entre a mãe e o pai são, muitas vezes, transmitidos à criança em nome do direito que ela tem de acesso ao conhecimento. Isso nada mais é do que ignorar solenemente o mundo mágico da fantasia no qual ela vive. Vamos admitir: isso não é carinhoso.

Uma garotinha de pouco mais de três anos explicou à sua professora como ela foi gerada. A história é maravilhosa. "Um dia, quando eu era um anjo e voava lá no céu, vi a minha mãe no avião. Aí, caí no prato dela e ela me comeu. Foi assim que eu fui parar na barriga dela e, depois, eu nasci." Essa é a maneira de a criança entender a vida: pela fantasia, que ela ainda não diferencia da realidade. Aliás, ela leva as suas fantasias bastante a sério, e quando o adulto não faz o mesmo se sente desvalorizada.

Essa tendência de imprimir a lógica adulta ao universo infantil se manifesta também na onda politicamente correta que tenta modificar canções e contos infantis. Os adultos subtraem ou substituem os elementos que consideram violentos. Ora, isso é negar à criança o acesso a algumas emoções que sente, é negar integrá-las ao mundo, negar a possibilidade de encontrar modos de vivenciá-las simbolicamente e expressá-las. Assim é com a ideia de morte, com atos violentos etc. Muitos pais censuram a escola quando os professores contam histórias em que há morte, madrastas malvadas, lobos que comem crianças etc. Não querem que os filhos sejam maculados com essas ideias. Não é mesmo um paradoxo que o adulto informe tudo sobre a reprodução humana à criança, mas silencie a respeito da morte?

Acolher a criança e suas fantasias e encontrar um registro que facilite a comunicação em vez de trazê-la para o mundo adulto talvez seja a melhor maneira de expressar carinho pelos filhos pequenos.

29.6.2006

Educação pela brincadeira

Ao andar pelas cidades, cruzamos com várias crianças pequenas, com menos de seis anos, acompanhadas por adultos ou por crianças pouco maiores, pedindo esmola, vendendo doces, lixas de unha, flores etc. Isso é trabalho infantil. Há também um número expressivo de meninos e meninas dessa idade que ficam em casa, muitas vezes sem adultos, por falta de vagas nas instituições públicas de educação infantil. E, finalmente, há as que frequentam a escola, quase sempre por meio período. Será que existe algo em comum entre crianças com vidas tão diferentes? Sim: muitas delas não têm espaço e tempo para brincar.

As primeiras porque já têm responsabilidades de gente grande: precisam gerar renda para a família. As do segundo grupo porque passam horas em frente à TV. E as do terceiro porque, quando estão em casa, também veem TV: pesquisas mostram que as crianças brasileiras passam de quatro a cinco horas por dia assistindo à televisão. Ah, mas estas últimas têm um espaço e um tempo dedicados à brincadeira quando vão à escola, certo? Errado. Em geral, nem mesmo a escola permite que as crianças brinquem no período em que lá ficam. E vários motivos contribuem para isso.

Em primeiro lugar, construímos um problema sério para a educação infantil: seus professores não são valorizados e são postos em patamar inferior ao dos demais docentes. Os pais precisam saber que os professores que lecionam no ensino médio ganham mais do que os que ensinam no segundo ciclo do fundamental, os quais, por sua vez, recebem salários maiores do que os que trabalham no primeiro ciclo. Os que se dedicam à educação infantil constituem a classe D nas camadas sociais criadas na escola, independentemente da formação, da experiência e da excelência na realização do trabalho. O salário é apenas um sinal do que se espera desses professores.

Nos países em que a educação é tratada com seriedade, os professores dos mais novos devem ter formação sólida – não só metodológica e técnica, mas também cultural. Com a política que adotamos, criamos uma ligação muito estreita entre o trabalho desses professores e a vida doméstica. Não é à toa que, principalmente nesse ciclo, as professoras são chamadas de "tia".

Para tentar dar um ar mais profissional a esse trabalho, muitas escolas infantis decidiram investir no ensino de conteúdo, realizando uma caricatura do ensino fundamental. Isso acaba por abolir o espaço para o lúdico. Chegamos a ponto de ter crianças com três ou quatro anos que precisam aprender a escrever e que levam lição para ser feita em casa! Feita pelos pais, evidentemente.

Aliás, só os pais podem ajudar a mudar esse quadro: ao exigir que as políticas públicas e as escolas particulares valorizem o professor de educação infantil, teremos chances de oferecer às crianças profissionais qualificados, capazes de acompanhá-las na descoberta de si e do mundo pela brincadeira.

30.8.2007*

---

* Título original: "Espaço para o lúdico".

Aprender brincando

Um pai dedicado escreveu contando que, na reunião de pais do final do semestre, descobriu que o filho de cinco anos passa o período inteiro brincando na escola. Pelo jeito, o pai não sabia do projeto da escola, ou então pensou que o projeto mudasse à medida que a criança fosse crescendo. Já tratei deste assunto várias vezes aqui, mas sempre é preciso retornar para considerar outras perspectivas. Vamos, então, tratar da pressão que muitos pais, pensando no futuro, exercem sobre os filhos e sobre as escolas de educação infantil.

A criança aprende brincando. Aliás, aprende a brincar brincando também. O poeta Carlos Drummond de Andrade escreveu que "amar se aprende amando", e o mesmo se aplica às crianças em relação ao ato de brincar. E atenção: isso ela aprende sozinha ou com outras crianças, não precisa que um adulto a ensine a brincar. Muitos pais que contratam babás para cuidar dos filhos pequenos as orientam a dedicar boa parte do tempo às brincadeiras. Essa atitude não é adequada, pois a criança vai ficar dependente de um adulto para exercer uma das únicas atividades nas quais tem autonomia: brincar.

As escolas que compreendem o papel do ensino infantil na vida das crianças com menos de seis anos organizam seus espaços e atividades de modo a oferecer aos alunos, além de tempo para conviver com os colegas – e, portanto, socializar –, material não estruturado e sem finalidade visível para que possam criar e pôr em prática sua imaginação, leituras de histórias de vários tipos, para que tenham contato com linguagens e gêneros literários variados, e espaço para pesquisas.

Essas pesquisas ainda não devem ter finalidade científica, e sim a de criar e manter a atitude curiosa do aluno que não somente faz perguntas, mas também tem condições, com o auxílio do professor, de encontrar caminhos para obter as respostas, ou, melhor ainda, elaborar novas perguntas. Esse é um processo de iniciação científica, sim, mas sem o rigor que será exigido mais tarde, no ensino fundamental.

Além disso, a criança precisa ter contato com elementos da natureza, como a água, o fogo ou os pequenos seres que habitam o nosso meio. Precisa de tempo livre e de tempo organizado. Por meio de atividades em grupo e de jogos, precisa aprender as primeiras regras de convivência e as primeiras regras da vida. Precisa ter contato com a cultura e as artes em suas diferentes expressões.

Todas as atividades são ao mesmo tempo brincadeiras e uma séria preparação para o futuro. Não se pode pensar o ensino infantil nos mesmos moldes que pensamos o ensino fundamental. Aliás, é bom saber que a criança que vive a primeira infância de acordo com a sua idade tem mais facilidade de se adaptar às novas exigências que vai encontrar no ensino fundamental. O problema é que, como muitos pais pensam como o nosso leitor, muitas escolas têm instituído um ensino infantil mais voltado aos anseios dos pais que aos das crianças. E quem perde com isso, caros pais, são os seus filhos.

26.6.2008

Bruxas, monstros e morte

A mãe de uma garotinha de quase quatro anos me escreveu para contar que estava considerando a possibilidade de tirar a filha da escola. O motivo? A professora conta para as crianças histórias que tratam de morte, falam de monstros, bruxas e de todo tipo de ser imaginário. Para essa mãe, isso gera medo e angústia na filha e, por isso, ela tem pesadelos frequentes. Como a nossa leitora não está sozinha nesse tipo de pensamento, vamos conversar sobre isso.

Temos feito de tudo para evitar que a criança sofra, não é? Ou, pelo menos, tentamos evitar que tenha contato com tudo aquilo que julgamos que pode gerar dor, ansiedade, angústia e outros sentimentos semelhantes. O maior tabu nesse sentido é a morte. Nós a escondemos das crianças: esse não é um tema de conversa entre pais e filhos, elas não mais participam de velórios e funerais, evitamos que assistam a filmes ou ouçam histórias que tragam à tona a ideia da morte.

Conheço a mãe de duas crianças pequenas que assiste a cada filme infantil antes dos filhos, para verificar se não há cenas que assustem ou façam menção à morte. Ela não deixou os filhos verem a animação *Procurando Nemo* porque a mãe do peixinho morre, e ela não achou adequado que as crianças fizessem perguntas sobre isso. Consideramos a morte um assunto muito pesado para elas e, por isso, procuramos poupá-las, como se fosse possível. É preciso saber que não é.

Não são as histórias, com os seus enredos e personagens, que geram conflitos, medos e angústias na criança, nem apresentam a ela o tema da morte. Essas são questões humanas e, ao contrário do que alguns pensam, os personagens fantásticos e as tramas dessas histórias ajudam a criança a encontrar caminhos para entender e superar, pelo menos temporariamente, o que sente. A atitude chamada "politicamente correta" de transformar histórias e lendas infantis, de modo a subtrair o que se considera nocivo ou mau exemplo, não faz o menor sentido. Será que esquecemos que o que pode fazer mal é o que está presente na realidade do mundo adulto, agora totalmente acessível às crianças?

Não é hipócrita deixar de cantar "Atirei o pau no gato", mas permitir que as crianças assistam a campeonatos de futebol nos quais os jogadores se agridem intencionalmente para levar vantagem? Não é curioso evitar que elas ouçam histórias de bruxas que perseguem crianças, mas permitir que assistam a telejornais que mencionam assassinatos e abusos sexuais contra crianças?

Que bruxas, duendes e monstros, madrastas malvadas e crianças órfãs habitem o imaginário das nossas crianças é tudo o que podemos desejar. É que no mundo delas, diferentemente do mundo adulto, elas contam com as fadas e suas varinhas de condão, com os príncipes que salvam as princesas do sono eterno e, principalmente, com um final em que o bem vence o mal.

22.4.2010

Coisa de menino ou de menina?

Acompanho com regularidade blogs sobre maternidade, relacionamento com os filhos e as dificuldades que as mães encontram na educação das crianças. Fico impressionada ao constatar como há gente que reflete, que pensa a educação, que aprende com os próprios erros e está sempre disposta a compartilhar tudo com outras mães e outros pais. Além disso, é uma delícia ler textos bem escritos, bem-humorados e criativos.

Um dia desses, em um desses blogs que sigo, vi uma foto que quase não precisava de texto para expressar a opinião dessa mãe. Duas garotas menores de oito anos riam para a câmera, exibindo com alegria as fantasias que vestiam. Uma de Batman, a outra de Robin. Uma única frase acompanhava a foto: "Para meninas com personalidade". Estava claro. A mãe questionava a separação que convencionamos fazer entre brinquedos e brincadeiras de meninos e de meninas.

Até a primeira metade do século XX, os estereótipos a respeito do que seria adequado para meninas ou para meninos eram quase um consenso social. Azul para meninos, rosa para meninas; carrinhos para meninos, bonecas para meninas; certas profissões para homens, outras para mulheres, e assim por diante. A partir dos anos 1960 tudo passou a mudar. Desconstruímos os rígidos papéis de homem e mulher e passamos a reconstruir novos, em um processo que ainda está em curso.

Quem mais ganhou com isso foram as crianças. O colorido das fantasias, inclusive de bailarina, dos adereços femininos, da maquiagem, das vestimentas e dos sapatos de salto etc. passou a habitar também a vida dos meninos; carros, ferramentas, espadas, bolas etc. se transformaram também em coisas de menina. Não foi – e ainda não é – sem temor por parte dos adultos que isso aconteceu. Meninas jogando futebol? Meninos brincando de casinha? Um estranhamento tomou conta de muitos pais, que manifestam resistência a esse novo estilo de vida. O principal motivo disso, além da quebra de uma tradição, diz respeito à sexualidade, é claro.

Professores e coordenadores de escolas de educação infantil ainda costumam ouvir reclamações das mães sobre determinadas brincadeiras, relatadas pelos filhos, que escapam aos estereótipos – atualmente um pouco mais fracos, mas ainda em vigor para muita gente. A maioria das reclamações vem de mães e pais de meninos. Não é interessante? Sabemos que preconceitos e estereótipos solidamente enraizados na sociedade demoram a ser transformados e substituídos. É responsabilidade das organizações colaborar nesse processo. Muitas escolas, principalmente de educação infantil, já têm dado uma contribuição valiosa para que eles enfraqueçam – mas ainda há muito o que melhorar.

Eis que, em pleno século XXI, as empresas oferecem produtos em embalagens diferentes para meninas e para meninos! Chocolate rosa para elas, azul para eles, o primeiro com brindes considerados femininos, o último com brindes masculinos. E ainda justificam: esse seria um anseio do seu grupo consumidor. Ora, se o consumidor sempre tivesse razão, o mundo estaria muito mais atrasado. Talvez não tivéssemos carros e aviões, e sim carroças de boi sofisticadas.

Muito se fala a respeito da responsabilidade social. Empresas exploram esse conceito principalmente para transformá-lo em marketing. A decisão de comercializar produtos dirigidos só para meninas e outros só para meninos expressa uma total irresponsabilidade social, não é verdade?

28.5.2013

PARTE VII

Corpo, saúde e sexo

Crianças não têm que beijar na boca

O relacionamento entre os pais e a escola pode passar por períodos bem conturbados. Um deles é quando entra em pauta a educação sexual de crianças com menos de seis anos, já que tanto a família quanto a escola não sabem ao certo como proceder. Recebi duas cartas que ilustram bem essa questão.

Uma delas é de uma professora que pede sugestões para orientar os pais dos alunos da educação infantil a respeito de sexualidade, já que as crianças estão submetidas com muita frequência à televisão, farta em estímulos eróticos. A outra carta é da mãe de uma garota de cinco anos que relata um episódio ocorrido na escola. Ela conta que, ao buscar a filha, foi informada pela coordenadora de que a menina e uma colega de mesma idade haviam trocado beijos na boca e que a professora, quando interveio, reagiu muito mal e não quis saber de pedir desculpas por isso. A mãe reclama do constrangimento provocado e pergunta se esse fato pode prejudicar o desenvolvimento sexual da filha.

Pois bem, ao cotejar as duas posições – que são bem representativas das usuais, por sinal –, é interessante observar que a escola e a família assumem a mesma atitude: responsabilizar o outro lado pelos possíveis problemas, presentes ou futuros, decorrentes da condução que ambas julgam inadequada das questões relativas à sexualidade da criança.

Resumindo: os professores acham que as crianças veem televisão demais por descuido dos pais e que, por isso, manifestam um comportamento erotizado, e os pais acreditam que os professores não têm formação adequada para tratar do assunto com os alunos. Qual é a solução encontrada por eles? Os professores querem orientar os pais e os pais querem que os professores procurem orientação para saber agir na escola. Como esse caminho não leva a lugar nenhum, o mais sensato talvez seja que escola e família possam construir, de fato, uma relação de parceria para colaborar na educação das crianças. Para tanto, seria interessante refletir sobre algumas questões.

De nada adianta a escola lamentar os programas de TV a que as crianças assistem – e as influências que eles exercem sobre elas – ou as revistas que estão ao seu alcance etc. Para dar conta da responsabilidade, ela precisa exercer a sua competência, começando por considerar que os seus alunos são como são e que isso exige uma intervenção educativa. O primeiro passo é a equipe escolar discutir o assunto coletivamente. Só assim os educadores vão poder partilhar uma atitude comum, ajudar uns aos outros em situação mais delicada ou mais complexa, e até mesmo controlar as atitudes do grupo.

Esse controle do grupo pelo grupo é de enorme importância, principalmente porque cada um tem sua própria moral sexual, seus próprios valores, seus princípios, inclusive religiosos. Nada disso deve ser manifestado. As crianças precisam é de educadores tranquilos, que possam conter com naturalidade comportamentos típicos da intimidade, que consigam responder sem constrangimentos às perguntas que surgem e, principalmente, que saibam transformar em linguagem acessível para a criança o que elas apontam na ação. Crianças que trocam beijos na boca precisam apenas ser contidas e, ao mesmo tempo, ouvir as explicações necessárias. Beijo na boca é coisa de namorados. Crianças não namoram.

Os pais, por sua vez, precisam pensar um pouco melhor no comportamento que têm com os filhos. Muitos pais e mães têm o costume, por exemplo, de se despedir dos filhos com um selinho. Esse não é um beijo social, é? Se fosse, não seria dada tanta atenção quando artistas que não são namorados dão bitocas em público. Isso nos permite concluir que, para a nossa sociedade, o selinho ainda é um tipo de beijo que tem caráter erótico. Além disso, fica mais difícil que a criança entenda por que não deve beijar assim a professora e os colegas, por exemplo.

Acima de tudo, é bom relembrar: qualquer manifestação da sexualidade em crianças é normal e não merece reprimenda nem preocupação. Apenas exige uma intervenção educativa.

6.11.2003

Ainda a sexualidade no universo infantil

Como se manifesta a sexualidade? A criança não demora a descobrir o seu corpo e depois perceber a diferença sexual. Essa percepção pode se dar com os pais, com os irmãos ou com os colegas de escola – o que não faz a menor diferença – e provoca enorme curiosidade, manifesta em perguntas diretas ou com sentido oculto, e também pela investigação prática. O passo seguinte é descobrir que o corpo dá prazer.

A maioria dos adultos já teve a oportunidade de observar uma criança desfrutando, com a maior satisfação, a sensação de puro prazer provocada pelas cócegas. Há quem diga que, após os doze anos, as cócegas mudam de nome. Esse prazer da criança tem caráter sexual, que, no entanto, é bem diferente do do adulto.

Os comportamentos que expressam a sexualidade, tais como a masturbação, os jogos eróticos, a exploração do próprio corpo e do corpo do outro, assim como as perguntas, fazem parte dessa etapa essencial na vida da criança. E é importante ressaltar que a exploração tem o significado de pesquisa, não de abuso. Todas as crianças passam por esse período, e cada uma delas tem o seu jeito de vivenciar e expressar tantas sensações, experiências, curiosidades e fantasias. Dito isso, o que podem fazer os pais e os professores quando se defrontam com filhos e alunos às voltas com essas questões?

Em primeiro lugar, devemos reconhecer que a criança tem direito à intimidade. E hoje é bem difícil que a criança menor de seis anos tenha a oportunidade de ficar sozinha por algum tempo, para que possa desfrutar a intimidade de seus pensamentos. Ela está quase sempre acompanhada pelos adultos, tanto em casa quanto na escola. Resta a hora de dormir, certo? Errado. Boa parte dos pais cede aos pedidos

dos filhos para que durmam juntos, ou pelo menos ficam no quarto do filho até que ele pegue no sono.

Com os adultos sempre por perto, fica bem difícil que a criança se encontre consigo mesma e com suas fantasias e, assim, possa se dedicar, entre outras coisas, à busca do prazer. Um passo positivo pode ser o exercício dos pais de permitir e encorajar o filho a aprender a atitude autônoma de brincar sozinho ou a ficar sozinho sem fazer nada. Outro passo importante que os pais podem dar é não se assustar com as questões dos filhos nem com comportamentos ligados à sexualidade. Nada disso exige, caros pais, atendimento psicológico.

E na escola? Como devem reagir os professores? Eles devem, acima de tudo, entender a diferença entre sexualidade e sexo. Devem também abandonar os preconceitos e estereótipos, muitos dos quais são ancorados em conceitos da psicologia usados fora de contexto e de modo leigo, sem profissionalismo. Educador entende de educação, e é isso o que ele deve praticar, com responsabilidade ética.

E, desde pequena, a criança deve aprender que há uma diferença entre intimidade e convívio social. Deve aprender também a se respeitar, a se fazer respeitar e respeitar o outro. Para isso, precisa da intervenção dos educadores. Basta conter o comportamento, sem qualificá-lo. Os professores podem fazer isso com naturalidade, como devem fazer com qualquer comportamento que não se adapte ao espaço escolar. O recurso de dizer ao aluno que o amiguinho não gosta do que ele fez não serve, é totalmente equivocado.

Além disso, na escola a criança deve ter a oportunidade de expressar as suas questões, inquietações e elaborações sobre o tema. O que a criança pensa sobre as questões que formula? Quais podem ser os sentidos de suas atitudes? São as interrogações que devem servir de norte aos professores, não as respostas.

28.4.2005

Outras opções de alimentação

Contradições e incoerências são características humanas e, na vida contemporânea, vêm ficando cada vez mais intensas sob vários aspectos. Assim tem sido, por exemplo, em relação à alimentação. Basta dar uma folheada em qualquer publicação dirigida ao público feminino. Invariavelmente, dois assuntos são sempre tema de reportagens na mesma edição: dietas e receitas. As dietas visam à perda de peso, e as receitas, ao prazer à mesa. A questão é que as dietas recomendam menor ingestão de alimentos ou de calorias, e as receitas quase sempre têm ingredientes que as dietas restringem. Em resumo: comer, comer, comer, emagrecer, emagrecer, emagrecer. Como pode?

Os mais vulneráveis a essas contradições são as crianças e os jovens em fase de educação, que aprendem muito mais com a distância entre o discurso e o comportamento dos adultos que com as lições a eles dirigidas.

Nunca se soube tanto a respeito de nutrição. As informações são cada vez mais precisas, já que estudos e pesquisas têm sido realizados com muita frequência. Só que há um problema: a velocidade da construção do conhecimento nessa área é tão alta que alguns dados nos deixam em situação desconfortável, pois apontam para lados opostos. Isso significa que temos de fazer as nossas escolhas diariamente, com as informações que nos chegam, e apesar delas.

E quais escolhas temos feito quando se trata de introduzir nossos filhos nesse mundo rico, saboroso e cheio de cores e formas da alimentação? Em tese, sabemos que precisamos ensiná-los a comer bem, ou seja, a se alimentar de modo saudável. Na prática, o nosso estilo de vida nos leva a optar pelo mais simples e por aquilo que, à primeira vista, dá mais prazer a eles. Não vamos nos esquecer de que a ideologia atual nos impinge a garantir a felicidade aos filhos. Isso significa pôr à disposição deles todo tipo de guloseima.

Não é preciso esforço nenhum para ensinar uma criança a experimentar e a gostar de doces. Já para ensiná-la a comer legumes e verduras é preciso dedicação, paciência e perseverança. Aliás, assim é com todo ato educativo. Lembram-se disso? Como a nossa disponibilidade tem sido escassa, as crianças e os jovens acabam ficando sem escolha e sucumbem aos apelos do mercado das guloseimas. Resultado: muitos deles têm apresentado sobrepeso e distúrbios alimentares. Isso requer uma mudança de atitude.

Há escolas que já perceberam a necessidade de intervir nessa questão. As cantinas restringem, quando não excluem totalmente, a chamada *junk food*. Desse modo, em vez de receber uma oferta de um pacote de batata frita, por exemplo, o aluno recebe uma de frutas. E como respondem os pais? Continuam recheando a lancheira dos filhos com porcarias deliciosas. Uma professora de educação infantil contou-me que, em um grupo de quase quinze alunos, de idade entre cinco e seis anos, é raro encontrar frutas e lanches saudáveis na merenda enviada pelos pais. O que eles levam para a escola? Salgadinhos, bolos, doces, bebidas lácteas, iogurtes, achocolatados.

Desse jeito, a criançada tem tudo para chegar à adolescência, que é um momento de mudanças físicas e fisiológicas, com dificuldade para cuidar da própria alimentação. É importante ressaltar que não se trata de retirar as gostosuras do cardápio, mas de oferecer outras opções. Quando pequenos, os filhos podem aprender a ter opções que farão parte do seu leque de escolhas na adolescência e na vida adulta. E educar com liberdade é isto: oferecer diferentes possibilidades e ensinar que cada decisão tem sua consequência. Será que temos ensinado aos nossos filhos, na questão da alimentação, que eles têm escolhas, ou temos deixado que fiquem expostos à determinação do mercado?

26.5.2005

Sabor de infância

Recentemente, li um artigo do chef Massimo Bottura – que trabalha e reside em Módena, na Itália – no qual ele afirma que, para criar seus pratos, recorre ao banco das memórias dos sabores da infância. Segundo ele, as novidades da comida de vanguarda ainda não são para todos, e a melhor atitude para permitir a sua apreciação é despertar a curiosidade das pessoas desde a infância. E, diz ele, nisso os jardins de infância de Módena são um exemplo: oferecem aos alunos um menu variado de comida italiana e internacional.

Essa região da Itália, chamada Emilia-Romagna, é rica não só em gastronomia, mas também em educação. É em Reggio Emilia, cidade vizinha a Modena, que está o que é tido como o melhor projeto de educação infantil do mundo. Quando estive lá, me deliciei com a preparação do almoço. As crianças é que põem a mesa, tuteladas pelos adultos, é claro. E sabem prepará-la até para as situações mais formais. Na hora do almoço, divertem-se, compartilham, experimentam quase tudo sem fazer pirraça. É que alimentação, como disse o chef italiano, "não é matemática, é emoção".

Já acompanhei a hora do lanche na educação infantil em várias escolas de São Paulo. As lancheiras estão sempre recheadas de produtos industrializados. É mínima a quantidade de crianças que leva um lanche carinhosamente preparado em casa. E não me refiro aqui à questão nutricional e sim ao aconchego que a alimentação pode significar para uma criança. É a mãe quem dá o melhor alimento ao filho quando ele nasce: o leite materno. E, quando o bebê é alimentado, não é só a fome do estômago que é saciada: a de carinho também. É assim que nasce a sensação de prazer, não só a satisfação da necessidade alimentar.

Esse poderia ser o modelo adotado enquanto a criança cresce, mas parece que, no mundo atual, a alimentação se transformou em mero consumo, ou então em questão nutricional. E dá-lhe comida balanceada ou industrializada!

Não vale dizer que hoje os pais não têm tempo para preparar o lanche do filho, já que essa tarefa demanda um tempo mínimo, mas muita dedicação. E é nessas situações simples que os pais podem expressar a sua afetividade. Preparar um lanche inusitado, um almoço, acompanhado pelos filhos, são situações que vão construir a memória de sabores e afetos da criança. A mesma memória que o chef italiano usa para criar os seus pratos.

Muitos pais que preferem ir com os filhos a restaurantes no fim de semana fazem isso por considerar trabalhoso fazer comida em casa. E não é trabalhoso ir ao restaurante? Certamente é. Envolver os filhos nas delícias da transformação de alimentos em comida gostosa para ser compartilhada é simples e fácil: basta ter coragem e disponibilidade. O resultado é visível: as crianças ficam bem mais tranquilas e felizes. Gastronomia e educação têm muito em comum: ambas exigem paciência e persistência, dedicação e disponibilidade, rigor, atenção aos detalhes e respeito à tradição, trazendo-a ao tempo presente.

20.3.2008

Educação contra acidentes

Do início do ano até agora, colecionei as principais estatísticas publicadas nos jornais sobre acidentes com crianças. A maior causa de morte de crianças até catorze anos são os acidentes – deles, 40% são de trânsito. As quedas correspondem a mais da metade das ocorrências com crianças entre zero e nove anos nas unidades de emergência do Sistema Único de Saúde (SUS), e 47% delas tiveram como causa o desequilíbrio e os tropeções. Das crianças que tiveram queimaduras, mais de 90% sofreram o acidente na própria casa. Ao analisar esses números, podemos tirar várias conclusões, mas ressalto duas delas: há muitas crianças sofrendo acidentes em casa, e com pouca consciência a respeito do próprio corpo.

Vamos observar as crianças no espaço público. Não dá a impressão de que os calçados que elas usam são inapropriados e não colaboram para o desenvolvimento harmônico do corpo? Há crianças pequenas com tênis tão grandes que os pés ficam desproporcionais. Isso sem falar nos saltos das meninas. Agora, sapatos da moda nos pés de garotas que mal sabem caminhar contribuem bastante para que elas tropecem e caiam com uma frequência maior do que deveriam. Não tenho dúvida de que, se as crianças usassem calçados mais condizentes com a sua idade, as quedas e os tropeções não seriam tão frequentes.

Além dos calçados, temos as mochilas e malas que elas arrastam pelas escolas, onde, na maioria das vezes, há escadas. Já viu uma criança descendo escadas com essas malas? A mala provoca desequilíbrio, e eu mesma já vi quedas provocadas por esse motivo.

O que mais me chama a atenção é que os adultos permitam que as crianças corram em locais inadequados, como os shoppings, a saída da escola, o supermercado etc. Para correr, é preciso atenção aos obstáculos e às outras pessoas; é preciso saber cair e se proteger; é preciso reconhecer os locais mais arriscados. E quem lhes ensina tudo isso? Essa é uma pergunta que me faço quando vejo uma criança de quatro ou cinco anos levar um tombo, e também quando isso acontece com uma criança de nove ou dez anos. Os maiores deveriam cair menos e de outra maneira, não é? Talvez as aulas de educação física pudessem ajudar com isso.

Quanto aos acidentes domésticos, o aparato de segurança à disposição hoje – protetores de tomadas, travas de fogão, travas que impedem a abertura da porta do carro – podem ajudar a tornar o ambiente mais seguro, mas não substituem o papel educativo de ensinar aos filhos os cuidados necessários para evitar os riscos que todo ambiente apresenta. Nós, adultos, somos os maiores responsáveis pela diminuição dos acidentes com as crianças. Precisamos, portanto, tomar atitudes práticas que levem a isso. E elas devem ser, quase em sua totalidade, centradas na educação.

12.2.2009

Refeição em família

Os meios de comunicação, devidamente apoiados por informações científicas, dizem que a alimentação é uma questão de saúde. Programas de TV ensinam a comer bem, para manter o corpo magro e saudável, livros oferecem cardápios consumidos por populações com alto índice de longevidade, alimentos ganham adjetivos como "funcionais". Temos dietas para cardíacos, para hipertensos, para gestantes, para idosos.

A despeito de tanta informação, cada vez menos a família se reúne em torno da mesa para compartilhar a refeição e se encontrar, trocar ideias, saber uns dos outros. Será falta de tempo? Talvez as pessoas tenham escolhido outras prioridades: em pesquisa recente, 69% dos entrevistados no Brasil disseram assistir à TV durante as refeições.

Uma criança de nove anos disse uma coisa interessante: para ela, a hora do recreio deveria ser maior, porque tomar o lanche demora e, com isso, há menos tempo para brincar. Aí está: lanchar com os colegas não tem, nem para essa nem para muitas outras crianças, o caráter de prazer; parece ter uma ligação mais estreita com as obrigações escolares.

Tenho observado, aliás, a dificuldade que muitas crianças têm em falar com adultos e pares olhando para o interlocutor. Elas falam e olham para o lado, para baixo e até além da pessoa com quem conversam, mas os olhos nos olhos parecem ser algo desagradável, difícil para elas. Talvez seja porque estão acostumadas a olhar para a TV ou para o jogo enquanto conversam com os pais.

O horário das refeições é o melhor pretexto para reunir a família, pois acontece com regularidade e de modo informal. E, nessa hora, os pais podem expressar e atualizar os afetos pelos filhos de modo mais natural, além de construir o ambiente acolhedor que permite aos mais novos perceber com clareza que aquele é o seu grupo de referência e de pertencimento.

Em uma época em que os rituais estão em desuso, as refeições em família são um excelente momento para transmitir tradições familiares aos filhos: quais alimentos aquela família prefere, qual é o modo de preparação, como ela se comporta à mesa, quais assuntos costuma abordar durante a refeição, o tom de voz usado, como os membros se tratam. Tudo isso é apreendido pelos mais novos, que podem encontrar o seu modelo de identificação familiar e ter contato com o conhecimento construído pelas gerações anteriores.

O horário das refeições também pode servir para que as contradições, as diferenças e os conflitos entre pais e filhos surjam de modo polido, para que os filhos saibam mais sobre a rotina profissional dos pais e para que estes ouçam sobre a vida escolar e social dos filhos sem fazer cobranças. Por que estamos nos tornando comedores solitários? Por que aceitamos a ideia de que o alimento é mais importante em seu aspecto nutricional do que no social? Por que a TV e o computador são as nossas companhias preferidas no horário das refeições? Pelo jeito, temos muito a refletir sobre esse assunto.

16.4.2009

Novas diretrizes

Toda mulher, assim que engravida, passa a receber noções de puericultura. Tanto as ciências da saúde como a sabedoria popular contribuem para rechear esse conjunto de conhecimentos e técnicas que têm por objetivo cuidar das crianças pequenas e que abrangem desde a atenção com a saúde física até o desenvolvimento psíquico. Conversei com mães de bebês de menos de um ano para verificar as orientações atuais. Fiquei surpresa com algumas delas, pois são antigas, mas retornam agora com aparência sofisticada e com o aval do conhecimento técnico-científico.

Circula, por exemplo, um método para acalmar bebês conhecido como o "método dos cinco S". Trata-se de um conjunto de dicas que ajudam os pais a aquietar os filhos quando eles choram e ficam inquietos – o nome faz referência a cinco palavras da língua inglesa. Envolver o bebê firmemente em panos, carregá-lo na posição lateral, sussurrar como quem pede silêncio (shhhh), próximo aos ouvidos da criança (algumas mães me disseram que também vale o ruído do secador de cabelos, vejam só!) e embalar são as orientações do método.

Outra dica que faz o maior sucesso entre as jovens mães é a de banhar a criança, principalmente quando ela está agitada, em um balde. É isso mesmo: a conhecida banheira de bebês está sendo trocada pelo velho balde que todo mundo usa em casa, principalmente para a limpeza doméstica. Por que a troca? Porque desse modo o bebê fica com o corpo imerso na água, como se estivesse em um ofurô, e isso é relaxante.

O mais interessante dessas e de outras dicas que os jovens pais têm seguido é a mudança na maneira de cuidar das crianças. À primeira vista, pode parecer que os pais buscam apenas um bebê mais calmo, para que eles próprios fiquem mais tranquilos. Entretanto, mesmo que seja essa a maior intenção, muda o estilo de viver que é passado ao bebê.

Até pouco tempo atrás, a orientação geral era deixar o bebê solto, com o corpo livre, para que se movimentasse à vontade. Os pais deviam suportar o choro insistente, pois esse era o modo de o bebê se comunicar com o mundo e o ônus inicial de ter um filho. Agora, pelo jeito, o que se pretende é transmitir a noção de que o corpo pode e deve ser controlado. Hoje temos muitas crianças que não têm a menor noção de seu corpo: correm desajeitadamente e nem sequer sabem evitar as quedas, os obstáculos ou mesmo as pessoas que encontram pelo caminho. Quando carregam mochilas ou malas escolares, não conseguem pensar que precisam ampliar o espaço físico que usam. Do mesmo modo, muitas são irrequietas e agitadas durante a maior parte do tempo e não conseguem se acalmar.

Quem sabe essas novas – e ao mesmo tempo antigas – orientações contribuam para que as crianças cresçam mais tranquilas, mais conscientes de seu próprio corpo e, desse modo, aprendam mais cedo a ter uma melhor percepção de si e do ambiente à sua volta.

4.2.2010

Hora de dormir

Quando uma mulher engravida, por nove meses ela e a família se preparam para a chegada de um novo integrante – e isso acontece independentemente de ser ou não o primeiro filho. Quando o bebê chega em casa, as mudanças na dinâmica e na estrutura do agora novo grupo familiar são muitas. O cotidiano doméstico vira de cabeça para baixo, principalmente nos primeiros meses de vida. E não há como se preparar para isso. É no enfrentamento de cada situação e de cada dificuldade que os pais – a mãe em particular – vão construir um vínculo com o filho. Esse vínculo é o que permitirá a busca de soluções para as situações que se apresentam.

Nesse período inicial, que pode ser de meses ou se alongar em anos, o sono dos pais sofre profundas alterações. Bebês acordam por conta própria, a qualquer hora. E o recurso que eles têm para pedir aquilo de que precisam é o choro. E os pais percebem que lá se vão as noites de sono sem interrupção... Alguns casais, nessa situação, priorizam seu próprio descanso e buscam as mais variadas soluções para fazer o filho dormir por mais tempo. O grande problema é que o bebê não é considerado, e que os novos pais ainda não se deram conta de que um filho novo em casa muda radicalmente a sua vida.

Levar o bebê para dormir com os pais, na cama deles, é uma prática comum, pois aquieta a criança e permite que os pais não tenham de se levantar várias vezes durante a noite. Entretanto, logo se constata que essa não é uma boa solução, pois tira a autonomia de sono da criança, que passa a depender desse lugar e dos pais para dormir. Essa saída também rouba a vida íntima do casal. E mesmo quando a mãe não tem um companheiro, levar o bebê para dormir em sua cama significa a construção de um lugar simbólico para a criança nessa relação que poderá resultar em uma grande confusão de identidade.

Outros pais, aconselhados por amigos ou por profissionais das mais diversas áreas, acreditam que a melhor medida a tomar seja deixar o bebê chorar até ele se cansar e adormecer. Abandonar a criança dessa maneira também pode não ser uma boa. É claro que chorar não faz mal ao bebê, mas se faz necessária a construção de um ritual com o bebê, anterior a essa atitude. Levar a criança até o quarto dela, prepará-la para o recolhimento com a troca de roupas, contando histórias, entoando cantigas de ninar com tom de voz tranquilo são algumas práticas, entre outras, que ajudam a criança a sentir a presença amorosa da mãe e a se acalmar durante a sua ausência.

Mesmo assim, a criança pode chorar quando a mãe se retira. Nesses casos, a voz da mãe pode realizar "milagres". Em vez de ignorar o choro ou de correr até o bebê, ela pode falar com ele com doçura, da porta do quarto ou próxima do berço, e ir se afastando progressivamente até perceber que o filho está se aquietando. Esse tipo de atitude pode ser uma boa solução, mas mesmo assim os pais precisam ter consciência de que períodos de sono conturbado dos filhos irão se repetir ciclicamente durante os primeiros cinco, seis anos de vida.

Fazer tudo isso dá trabalho? Dá, e como dá! Mas quem foi que disse que ter filhos é só curtição? Ter filhos resulta em uma das tarefas das mais importantes na vida das pessoas, mas das mais árduas também.

24.8.2010

A proteção que atrapalha

Muitas crianças com menos de seis anos vivem, tanto em casa como na escola, em ambientes tão assépticos que mais se assemelham a hospitais do que a espaços habitados por gente sadia e cheia de vida. Pesquisadores já relacionaram o aumento de alergias entre crianças das classes média e alta com a falta de exposição delas aos germes do ambiente natural. É a chamada "alergia do isolamento".

Hoje, as escolas que querem seduzir os pais de crianças que estão na primeira infância se esmeram em apresentar um ambiente que consideram chamativo: limpo, claro, com areia tratada (isso quando há areia), sem muitos obstáculos, tampouco terra e água. O chão costuma ser macio e fofo – e, para ser assim, precisa ser artificial. Faz parte do pacote a abundância de brinquedos de parquinho feitos de plástico e muito coloridos.

Quando termina o período escolar, é de perguntar o que foi que a criança fez durante todo o tempo em que esteve na escola – já que muitas delas são entregues aos pais devidamente "higienizadas". Até mesmo o discurso escolar acompanha esse clima: as crianças não escovam os dentes nem lavam as mãos: "fazem higiene". Que coisa mais louca! Em casa, muitos pais chegaram a adotar o costume oriental de deixar os sapatos à porta e só usar dentro de casa calçados destinados exclusivamente para esse fim.

Apetrechos dos mais variados tipos para esterilizar tudo o que o bebê usa são comprados desde o enxoval. O problema é que isso se estende por mais de um ano, quando a criança já engatinha, anda e faz a exploração dos espaços. E costuma ser a melhor justificativa para tantos cuidados: afinal, nessa fase a criança adora conhecer as coisas pela boca, não é verdade? Como permitir que ela leve para a boca as sujeiras do ambiente?

Quando foi que esquecemos que criança combina com terra, água, vento e fogo? O contato, o conhecimento e a exploração desses quatro elementos é muito importante para que ela crie um vínculo com a natureza, explore-a e aprenda, com essa relação, um pouco mais sobre si mesma e sobre o seu corpo. Mexer na areia e lambuzar-se, brincar com a água e a terra, fazer lama e sentir sua consistência, experimentar seu sabor – por que não? – tomar banho de mangueira, sujar-se toda aos olhos dos adultos: tudo isso é possível ainda para a criança, mesmo no estilo de vida urbano que adotamos.

Porém, parece que escolhemos consumir determinados tipos de cuidado com a saúde que não combinam com nada disso, não é verdade? E o que fazemos, então, com o ambiente em que a criança vive? Retiramos todo tipo de perigo: arredondamos os cantos, suprimimos as quinas, amaciamos o chão, retiramos obstáculos como escadas e aclives ou declives pronunciados e outras coisas mais estranhas ainda. Tudo para evitar que a criança corra algum risco. Até os brinquedos, agora, precisam ser adaptados à idade dela!

Mas é bom saber que o tiro pode sair pela culatra. Começar a viver em ambientes tão diferentes da realidade apenas tolhe a criança, limita suas possibilidades de aprender sobre o seu corpo e de explorar o meio que habita. Isso também desestimula a curiosidade e não prepara para reconhecer os riscos e saber quais podem ser enfrentados e quais devem ser evitados. Não é à toa que temos tantas crianças que se machucam em situações que elas já deveriam controlar. É bem significativo o número de acidentes com crianças grandes que caem, quebram ossos, levam pontos etc. Pouco ou quase nada sabem a respeito do relacionamento com o ambiente em que vivem.

Depois de viver por tanto tempo enclausuradas em um mundo almofadado e asséptico, esse resultado não é nada espantoso.

19.10.2010

Criança doente quer...

Pais de crianças sempre estão às voltas com doenças dos filhos. Ora é uma gripe, uma infecção de garganta, febre, tosse, dificuldades respiratórias, dor de barriga, diarreia etc. Ah! E sempre é preciso contar também com pequenos ferimentos, fruto de quedas, tropeços e até de pequenas brigas. Em toda casa em que há crianças, há sempre uma pequena farmácia: xaropes, antitérmicos, termômetro, inalador, umidificador de ar, gaze, esparadrapo, entre outros medicamentos e apetrechos, são presença quase obrigatórias nessas casas.

É comum criança pequena perder a fome quando adoece. É que seu organismo precisa de energia para lutar contra a doença e não pode desperdiçá-la com o trabalho digestivo, não é verdade? Porém, uma gostosura feita com pouco açúcar e muito afeto sempre dá uma força extra.

A criança, quando está doente, precisa de muita, muita atenção e carinho de seus pais ou parentes queridos. Com a doença, por mais simples que seja, chegam sensações não muito agradáveis. A insegurança, o medo, a sensação de desamparo e a inquietação são algumas delas. Se o adulto sente tudo isso nessa hora, por que haveria de ser diferente com os mais novos?

Além da visita ao médico de confiança e dos cuidados e remédios que ele prescreve, tudo o que o filho precisa nessa hora é da serenidade dos pais, de sua firmeza ao dar os remédios receitados e de muita, muita paciência deles. Colo: é disso que a criança precisa e quer. Colo conforta, alegra, energiza a criança debilitada. E quando digo colo não me refiro apenas ao ato de pegar nos braços.

Ler uma história, relembrar um episódio engraçado, passar a mão em sua cabeça e até encorajá-la nas piores horas são excelentes remédios – ou melhor, colos – que os pais podem dar aos filhos como uma ajuda importante em busca da recuperação da criança. A base do excelente trabalho do grupo Doutores da Alegria é exatamente essa.

E quando os pais trabalham e não podem se ausentar de seus compromissos profissionais? Bem, se a realidade é essa, sempre é possível encontrar maneiras de se fazer presente na vida do filho mesmo na ausência. Pequenos bilhetes carinhosos deixados com ele, telefonemas rápidos só para desejar melhoras, as refeições preferidas dele deixadas prontas são alguns exemplos. É bom lembrar que a casa, para a criança, representa seus pais, mesmo quando eles lá não estão. Por isso, só o fato de estar em casa já é um conforto.

Hoje, não é em casa que muitas crianças doentes ficam. Elas são levadas para a escola por seus pais. E pasmem, caros leitores: algumas mães levam com o filho doente a receita médica e os remédios para que os professores deem a ele. E mais: algumas delas até dizem que precisam que a escola faça isso porque elas próprias não conseguem. Lugar de criança doente não é na escola! Para a segurança física e emocional dela, convém lembrar.

Quem tem filhos deve saber que uma hora ou outra uma doença sem gravidade vai aparecer. E que isso significa noites mal dormidas, cansaço a mais, dedicação e cuidados especiais e mudança na rotina familiar. Não há como ser diferente. Essas doenças leves logo passam. Pode ficar, porém, a sensação de abandono que a criança doente deixada na escola por seus pais sente.

1º.3.2011

O lado B do "mamaço"

Acompanhei com bastante interesse as notícias, repercussões e opiniões de todos os lados em torno de um evento que foi chamado de "mamaço". Se alguém não sabe, explico: uma mulher foi advertida por amamentar em um local público, um centro cultural em São Paulo, e esse fato foi o início de um movimento de protesto de muitas mulheres que, reunidas no mesmo local, no dia 12 de maio, deram os seios aos filhos. Esse fato e as reações provocadas por ele já foram analisados sob diversos pontos de vista. Que tal, caros leitores, analisá-los agora colocando no centro das reflexões os bebês? Vamos lá.

Ser alimentado pela mãe, no primeiro ano de vida, é um momento dos mais preciosos na vida de uma criança. É um fato que podemos chamar de sagrado para ela. Mais do que ser alimentada, ela é acolhida, reconhecida, acarinhada. Ser amamentada é ser amada. As mãos da mãe no cabelo do bebê, o olho no olho dos dois e as sensações que decorrem desses atos ficarão marcados para sempre na vida dessa criança, de algum modo.

Constatamos, portanto, que não é apenas o corpo do bebê que é alimentado e que se desenvolve na hora da mamada. O desenvolvimento emocional ocorre da mesma maneira, em consequência desse ato que é emblema e ponto de partida de um vínculo vital. Ninguém ignora os inúmeros benefícios para a saúde física do bebê que a amamentação provoca.

Entretanto, em tempos da supremacia do conhecimento médico e dos cuidados extremos com a saúde, corremos o risco de limitar a importância da amamentação à questão nutricional, e isso pode gerar muitas confusões. Uma delas é a de que a criança não precisa de tranquilidade e serenidade nessa hora. Pois ela precisa. Aliás, ela precisa de tranquilidade na maior parte do tempo nesse período curto de sua vida.

Acontece que o nosso estilo de vida suprimiu isso do dia a dia de muitos bebês. Com dias de vida, eles já são levados aos shoppings, supermercados e passeios dos mais variados tipos. Aonde a mãe quer ou precisa ir, o bebê a acompanha. O que não consideramos é que a iluminação, o som, os inúmeros estímulos visuais e a movimentação intensa que costuma existir nesses lugares interfere na vida do bebê.

Para quem saiu há pouco de um lugar quente, escuro e com sons típicos, é impactante ser submetido a tanta luz, tanto barulho e tantos movimentos rápidos e bruscos. A amamentação é, sim, um ato natural, e as mulheres têm o direito de amamentar seus bebês onde estiverem, caso seja preciso. Ao mesmo tempo, os bebês têm o direito de privacidade nessa hora. Como conciliar as duas coisas?

Essa é uma das novidades complexas do mundo contemporâneo: como garantir os direitos das crianças e os de seus pais simultaneamente? O bebê precisa de segurança, tranquilidade e paz para seu melhor desenvolvimento; a mãe precisa levar sua vida sem sacrificar quase nada dela e honrar seus compromissos, sejam eles externos ou internos.

Até agora, parece que os direitos dos mais velhos têm pesado mais na balança e isso significa que os direitos dos mais novos têm sido transformados. Ainda não encontramos uma boa solução para essa difícil equação. No entanto, precisamos, não precisamos?

31.5.2011

Brincando de terapeuta

A criançada está com a saúde mental comprometida, apresentando muitos sintomas, doente. Essa é a conclusão a que chegamos quando tomamos conhecimento da quantidade de crianças e jovens que têm indicação para fazer ou já fazem ludoterapia, psicanálise para crianças e adolescentes e outros tratamentos derivados.

Uma criança de três anos, por exemplo, que apresentou um comportamento considerado diferente ou de difícil trato, o que colocou pais e professores em apuros, já mereceu a indicação para um atendimento psicanalítico. Outra, um garoto de dez anos, já tem em seu currículo de vida a passagem por três – três! – tratamentos psicanalíticos. O motivo? É uma criança que passou a apresentar dificuldades escolares. E a menina de oito anos que apresentou o que seus pais chamaram de "erotismo precoce"? Já está em atendimento há mais de um ano.

Será que é para tanto? Recentemente, conversei com uma psicanalista a respeito dessa epidemia de indicação e de tratamentos psicanalíticos (ou chamados de) para crianças. Ela me deu ideias bem interessantes a respeito.

Primeiramente, disse que muitos tratamentos chamados psicanalíticos não o são de fato, porque nem sempre estão fundamentados no aparato teórico psicanalítico, por sinal bem complexo. Ainda mais hoje, com tantas mudanças já ocorridas no mundo após a publicação dos principais textos que inauguraram a psicanálise.

Vamos reconhecer esse fato como verdadeiro. Agora, há até curso de psicanálise pela internet e qualquer pessoa pode se denominar "psicanalista de criança". Isso na melhor das hipóteses, porque vocês, leitores, já devem ter visto pela cidade placas em consultórios indicando "psicanálise infantil". O que será isso?!

A melhor consideração que ela fez, em minha opinião, foi a de que hoje, mais do que nunca, os adultos responsáveis pela formação dos mais novos – em geral os pais – usam as crianças para satisfazer os seus próprios desejos. Ou seja: os adultos projetam sobre as crianças que estão sob sua responsabilidade sua busca infantil de prazer imediato. Um exemplo? Basta observar com atenção pais e filhos nos shoppings das cidades se dedicando à compra de brinquedos.

Quem sente mais prazer com a compra desses objetos? As crianças – que, na sua imaturidade característica, se submetem sem saber aos apelos do consumismo – ou os pais, que dedicam uma parte polpuda do salário para essas aquisições? Vocês terão surpresas interessantes, caros leitores, se observarem a expressão facial deles nesses momentos.

Em resumo: quem deveria, de fato, marcar presença semanal nos consultórios de psicanálise são os adultos. A maioria das crianças que frequentam duas, três ou mais vezes semanais o consultório está lá indevidamente. Algumas delas precisam desse tratamento? Certamente. Muitas não terão nenhum benefício com isso? De fato, não sabemos.

Mas sabemos que um tratamento psicanalítico não deveria ser banalizado dessa maneira. E sabemos também que muitas das crianças que são tratadas pela psicanálise – ou terapias ditas psicanalíticas – apenas pagam o preço de nossos desvios, de nossa infantilidade, de nossa imaturidade.

Ora, deveríamos, então, honrar as nossas próprias contas.

27.9.2011

Que pressa é essa?

Tenho recebido mensagens de mães e de pais com dúvidas sobre qual é a melhor época para começar a tirar as fraldas dos filhos e como dar o primeiro passo nessa direção. Vamos conversar sobre o assunto, já que esta parece ser uma questão aflitiva para quem tem filho pequeno.

Uma mãe me escreveu dizendo que ela gostaria de esperar a filha dar sinais de que está pronta, mas a escola a chamou para informar que eles já vão começar a tirar a fralda e a instruíram sobre o que ela deve fazer em casa. Uma leitora, cujo primeiro filho tem agora dois anos, conta que não aguenta mais ouvir tanta gente perguntar quando ela vai tirar a fralda do garoto. Por outro lado, uma avó confidencia que acha os métodos atuais para ensinar a criança a ir ao banheiro inadequados. São boas as questões, não? Vamos a elas.

O que eu li, nas linhas e nas entrelinhas das mensagens desses pais, é que eles se sentem pressionados. Fiz até uma comparação entre eles e quem tem filhos em época de entrar em faculdade. Parece, caros leitores, que são os pais que estão em prova nesse momento. Vamos manter a calma porque, nos dois casos, trata-se da vida dos filhos e de situações que eles devem resolver – com a nossa ajuda, claro!

Não há tempo certo nem para começar nem para terminar esse processo; não há método mais ou menos adequado; não há receita. E sabe por quê? Porque não se trata apenas de controlar alguns músculos do corpo para conter o xixi ou o cocô; trata-se também de desenvolvimento pessoal, disponibilidade para o crescimento, tipo de relacionamento com a mãe e muito mais.

A criança costuma dar sinais claros de que quer aprender a usar o banheiro. Os pais não precisam se preocupar tanto. O que não podemos é antecipar o processo. Recentemente eu assisti a uma reportagem em que pais colocavam o filho de meses para fazer xixi fora das fraldas. Será que essa criança irá debutar – me perdoe usar esse conceito antigo – aos cinco anos? Que pressa é essa? Vamos respeitar o desenvolvimento das nossas crianças!

E quando a criança costuma dar esses sinais? Quando já controla melhor os músculos de seu corpo, o que podemos observar, por exemplo, quando ela consegue correr ou subir alguns degraus de escada. Além disso, quando ela se interessa pelo uso do banheiro. Talvez esse seja o melhor indicativo para iniciar o processo com a criança. Quando ela pergunta do uso do banheiro, pede para ir, quer ficar por lá mais tempo, por exemplo. Quanto mais natural for o processo, melhor para a criança.

Os pais não devem atrapalhar. Para isso, precisam munir-se de calma e paciência. A criança nem sempre vai acertar, e, mesmo depois de os pais acharem que ela já aprendeu, ela vai querer usar o banheiro quando tiver vontade, não quando os pais quiserem. E mais: ganhar prêmios por fazer a coisa que os pais julgam certa confunde a criança.

Esse é um momento importante, quando a criança conquista mais independência em relação ao seu corpo e adere de modo ativo ao estilo de vida adulto e de sua família. Quando ela se nega a largar a fralda, embora nada em seu organismo a atrapalhe, é interessante refletir sobre quais motivos ela tem para recusar o estilo de vida que ela observa em casa e na escola.

11.6.2013

Brincando de médico

Alguns comportamentos de crianças pequenas – de até seis anos, mais ou menos – têm preocupado muito seus pais e professores. É um tal de a professora e/ou coordenadora da escola chamar os pais para conversar – reclamar, melhor dizendo –, sugerir um tratamento ou encaminhar a um especialista que não tem fim.

O que a escola quer é pedir alguma providência dos pais para que o comportamento não persista no espaço escolar, mas o que consegue mesmo é deixá-los em estado de atenção e de tensão. É quase um vale-tudo nessa área: vale criança irrequieta, criança que faz birra, criança imatura – céus, o que é isso? –, criança que briga, criança passiva, criança que ainda não fala, que troca letras, que não para de falar, criança que berra, que briga, que morde etc. e tal.

Todos esses comportamentos são típicos dessa idade e, na maioria dos casos, apenas exigem atitudes educativas diversas, nada mais. Mas, em tempos de medicalização da vida e da educação, acreditamos que eles exigem atenção profissional especializada e ficamos tentados a diagnosticar e a usar com rigor a cartilha do que é e do que não é normal.

Quero refletir sobre um desses comportamentos ou brincadeiras das crianças – que ocorrem tanto na escola quanto em casa – que eleva a preocupação dos pais a mil, com direito a luz vermelha piscante e sirene. São comportamentos ou brincadeiras que, de algum modo, remetem à sexualidade.

Há pais e escolas que perdem o bom senso quando testemunham brincadeira de médico, por exemplo, ou flagram crianças abraçando e/ou beijando, inclusive na boca, outras crianças – essa situação fica pior quando elas são do mesmo sexo – e mostrando ou querendo ver os genitais dos colegas.

É que, em tempos de *O desaparecimento da infância* – título de um livro de Neil Postman –, olhamos para as crianças e as vemos à nossa imagem e semelhança, ou seja, entendemos que o sentido do que elas fazem é o mesmo sentido que o dos adultos, que elas ainda não são. Não. Crianças dessa idade brincam assim e agem desse modo porque estão descobrindo o corpo e suas sensações – de prazer, inclusive –, porque são curiosas e já viram os adultos fazerem algo semelhante.

Precisamos reconhecer: além de essa fase ocorrer naturalmente na vida das crianças, com diferenças porque elas não são iguais, os mais novos vivem num tempo em que o erotismo os rodeia intensamente. Desse modo, beijar na boca, inclusive colegas de mesmo sexo, simular o ato sexual, que eles entendem à maneira deles, e tirar a roupa para os colegas ou pedir que eles façam isso, em geral são comportamentos que eles já tiveram a oportunidade de ver, mesmo de relance, e que lhes interessou.

Só que não da mesma maneira que isso interessa aos adultos. Todas essas brincadeiras e comportamentos das crianças não devem alarmar os pais, não precisam ser motivo para preocupações. Basta fazer a contenção necessária, quando for o caso, sem repreensão, recriminação ou discurso moral. E quando a escola chama os pais para falar sobre isso a respeito do filho deles, é bom perguntar quais atitudes educativas se praticam lá. Se ela não tiver um sólido projeto a respeito, aí, sim, os pais terão motivo para se preocupar.

Com a escola, não com o filho.

1º.4.2014

Sem remédio

O uso da ritalina – remédio indicado para o tratamento do transtorno do déficit de atenção com hiperatividade (TDAH) – tem aumentado no Brasil, principalmente entre crianças e adolescentes. Estudos apontam que, nos últimos dez anos, seu consumo cresceu quase 800%. E, já que adoramos rankings, o Brasil quase lidera a lista de países campeões no uso desse medicamento, perdendo apenas para os Estados Unidos.

Quais são as razões para esse crescimento? Por um lado, médicos afirmam que o fenômeno se deve ao maior conhecimento do TDAH e de seu diagnóstico e tratamento. Por outro, dizem que tem havido excesso de diagnósticos e de indicações da droga medicamentosa.

Também muitos jovens e adultos que prestam concursos, vestibulares, exames e provas de todos os tipos recorrem ao remédio para potencializar o rendimento. "Um mês de estudo em dois dias", declarou um jovem que está usando a droga, que pode ser comprada sem receita, de várias maneiras, inclusive na rede.

Mas é sobre o uso da ritalina por crianças que quero refletir aqui.

O pai de um garoto de dez anos, depois de passar por psicólogos, professores particulares, psiquiatra etc., recebeu indicação médica para o uso da droga. Antes de dá-la ao filho, porém, decidiu procurar informações e constatou que não há consenso médico em relação ao diagnóstico de TDAH, tampouco em relação ao tratamento. Percebeu que era uma escolha que ele mesmo deveria fazer. Reuniu, então, a família, incluindo o filho, para debater os problemas, as dificuldades e os caminhos possíveis. Juntos, optaram pela não medicação e pela mudança de vários aspectos familiares na relação com o garoto. Um ano após a decisão, todos estão certos de que foi o melhor caminho para eles.

A mãe de uma menina de oito anos decidiu acatar a indicação médica e ministrar o remédio para a filha. Dois meses depois, sem orientação, suspendeu a medicação por não reconhecer mais a própria filha, segundo suas palavras. Outra mãe, que trabalha muito e sempre recebia queixas da escola, passou a dar o remédio ao filho, com receita médica, e está feliz porque – também em suas palavras – não só o garoto passou a ir bem na escola como não dá mais tanto trabalho para ela em casa.

Temos escolhido quase sempre as soluções mais rápidas e fáceis. Por isso, muitas vezes famílias e médicos optam pelo uso do medicamento. Essa é, portanto, uma questão social e não apenas médica. Outra característica de nosso tempo é a demanda por produtividade, alto rendimento e atenção sempre focada. Se há uma droga que ajuda nesses quesitos, por que não usá-la? De novo, trata-se de uma característica social que influencia fortemente as ciências médicas.

E o que dizer da falta de paciência dos adultos em relação às crianças, do excesso de pressão que tem recaído sobre elas e da pouca disponibilidade dos pais para suportar as temporadas de preguiça, de baixo rendimento escolar e de variações de humor pelas quais, inevitavelmente, elas passam? E a escola, que, em vez de tentar se reinventar, culpa alunos e suas famílias pela aprendizagem insatisfatória ou por comportamentos que considera inadequados?

A ritalina não é o único tratamento para crianças com diagnóstico de TDAH. Há outros, mais trabalhosos e demorados, porém mais respeitosos com a infância, que merecem ser considerados.

Pensem nisso, caros pais!

11.11.2014

PARTE VIII
Mundos virtuais

Os usos e abusos da internet

Crianças já na fase final da infância e adolescentes estão sendo devorados pela sedutora internet. É um tal de falar com amigos, conhecidos e desconhecidos, por horas a fio, fazer parte de comunidades virtuais para mostrar o tamanho de sua popularidade, passar horas em competições de habilidade em determinados jogos e assim por diante. Se os pais deixarem, eles podem passar a maior parte do tempo nessa atividade. Em época de férias, em que eles estão livres da maioria dos compromissos, é bom refletir a respeito dessa questão.

Claro que usar a internet não é prejudicial, principalmente para essa geração que já nasceu num mundo conectado pelas redes virtuais – plugado, como eles costumam dizer. Crianças e jovens são os usuários de computadores e da internet que mais sabem lidar com essa tecnologia e que, portanto, mais podem tirar proveito dela. Da mesma maneira que em qualquer outra esfera da vida deles, entretanto, não podem prescindir da ação educativa e da tutela dos pais no uso e no abuso que fazem desse recurso. Eles ainda não têm autonomia para isso, mesmo que pareçam entender mais do que os pais sobre o assunto.

Uma das coisas que os pais precisam ensinar aos filhos a respeito desse tema – nunca é demais lembrar que ensinar não se restringe a passar uma informação e esperar que eles a coloquem em prática na vida – é que a internet constitui-se num espaço público. Poucos adultos se dão conta de que, para crianças e jovens que começam a aprender sobre a existência de uma fronteira entre o convívio social e a intimidade, sobre a diferença existente entre as atitudes adequadas ao espaço privado e as próprias ao espaço público, é imprescindível localizar a internet como um espaço de convivência coletiva. Sem esse ensinamento, eles ficam vulneráveis em muitos aspectos, principalmente em relação à exposição pessoal.

Há um fator complicador nessa questão. Muitas crianças e jovens têm seu próprio computador, que, em geral, fica no quarto. Os pais de classe média, no anseio de proporcionar o maior conforto possível aos filhos, equipam seus quartos como se fossem uma casa dentro da casa. Lá eles têm aparelho de som, de TV, computador. Além de um conforto individualista, eles ganharam, dessa forma, o total controle sobre como, quando e quanto usam esses seus pertences.

O problema é que, no conforto de seus quartos, eles se sentem protegidos pela casa – a fortaleza da privacidade –, agem como se estivessem no espaço privado, no qual estão fisicamente, e se esquecem de que há uns poucos fios que os lançam no espaço público, ainda que no modo virtual. E, no espaço público, eles estão sob o olhar atento do outro e, portanto, sujeitos a julgamentos. Sem a presença firme e educativa dos pais, eles não conseguirão distinguir essa complexa situação, a não ser pagando contas que lhes sairão bem caras.

Outra responsabilidade dos pais é determinar o tempo que os filhos ficam em frente ao computador e como o usam. Uma conhecida contou-me que a filha, de nove anos, convida as amigas para ir à sua casa e lá elas ficam o tempo todo em frente ao computador, sem conversar entre si. Como crianças e jovens ainda não sabem administrar seus quereres e tampouco dividir seu tempo entre várias atividades, eles precisam dos pais para um decisivo "agora chega!".

Esse limite de tempo de uso é que dará à criança ou ao jovem a oportunidade de descobrir outras atividades de seu interesse ou mesmo buscar relações pessoais diretas e não apenas mediadas pela rede, que lhes permite ser tudo ou quase tudo sem grandes esforços.

22.12.2005

Celular

Todos os pais com filhos na escola têm anseios e expectativas. Eles querem que, lá, os filhos adquiram conhecimentos, que consigam ter contato com hábitos de vida novos e mais saudáveis, que aprendam a se concentrar nos estudos, que se relacionem com seus colegas de modo respeitoso e, de quebra, que se divirtam.

Quase todas as aspirações dos pais são legítimas e podem ser proporcionadas pela escola. Porém ela precisa de condições mínimas para conseguir dar conta de sua tarefa. A primeira e mais importante delas é que os pais deleguem a função educativa à escola com confiança. A segunda condição é que os pais procurem não atrapalhar o trabalho cotidiano da escola com seus alunos. Não é preciso muito para isso: basta, ao enviar o filho à escola, deixar explicitado que há objetivos precisos a serem buscados e alcançados em sua vida de estudante. Isso significa demonstrar consideração em relação às normas que a escola impõe – e que existem para dar condições ao bom andamento de seus trabalhos – e, principalmente, acatá-las. O respeito aos horários do início e do final das aulas é um bom exemplo.

Quero conversar sobre um modo de proceder dos pais que segue em sentido oposto a essas duas condições. Vamos tratar do uso de celular por crianças e adolescentes na escola. Para isso, não vou discutir as razões dos pais para permitir que os filhos usem o aparelho. Vou apenas refletir sobre o quanto esse hábito atrapalha o percurso na escola.

O tempo passado na escola não é grande. Em geral, são menos de cinco horas destinadas a múltiplos aprendizados. A escola, nesse período, precisa ensinar seus alunos a conviverem com seus pares e com os professores e a se concentrarem para aprender o que não sabem.

E essa tarefa não é algo que as crianças realizem com muita facilidade. Os processos envolvidos no ato de se debruçar sobre o desconhecido são complexos e incluem angústia, resistência, insegurança e receio.

Para superar essa hesitação inicial, o aluno precisa usar sua coragem, sua determinação e sua energia. E isso só é possível se o aluno consegue superar, com a ajuda dos professores, as estratégias sedutoras que tentam livrá-lo desse árduo – mas necessário – trabalho. Precisar ir ao banheiro no período da aula, ter sede, fome ou sono, lembrar-se de algo que deixou de fazer ou ter uma urgência qualquer são exemplos dessas estratégias de evitação que surgem comumente nos alunos e que os professores conhecem bem de perto.

Trabalhar com os alunos para que eles as superem já é tarefa difícil. Imaginem os pais o que significa para o professor ter de descentrar seus alunos desse aparelho tecnológico tão sedutor que é o celular para que ele invista tudo o que pode na difícil tarefa de aprender. Vamos convir: essa é uma batalha quase perdida. Por isso, permitir ou recomendar que o filho leve o celular para a escola é atrapalhar a criança e o trabalho dos professores. Além disso, mesmo que utilizado apenas no horário de recreio, o telefone é prejudicial porque permite às crianças e aos jovens que não se relacionem com os colegas com quem compartilham o mesmo espaço e tempo. Ao usar o celular para se comunicar com alguém de fora do contexto escolar, eles se ausentam e não aprendem a conviver de modo respeitoso.

Os pais querem muito que os filhos desfrutem o melhor da escola, mas precisam colaborar para que isso ocorra. Então, que tal fazer seu filho deixar o celular em casa? Esse esforço dos pais pode ter mais valor para a vida escolar do filho do que sentar com ele para fazer a lição de casa.

28.9.2006

Educação pela TV

Uma leitora enviou um comentário a respeito dos roteiros das novelas. De forma resumida, ela diz que um tema onipresente são as tentativas de personagens centrais das tramas de prejudicar pessoas com quem convivem a fim de obter o que desejam. Esse não é um ótimo pretexto para pensarmos a respeito das influências da televisão na educação dos mais jovens?

É inegável que a televisão produz efeitos importantes no comportamento de crianças e de jovens, mas, em vez de demonizar o veículo, vamos pensar na amplitude desses efeitos para compreendermos melhor nossa tarefa de educadores.

Em primeiro lugar, precisamos reconhecer que tornamos a televisão um objeto indispensável na vida das crianças. Nós, que evitamos a todo e qualquer custo fazer imposições aos filhos, não titubeamos em tornar obrigatória a convivência deles com a programação da TV. Acreditamos que não haja escolha nessa questão, não é? Pois é bom ter clareza de que ter TV em casa ou não é uma escolha. Porém, julgamos que não ter é deixar os filhos em um mundo à parte, fora da realidade social e isolados dos colegas. Uma mãe que contou a um grupo de amigas que não tem televisão em casa causou perplexidade. Ou seja: os pais nem consideram mais a possibilidade de uma vida sem esse recurso.

Esclarecido esse ponto inicial, podemos pensar em outro aspecto: como se dava a entrada dos mais novos no mundo adulto antes da presença da televisão como modo, talvez principal, de distração e de entretenimento em casa? De forma gradual e, principalmente, por narrativas e ensinamentos dos adultos e dos livros.

Cabia aos pais a tarefa de socializar os filhos, ou seja, prepará-los positivamente para a convivência social. Isso significava ensinar os bons modos, o respeito aos mais velhos, o cuidado com os mais novos, o uso delicado da linguagem, a obediência aos adultos, a discriminação entre o que é bom e o que não é, a solidariedade, o valor da verdade, as virtudes etc.

Assim, o processo de formação já se encontrava em franco desenvolvimento quando os mais novos entravam em contato com características, digamos, menos nobres da humanidade. O mundo adulto já podia, portanto, ser julgado de acordo com as referências recebidas.

Hoje, a televisão introduz as crianças nos aspectos sórdidos do mundo adulto sem dó nem piedade. Desde cedo, antes de sua formação ter se tornado consistente, elas descobrem que há pessoas usando a esperteza para se dar bem, que alguns políticos mentem e prevaricam, que o uso da virulência nas relações interpessoais é cada vez mais frequente, que a busca do lucro é desmedida etc. E é assim, indefesos e sem condições de julgamento crítico, que os mais novos são socializados.

Isso só mostra a complexidade da tarefa dos educadores. Os adultos não podem ficar, como os mais novos, seduzidos e hipnotizados diante da televisão; precisam ser críticos e partilhar essa visão com os mais novos. Se a educação que a TV pratica é marcante, a nossa precisa ser mais.

16.8.2007

O mundo pela janela

Vivemos em uma sociedade dominada pela imagem. Gastamos muito tempo assistindo, passivamente, a imagens que "criam" um outro mundo. Quem não conhece a "Família Doriana"? A questão é que temos identificado tais imagens com a realidade. Substituímos a aprendizagem da vida como ela é pelas narrativas que as imagens oferecidas pela mídia constroem. Uma pergunta faz sentido: quais imagens do mundo público são acessíveis às crianças?

Vamos considerar que os filhos da classe média não transitam mais pelos espaços públicos: as ruas são só trajetos que separam a casa da escola, do clube, do shopping etc. É do carro que as crianças veem as imagens do espaço que é – ou deveria ser – de todos. Isso significa que os limites da visão que elas têm são determinados pelas janelas do carro – limites, aliás, semelhantes à tela de um aparelho televisor. Deve ser assim que as crianças veem o mundo: como espectadores que, à moda da TV interativa, de vez em quando interferem na programação pressionando um botão ou como personagens de tramas e enredos.

Com a nova lei que cria regras para o uso de Insulfilm nos carros, a visibilidade permitida para os vidros traseiros passou a ser de 28%. Ou seja: a partir de agora, a visão de mundo que as crianças terão será, além de retangular, sombria. Não parece cena de filme? De modo parecido ao uso dos efeitos especiais, um mundo escuro e cheio de sombras se ilumina quando essas crianças entram em cena. É verdade: é apenas nos locais que frequentam que elas enxergam o mundo diretamente, sem uma película que modifique sua luminosidade. Isso permite que elas criem a ilusão de que só seus ambientes são seguros e acolhedores.

A visão do mundo público que essas crianças podem produzir é bem compatível com a de uma imagem ameaçadora. Assim, o outro, o estranho que transita por esse espaço e que nunca está no mesmo local que elas, transforma-se em um personagem do outro lado da trama. O mundo bom é o que elas vivem. O mundo ruim é o que elas veem. Ao mesmo tempo, ver o mundo pela janela do carro permite que a criança o associe à ideia de videogame.

A mãe de um garoto com menos de seis anos contou um fato que ilustra bem essa possibilidade. Ao buscar o filho e outros colegas na escola, teve de frear bruscamente para não atropelar uma senhora idosa que atravessou a rua sem perceber o carro. A reação das crianças deixou essa mãe perplexa: disseram como seria legal se a velhinha fosse atropelada. Por quê? Provavelmente porque, para as crianças, o fato tinha mais relação com desenhos animados – em que os personagens passam por pequenas tragédias e continuam vivos – e com *videogames* – em que a atenção está na ação de destruir os obstáculos para ganhar o jogo – do que com a vida pública.

Imagens que permitem a construção de uma visão distorcida do outro, do mundo público e da realidade é o que temos ofertado aos mais novos. O que resultará disso?

29.11.2007

Escrever não dói

Uma professora de segundo ano que trabalha com alfabetização me contou que, na sala em que dá aulas, há alguns alunos que não querem, de maneira alguma, escrever. Eles dizem que dá muito trabalho, que cansa as mãos etc. Dão todo tipo de justificativa para evitar o exercício da escrita. E não se trata de crianças que ainda não alcançaram o domínio da leitura. Apesar de não serem leitores fluentes, eles já conseguem ler e entender o sentido do que leem. E gostam de ler. Já escrever...

A professora, corajosa e batalhadora, não desiste: cria todo tipo de estratégia para fazer com que esse grupo de alunos enfrente o trabalho da escrita. Frente à insistência da professora, um aluno a desafiou. Crianças dessa idade são sagazes, criativas, audazes e absolutamente antenadas com o contexto do mundo atual, principalmente o tecnológico, que usam com intimidade. O garoto, usando a linguagem própria de crianças, disse que aprender a escrever era um trabalho desnecessário, porque ao apertar a tecla do computador ou ao tocar a tela do *tablet* ele escrevia do mesmo jeito e isso não fazia a mão doer.

"Professora, se eu só vou escrever no computador e no *tablet*, por que tenho que aprender a fazer essas letras desenhadas?" E vocês pensam, caros leitores, que o menino parou aí? Não! Ele prosseguiu: "E no computador tem corretor de palavras, então eu nem preciso escrever tudo certinho porque ele corrige quando eu escrevo errado".

Foram essas perguntas do aluno que fizeram a professora me procurar. Ela está em busca de argumentos para convencer os alunos da importância da escrita. O problema é que ela não tem uma boa resposta.

Isso me lembrou uma informação que foi notícia no ano passado e que rendeu muitas análises e discussões, pelo menos no meio acadêmico. Nos Estados Unidos, alguns estados já aboliram a obrigatoriedade do ensino da letra cursiva no ensino fundamental. E tudo indica que o próximo passo será banir de vez a prática.

A escrita é um meio de comunicação. Por meio dela expressamos nossos pensamentos e nos comunicamos com eles. Esse é um tipo de linguagem que coloca as pessoas em contato umas com as outras: pode ser um recado, a manifestação de um sentimento, pode ser muita coisa. Mas, se a escrita pode ser digital, por que é importante a escrita à mão? Em primeiro lugar, porque a substituição de uma pela outra empobrece o mundo e a variedade das linguagens. Se podemos ter os dois tipos, por que vamos escolher ficar apenas com um deles? A existência da arte digital, um tipo de linguagem, não nos faz pensar na substituição dos quadros, não é verdade? Ficamos com as duas formas de expressão.

Em segundo lugar, porque a escrita digital restringe sobremaneira as possibilidades de comunicação com as pessoas. Quantas delas há no mundo, em nosso país, em nossa cidade, em nosso grupo de convivência, que não têm acesso a essa tecnologia?

A linguagem escrita e seu aprendizado são partes integrantes e importantes do exercício da cidadania. Não se trata apenas, portanto, da aprendizagem de um código. É bem mais do que isso. Os nossos novos alunos terão menos dificuldades para se esforçar na aprendizagem da escrita se perceberem que nós temos convicção da importância desse tipo de comunicação.

29.5.2012

Presos no mundo, soltos na rede

Uma pesquisa apontou, em 2005, as crianças brasileiras como as que mais assistiam à televisão. Será que a situação mudou de lá para cá? Ou nossas crianças continuam campeãs nessa modalidade? Pode ser que tenham trocado a televisão pelo computador, porque uma pesquisa atual revelou que nossas crianças são as que acessam as redes sociais mais cedo. Ou será que somaram as horas em frente à TV com as horas diante do computador?

Muitas crianças, aos nove anos, já tinham celular e o usavam com intimidade. Agora, com essa mesma idade, muitas já possuem vários outros aparelhos, com funções variadas. O *tablet* é apenas mais um deles que permite acesso à internet.

Criar páginas e perfis em sites de relacionamento é uma entre as várias atividades que os mais novos podem realizar na internet. O curioso fica na conta de um detalhe: esses sites não são indicados para crianças. Pelo menos, não para as que têm menos de treze anos. Muitos insistem que as crianças se mostram cada vez mais precoces. Apostam que elas sabem o que querem, que usam todos os recursos da informática de forma até melhor que os próprios pais e outros adultos da família, que têm vida social intensa etc.

Por outro lado, com a violência urbana, as crianças têm sido cada vez mais tuteladas em sua relação com o mundo real. Os pais temem que os filhos transitem desacompanhados pelo mundo público. Desse modo, crianças e adolescentes vão de casa para a escola sempre levados pelos pais ou seus substitutos, assim como a festas e outros locais que frequentam. Nesses locais, porém, ficam sozinhos ou com seus grupos.

É comum vermos grupos de crianças entre nove e doze anos no shopping sem a companhia de adultos, não é? O mais provável é que os pais as levem até lá e marquem uma hora para buscá-las depois que a programação planejada terminar. Mas, nesse intervalo de tempo, as crianças ficam sozinhas. Como o local é fechado, os pais consideram a situação segura. Da mesma maneira, consideram segura a relação dos filhos com a internet. Mesmo com todos os alertas que têm sido dados, o mundo virtual parece, para os pais, bem menos ameaçador do que o real.

Agora, vamos juntar algumas informações que temos.

Escolas têm tido dificuldade para contribuir positivamente com a socialização de seus alunos no espaço público. A explosão de pequenas violências entre eles no espaço escolar – fenômeno que tem sido chamado indiscriminadamente de *bullying* – é uma prova disso. Além disso, a própria competição escolar por boas colocações, classificação etc. em nada ajuda na socialização dos mais novos.

Quanto aos pais, esses socializam os filhos para o convívio no espaço privado, que é marcado pela afetividade. E, nas cidades, não há outro espaço além da escola que tenha a função de contribuir de maneira educativa com o processo de socialização dos mais novos. Isso significa que eles têm crescido sem aprender, no conceito e na experiência, a conviver respeitosamente com o outro com quem não tenham vínculos afetivos.

E tem mais: também não aprendem a proteger a sua intimidade e a sua privacidade. Aliás, talvez nem aprendam o sentido disso. E como poderá ter habilidade no mundo virtual quem não aprende a ter habilidade social no mundo real?

Precisamos pensar nisso antes de considerar os inúmeros e reais benefícios que as crianças podem colher no mundo da internet.

1º.11.2011

Filhos nativos, pais estrangeiros

Crianças e jovens nasceram em um mundo diferente dos que já têm mais de trinta anos. Eles vivem em um contexto que não apresenta muitas semelhanças com aquele que seus pais conheceram antes da idade adulta. Quem tem filhos, hoje, não tem intimidade com o mundo de seus rebentos porque não experimentou nada parecido. Os mais novos manejam com a maior facilidade todo tipo de traquitana tecnológica. É realmente incrível como eles são exímios no teclado quando jogam, por exemplo.

Às vezes, é difícil acompanhar os movimentos de seus dedos, de tão impressionante que é a velocidade impressa nesses gestos. Aliás, são poucos os adultos que podem, no mesmo tempo em que os mais novos conseguem, vencer os desafios apresentados por esses jogos. Isso significa que crianças e adolescentes é que são os nativos deste mundo. Nós somos os estrangeiros, no máximo naturalizados.

Essa terminologia criada para apontar as diferenças no mundo atual entre a nova geração e as outras é perfeita, não é verdade? Há adultos que conseguem lidar com todos esses aparelhos novos e seus recursos com muita destreza também. Uma hora ou outra, porém, aparece um sotaque que denuncia sua origem. Isso deixa muitos adultos constrangidos: eles precisam educar os mais novos e, muitas vezes, as situações que os filhos experimentam têm características que são grandes novidades para os pais.

Vamos analisar o uso da internet como exemplo.

É grande o número de pais que considera normal a criança ou o adolescente participar de redes sociais de todos os tipos sem qualquer acompanhamento ou tutela. Já ouvi mães dizerem que não é possível fazer esse acompanhamento, nem sequer orientar porque os filhos têm mais experiência e conhecimento do assunto do que elas – e também porque faz parte da vida deles estarem conectados o tempo todo.

É esse tipo de pensamento que deixa crianças e jovens à deriva no mundo virtual. E os acontecimentos que envolvem os mais novos na internet têm nos mostrado que não podemos deixá-los por sua conta e risco na rede. Eles precisam de nós para aprender a viver no mundo da internet. Crianças e jovens ainda são escravos dos seus impulsos e podem escrever o que pensam sem nenhuma regulação. Podem se arrepender depois. O problema é que tudo, absolutamente tudo, o que é publicado na internet é permanente.

Experimentem, caros leitores, dar ao seu filho uma folha de papel e uma caneta de tinta permanente. Depois que ele desenhar ou escrever algo, peça que ele apague. Impossível. Para fazer outro desenho ou texto será preciso uma folha sobreposta, mas a que fica embaixo permanece lá. Assim é tudo na rede: postou, ficou. Mesmo que algo seja apagado, alguém pode ter copiado e é por isso que permanece indefinidamente.

É principalmente por isso, mas também pela falta de domínio sobre o que pode ser compartilhado e o que deve permanecer na intimidade, que os mais novos precisam de nós. Uma palavra dita pode ser esquecida. Uma foto pode ser rasgada, queimada. As palavras escritas na rede sempre podem voltar. As imagens registradas na internet, lá ou alhures, permanecerão.

Essa é uma característica do mundo virtual que é um perigo para os mais novos porque eles nem percebem os riscos que correm postando um comentário ou uma foto. Por isso – insisto – eles precisam de nós no mundo onde vivem, mesmo com nosso sotaque de estrangeiros naturalizados.

8.5.2012

Um dedo-duro no peito

Memória é uma coisa muito encantadora mesmo. Sua existência é inquestionável e não sei dizer se ela é controlável, administrável. Diariamente eu constato isso e vou contar uma dessas lembranças que a minha memória guardou sem que eu soubesse. Ela – que parece ter vida própria – decidiu que determinado episódio vivido por mim merecia ser arquivado para que, no momento certo, pudesse reaparecer.

Há uns seis anos, decidida a comprar um cãozinho, eu fui à casa de um criador de cães. Lá estava eu tentando escolher qual filhote levar – decisão das mais difíceis, porque pareciam todos iguais. Mas, ao mesmo tempo, eu estava bem interessada nas conversas das outras pessoas, que estavam ali pelo mesmo motivo que eu.

Devo reconhecer que eu estava assombrada com o conhecimento que elas demonstravam a respeito do comportamento dos filhotes: "Se ele se comporta assim agora, quando crescer será de tal maneira" etc. Depois de pouco tempo, uma compradora decidida escolheu o filhote que levaria e pediu que fosse implantado um chip nele.

Eu, que nunca ouvira nada semelhante, me interessei em saber o que era aquilo, como era colocado no animal e qual seria a razão para implantar algo chamado chip em um cão. Creio que eu buscava informações para saber se eu também deveria querer aquela mesma coisa para o meu filhote.

Aí a mulher me contou que o microchip ajudaria no caso de ela perder o seu cão e deu explicações detalhadas sobre o funcionamento daquele dispositivo – explicações que minha memória deve ter achado bobagem guardar, porque não me lembro de nada. Depois de ouvir atentamente a compradora, decidi que eu não queria aquilo e tive um pensamento. Foi a ele que minha memória deu toda a atenção e só descobri isso dias atrás.

Pensei, naquela ocasião, se nós chegaríamos a instalar essa tecnologia em seres humanos. E esse pensamento me deu medo, devo confessar. Mais de seis anos depois desse acontecimento, eu estava lendo o jornal quando uma notícia me chamou a atenção. Uma reportagem anunciava que uma escola em Brasília instalara chips nos uniformes dos alunos do ensino médio para controlar a presença deles nas aulas. Foi ao ler essa reportagem que a minha memória decidiu trazer à tona aquele meu pensamento medroso. E, pelo jeito, o meu medo também tinha razão de existir.

Vamos mesmo implantar chips – hoje nos uniformes, amanhã, sabe-se lá onde – nos mais novos para controlar sua vida. Nós queremos que eles fiquem na escola: que entrem e saiam no horário certo. Se a escola se comunica com os estudantes, se consegue dar sentido ao que ensina, se os ouve, se não decifra o conhecimento por eles, nada disso parece importar tanto. O que importa mesmo é que lá os alunos permaneçam até soar o sinal.

Os pais dos alunos que carregam chip no uniforme são favoráveis à medida. A diretora, em entrevista, afirmou que serão os pais que decidirão se o chip ficará ou não. E os alunos? Ah, esses não estão gostando nem um pouco dessa história de carregar um dedo-duro no peito. Será que importa o que os alunos acham?

De novo, parece que não. Não importa, por exemplo, oferecer a eles a oportunidade de aprender que fazer escolhas significa arcar com as suas consequências; não importa que eles conquistem autonomia, tampouco que aprendam o que é liberdade. Em nome da segurança, passamos a acreditar nas letras da canção: "Povo marcado, ê/ Povo feliz".

13.11.2012

Tutela on-line

A internet não é mais novidade. Os pais já têm muita informação sobre como os mais novos podem aproveitar bem o uso da rede e sobre como podem se colocar em risco dos mais variados tipos. Mesmo assim, as dúvidas continuam. Ou melhor, permanecem. Semanalmente sou consultada por pais que querem saber com que idade devem deixar os filhos usar mídias sociais e/ou usar a internet sozinhos, por quanto tempo eles podem ficar na internet e sobre como controlar o uso da rede para evitar que eles tenham acesso a conteúdos impróprios para a idade.

Será que são mesmo dúvidas o que os pais têm? Desconfio que não. Afinal, basta usar a própria rede para encontrar centenas de sites que dão orientações sobre isso. Além disso, já usamos a internet o tempo suficiente para termos acumulado uma boa experiência nesse assunto. Se não se trata de falta de informação, o que é que confunde os pais a ponto de deixá-los inseguros para fazer uma escolha, tomar uma decisão?

Os pais não querem ser vistos pelos filhos e por seus pares como caretas. No século XXI, agir como um careta soa ofensivo, humilhante, ultrapassado. E como a internet é tida como um instrumento extremamente atual, regrar o seu uso para os filhos parece ganhar o sentido de antigo. Careta.

Acontece que ser careta é prerrogativa dos adultos que têm filhos. Vocês podem ser antenados com todos os recursos tecnológicos, podem ter uma visão muito atual das coisas, podem entender o mundo como um jovem. Mesmo assim, serão considerados caretas por seu filho, pelo simples fato de serem mãe ou pai. Conheço adolescentes que consideram seus pais caretas justamente por se comportarem como jovens.

Por isso, melhor usar a caretice intrínseca a seu papel, caros leitores, para transmitir aos seus filhos os valores que vocês prezam. Além disso, sempre é bom relembrar que, para conquistar a autonomia, que é a capacidade de governar a própria vida, é preciso passar, necessariamente, pela heteronomia, ou seja, ser governado por outra pessoa. Melhor que essa pessoa seja a mãe e/ou o pai, não é verdade?

Os pais temem também que os filhos fiquem à margem de seu grupo e que sejam diferentes porque não frequentam os mesmos sites que os colegas, não jogam os mesmos jogos que eles, não veem o vídeo do momento etc.

Esse temor só faz sentido quando entendemos que para fazer parte de um grupo é preciso se comportar como os demais. Não! Para participar de um grupo é preciso saber integrar-se a ele e para se integrar a qualquer grupo é fundamental o autoconhecimento.

Se vocês autorizam que seu filho faça qualquer coisa só porque a maioria dos colegas faz, vocês não o ajudam a se conhecer. Sem se conhecer, ele não aprende a se respeitar, e reconhecer as próprias diferenças é absolutamente necessário para manter a identidade e, portanto, a dignidade no relacionamento consigo mesmo e com o outro.

Em resumo: não há regras que levem o seu filho a fazer um bom e positivo uso da internet. Então, restam o uso do bom senso, a aplicação dos valores familiares e o respeito à fase da vida de seu filho. Crianças e adolescentes precisam da tutela dos pais na vida de modo geral. O uso da internet é apenas uma pequena parte da vida que demanda essa mesma tutela.

20.8.2013

Profusão de estímulos

Aumenta o número de adultos que não consegue colocar sua atenção em uma única coisa por muito tempo. São tantos os estímulos e tanta a pressão para que o entorno seja completamente desvendado que aprendemos a ver e/ou fazer várias coisas ao mesmo tempo. Nós nos tornamos, à semelhança dos computadores, pessoas multitarefa, não é verdade?

Vamos tomar como exemplo uma pessoa dirigindo. Ela precisa estar atenta aos veículos que vêm atrás, ao lado e à frente, à velocidade média dos carros por onde trafega, às orientações do GPS ou de programas que sinalizam o trânsito em tempo real, às informações de alguma emissora de rádio que comenta o trânsito, ao planejamento mental feito e refeito várias vezes do trajeto para chegar ao seu destino, aos semáforos, faixas de pedestres etc. Quando me vejo em tal situação, eu me lembro que dirigir, após um dia de intenso trabalho no retorno para casa, já foi uma atividade prazerosa e desestressante.

O uso da internet ajudou a transformar nossa maneira de olhar para o mundo. Não mais observamos os detalhes, por causa de nossa ganância em relação a novas e diferentes informações. Quantas vezes eu não me sentei em frente ao computador para buscar textos sobre um tema e, de repente, me dei conta de que estava em temas que em nada se relacionavam com meu tema primeiro.

A leitura sofreu transformações pelo nosso costume de ler na internet. Sofremos de uma tentação permanente de pular palavras e frases inteiras, apenas para irmos direto ao ponto. O problema é que alguns textos exigem a leitura atenta de palavra por palavra, de frase por frase, para que façam sentido. Aliás, não é a combinação e a sucessão das palavras que dá sentido e beleza a um texto?

Se está difícil para nós, adultos, centrar nossa atenção, imaginem, caros leitores, para as crianças. Elas já nasceram neste mundo de profusão de estímulos de todos os tipos; elas são exigidas, desde o início da vida, a dar conta de várias coisas ao mesmo tempo; elas são estimuladas com diferentes objetos, sons, imagens etc.

Aí, um belo dia elas vão para a escola. Professores e pais, a partir de então, querem que as crianças prestem atenção em uma única coisa por muito tempo. E quando elas não conseguem, reclamamos, levamos ao médico, arriscamos hipóteses de que sejam portadoras de síndromes que exigem tratamento etc.

A maioria dessas crianças sabe focar sua atenção, sim. Elas já sabem usar programas complexos em seus aparelhos eletrônicos, brincam com jogos desafiantes que exigem atenção constante aos detalhes e, se deixarmos, passam horas em uma única atividade de que gostam.

Porém, nos estudos, queremos que elas prestem atenção ao que é preciso, e não ao que gostam – o que, caros leitores, exige a árdua aprendizagem da autodisciplina. Que leva tempo, é bom lembrar. As crianças precisam de nós, pais e professores, para começar a aprender isso. Aliás, boa parte desse trabalho é nosso, e não delas.

Não basta mandarmos que elas prestem atenção: isso não as ajuda, mas, sim, por exemplo, analisarmos o contexto em que estão quando precisam centrar a atenção e organizá-lo para que seja favorável a tal exigência. E é preciso lembrar que não se pode esperar toda a atenção delas por muito tempo: o ensino desse quesito no mundo de hoje é um processo lento e gradual.

11.2.2014

A cultura do mundo virtual

O chamado mundo virtual – esse no qual entramos e passamos um tempo quando acessamos a internet – é demasiadamente real. Tenho considerado a possibilidade de que o fato de o termos nomeado virtual possa ser uma das razões que colaboram para nos deixar confusos quando estamos nele. É que tal nomeação nos leva a crer que esse é um mundo à parte de nossas vidas. Não é.

De modo geral, nós adultos, independentemente da classe social, cultural e do nível de escolaridade e/ou de conhecimento, não aprendemos ainda a entender a complexidade desse espaço na prática, ou seja, quando fazemos uso dele. Isso significa que os mais novos não estão aprendendo muita coisa em relação a como se comportar quando estão na internet, ou melhor, estão até aprendendo, mas muita coisa errada.

Já temos diversos e bons protocolos de segurança que ajudam bastante os pais que têm a missão de proteger os filhos quando eles acessam a rede; temos também programas especializados que os pais podem instalar nos computadores que os filhos usam e que os impedem de ter contato com material inadequado à sua idade ou aos valores familiares.

Por fim, temos inúmeras e boas cartilhas de orientação a pais sobre como proceder quando os filhos usam a internet. Não basta. Precisamos avançar.

Primeiramente, é urgente que aceitemos o fato de que, na internet, não há privacidade. Basta lermos as notícias que as mídias nos apresentam para constatar que nem mesmo dados sigilosos de Estado estão a salvo. Ora, e por que nossas bobas conversas e/ou comentários virtuais estariam?

Sim, há quem só se interesse por informações confidenciais que podem ser publicadas por diferentes interesses. Há também quem tenha como único motivo expor nossas falhas, nossos preconceitos, nossas fragilidades. E há também quem goste de atacar tudo o que é diferente do que pensa, é bom lembrar. Há quem acredite que os comentários grosseiros, agressivos, violentos e pessoais contra autores que têm a coragem de publicar suas opiniões a respeito de variados assuntos só surgiram com o advento da internet. Não, isso é coisa antiga.

O filme *Hannah Arendt* nos dá uma boa mostra desse fato. A diferença é que, antes da internet, apenas quem trabalhava na imprensa e o próprio autor do artigo sabiam dos comentários grosseiros que seu texto suscitava. Hoje, com a internet, eles estão abertos todos.

Precisamos também considerar o fato de que os mais novos são impulsivos: eles primeiro agem, depois é que pensam. Na internet, isso é um grande problema porque, depois de algo publicado, é difícil, muito difícil, apagar. Até é possível deletar alguma bobagem que falamos ou fizemos, mas se alguém já registrou, já pode estar eternizado. O arrependimento, nesses casos, pode ajudar a não cometer o mesmo erro, mas não absolve o já cometido.

Não considero que nosso comportamento determine os comportamentos de nossos filhos, netos, alunos etc. No caso da internet, porém, estamos criando uma cultura para os mais novos. E, atualmente, essa cultura afirma que na internet vale quase tudo e que só quem eu quero tem acesso ao que eu publico; temos construído a ideia de que ela é um parêntese de nossas vidas.

Não podemos permitir que as crianças e os jovens acreditem nisso, por isso é importante que sejamos mais críticos, controlados e comedidos em nossas ações na internet, não é verdade?

18.2.2014

Shopping e família

Conheço muitas mães que, em feriados ou aos domingos, adoram levar os filhos ao shopping. Eu não sei se são elas que gostam do passeio ou se elas acham que os filhos gostam mesmo desse tipo programa. De todo modo, encontrar mães ou casais no shopping acompanhados de crianças de qualquer idade é rotina nos dias atuais.

E o que pode acontecer com crianças no shopping? Tudo! Elas se encantam com as vitrines que as chamam, querem comprar muitas coisas e, quando os pais não compram, fazem birra, por exemplo.

Ah! As birras das crianças no shopping chamam a atenção de todos. Aliás, é por isso mesmo que elas fazem. Alguns pais ficam constrangidos, outros reagem como podem e conseguem naquela hora, outros conseguem domar a birra do filho com doçura e firmeza e há, ainda, aqueles que perdem a paciência rapidamente. Os que testemunham as birras também reagem de diferentes maneiras. Há os olhares reprovadores, há quem tente ajudar – esses são raros – e há também quem teça comentários críticos a uma altura que permita que os pais da criança consigam ouvir, é claro.

Perder-se dos pais também é algo comum de acontecer no shopping, principalmente se a criança tem menos de seis anos. É que ela fica tão seduzida pela quantidade de coisas para ver, com tantos estímulos luminosos e visuais, que caminha na direção deles, na certeza de que seus pais a seguirão. De repente, ela se dá conta de que está sozinha, e lá vem o berreiro de puro medo. Nesses casos, não sei quem se perde de quem. Por que os pais deixam o filho solto nos corredores do shopping? Por que o perdem de vista? Parece até que não conhecemos mais as crianças, não é verdade? Não nos lembramos de que elas não têm responsabilidade – e nem podem ter ainda –, de que não sabem se cuidar sozinhas e tampouco de que não conseguem resistir às inúmeras tentações que o shopping lhes apresenta. Também nos esquecemos de que não adianta assustá-las para que aprendam a estar sempre perto dos pais nesses locais amplos e movimentados. Eu já vi pais deixarem o filho pequeno achar que estava perdido no shopping só para tentar dar a ele uma lição. Qual mesmo?

Apesar de tantos percalços, dá para entender os motivos que levam os pais a gostarem desse passeio com o filho. Primeiro, porque as cidades oferecem poucos lugares públicos para crianças e suas famílias desfrutarem. Eles existem, claro, e procurando bem dá para encontrá-los. Até pela internet, com direito à informação de programas pagos ou gratuitos.

Há, porém, outro motivo muito importante que motiva os pais a fazerem esse programa com os filhos: o fato de vivermos em sociedades que priorizam o consumo acima de quase tudo.

A boa notícia é de que dá para resistir a isso. Cresce o número de mães e de pais que não consideram o shopping um lugar adequado para crianças. E eles não deixam de ter boas razões para isso. Afinal, há programas bem melhores para as crianças. Brincar sem nenhum apelo ao consumo, por exemplo, com tranquilidade, e em locais bem mais apropriados. Pode ser em casa.

Por que temos de, necessariamente, fazer programas com as crianças? Só porque consumimos a ideia de que elas precisam – precisam! – disso. E, caros leitores, vou contar um segredo a você: elas não precisam.

4.3.2014

Eles vão curtir?

O último sábado foi dedicado à internet: já faz alguns anos que o dia 17 de maio é o Dia Mundial da Internet. Essa data me fez lembrar de um assunto que estou para comentar já faz um tempo: precisamos de um manual de etiqueta para o comportamento de mães na internet, sejam seus filhos crianças, adolescentes ou adultos.

Vamos começar com mães de bebês e crianças pequenas, com até três anos, mais ou menos. Gente, precisa postar fotos dos filhos na internet? Bebê comendo, sendo trocado, peladinho no banho, se alimentando, fazendo birra, jogando futebol, dançando... Tem de tudo!

As mães que postam essas fotos, todas orgulhosas de seus rebentos, querem exibir os filhos – em geral nas redes sociais – para que reconheçam que não se trata de corujice da parte delas, e sim de plena razão. "Estão vendo como estou certa quando falo de meu filho?", dizem as entrelinhas. Cada um de nós é dono da própria imagem e faz dela o que bem (ou mal) quiser. Seríamos nós donos da imagem de nossos filhos? Temos o direito de publicá-las?

O que as mães não consideram na hora do impulso – não vou tratar de questões de segurança na rede – é que o filho vai crescer. E isso não é ameaça ou promessa: é realidade. Crescido, o que achará das fotos que sua mãe publicou? Como irá se sentir em relação a isso?

Quando interpelei uma mãe que conheço e que tem o costume de publicar fotos do filho que tem menos de dois anos, ela respondeu que não considerava isso um problema porque só vê as fotos quem está em sua lista de "amigos". E daí? Isso não muda nada em relação à exibição da imagem do filho.

As crianças um pouco maiores são até mais invadidas pelas mães nas redes sociais. São fotografias de pequenas cartas que os filhos escreveram à mãe, meninas vestidas com roupas provocantes e com legenda do tipo "Aprendiz de periguete", recebendo medalhas em algum tipo de competição, com um penteado esquisito, fotos de anotações que a professora enviou aos pais relatando algo sobre a criança na escola, por exemplo.

Não somos todos contra o tal de *bullying*? Por que, então, dar boas razões para que os colegas de nossos filhos o pratiquem contra eles?

E os adolescentes? Ô, dó... Castigos e broncas públicas, que tal? Sim, caros leitores, há mães que escrevem longos *posts*, em que marcam o nome do filho que também está na mesma rede, sobre o que ele fez ou deixou de fazer, sobre o castigo com que terá de arcar, muitas vezes esculachando o comportamento do filho. E chovem comentários de solidariedade de outras mães! A mãe pode expor um filho assim?

Pois eu desconfio que essas mesmas mães não teriam pudor de reclamar na escola por algum fato lá ocorrido e que elas tenham identificado como "exposição" dos filhos perante os colegas. Os filhos adultos também não são poupados. "Ele vai me matar quando vir que publiquei esta foto", costumam ser as legendas de fotos de filhos quando crianças ou adolescentes, com alguma característica que, hoje, é motivo de riso.

Precisamos nos conter em relação a essas publicações. Os nossos filhos merecem nosso respeito. Precisamos da autorização deles para publicar algo que diz respeito a eles.

20.5.2014

Memória e tecnologia

Eu estava em um aeroporto esperando meu voo quando tive a oportunidade de testemunhar uma cena que me fez pensar bastante. Um garoto de mais ou menos dez anos andava para lá e para cá muito aflito, sem saber para onde ir, e sua expressão facial mostrava que ele estava prestes a cair no choro. Assim que eu percebi o fato, caminhei em sua direção para tentar ajudar, mas um casal chegou antes e pude ouvir a sua conversa. O garoto estava no aeroporto acompanhado de um amigo e dos pais dele porque iam viajar para uma praia. Ele havia saído de onde estava acomodado para comprar um lanche e não conseguiu mais encontrar o grupo.

Vocês já repararam, caros leitores, que shoppings, aeroportos, lojas de departamentos etc. são locais quase todos iguais, sem características próprias? Por isso é tão difícil para uma criança voltar ao mesmo lugar de onde saiu: porque como tudo é muito parecido, ela não consegue identificar onde estava.

Agora é que chega a parte mais interessante para refletirmos. O casal aquietou o garoto e disse que bastava o menino informar o número do telefone do amigo que eles ligariam para ele. O garoto, que tinha um celular e o deixara com o outro, não sabia de memória nenhum número, nem o seu. "Está tudo no meu celular", justificou.

Claro que, com a ajuda do casal, não foi difícil o garoto se reunir ao seu grupo. O fato, porém, me deu o que pensar. Imediatamente lembrei-me de que, quando criança, meus pais me fizeram decorar a seguinte frase: "Meu nome é Rosely Sayão, eu moro na rua Jaceguai, 462, São Paulo, Capital". Eles achavam São Paulo uma cidade em que uma criança se perderia com muita facilidade e, cuidadosos, tentaram garantir que eu tivesse informações para, caso eu me perdesse deles quando fora de casa, ter condições mínimas de encontrá-los.

Hoje, com tantos recursos tecnológicos, delegamos a esses aparelhos maravilhosos muito do serviço que fazíamos antes da sua existência. Ao pensar nisso, tentei me lembrar do número dos telefones de amigos próximos e de parentes, e tudo o que consegui foi me lembrar de quatro ou cinco números que nunca mudaram. Os outros estão memorizados pelos meus aparelhos.

Pensei em quantas coisas deixamos de ensinar às crianças, porque a tecnologia resolve isso por nós. Não mais ensinamos a elas, por exemplo, que é muito perigoso abrir a porta do carro em movimento, porque elas estão protegidas pelas travas; não as alertamos para os riscos de uma queda de local alto, porque elas estão protegidas pelas redes de proteção e grades, e assim por diante. Não ensinamos mais as crianças a memorizar números de telefones, porque os aparelhos têm cada vez mais memória, justamente para guardar o que antes era responsabilidade da memória humana.

Mas, quando deixamos a cargo do funcionamento dos aparelhos essas e outras tarefas, não consideramos que a vida é feita de falhas – humanas e mecânicas –, de inesperados, de acontecimentos inusitados. E, que nesses momentos, o que conta é o conhecimento que a pessoa guardou consigo.

Em educação, os detalhes são importantes. Por isso, pode ser necessário considerar ajudar os mais novos a perceber a importância da memorização de informações que a família considera importantes e do autocuidado, que inclui as noções de risco e de autoproteção. Afinal, aparelhos falham.

4.2.2014

(Des)conectar

Muitas pessoas criticam a nossa mania de ficar conectados o tempo todo, para nos comunicar com filhos, conhecidos, colegas de trabalho, amigos e parentes. Programas de mensagens instantâneas em celulares fazem enorme sucesso, talvez por serem de baixo custo e permitirem a formação de grupos de família, de pais de colegas do filho, de amigos, de colegas que realizam algum trabalho, de chefes e seus auxiliares diretos, de alunos com seus professores etc.

Por outro lado, há piadas, vídeos institucionais, campanhas com mensagens melosas e até um pouco dramáticas apontando quão pouco saudável é essa nossa ligação com os aparelhos, que ocupam tanto de nosso tempo e nos afastam das pessoas a nossa volta. Alguns locais, como restaurantes, por exemplo, incentivam, de modo bem-humorado, os seus frequentadores a renunciar aos aparelhos enquanto lá estão para uma refeição compartilhada.

Mas tais recursos não têm conseguido abalar o nosso apego a esse tipo de comunicação. Creio até que a coluna cervical de muita gente anda reclamando por causa disso. E como o que pode provocar mudanças é mais a ação do que a falação, conto a vocês, caros leitores, a experiência vivida por uma amiga.

Ela é uma dessas pessoas quase viciadas em comunicação à distância e internet, com suas redes variadas. Tanto que passou a se sentir culpada por ver o seu tempo com a família ser engolido pela dedicação ao celular. Resolveu, então, com o marido e os três filhos, ter um fim de semana em que ficariam totalmente desconectados.

Encontraram um hotel que não tinha sinal de celular nem de internet, e para lá foram, tanto animados quanto temerosos, a fim de viver dois dias inteiros sem conexão alguma, a não ser entre eles, e diretamente, olho no olho. Logo na chegada, colocaram todos os aparelhos em uma caixa, que só seria aberta ao final da estadia.

E aí começou uma aventura. No início, foi difícil, reconheceu ela, mas aos poucos eles se envolveram uns com os outros: leram livros, contaram histórias, divertiram-se com jogos de tabuleiro, conversaram.

Ela disse que o marido, os filhos e ela gostaram tanto da experiência de "desconectar para conectar" que adotaram o ritual de guardar os aparelhos de todos em uma caixa pelo menos por algumas horas nos fins de semana.

Considerei essa uma boa sugestão para famílias com filhos que se sentem distantes dos pais. Nem sempre crianças e jovens conseguem perceber o quanto é bom trocar ideias e afetos com os pais e conviver com eles para fortalecer o vínculo, porque também estão muito envolvidos com suas traquitanas tecnológicas e com as redes sociais.

Porém, quando eles descobrem – ou redescobrem – que o relacionamento com os pais e os irmãos, fora das questões administrativas do cotidiano, lhes faz bem, eles se entregam, e o resultado costuma ser visível no humor e até mesmo na busca de maior proximidade.

Se nós não dermos a eles oportunidades e chances de se tornarem mais sensíveis aos relacionamentos interpessoais humanizados, a vida deles certamente será mais árdua, mais difícil, mais áspera. Algumas horas desconectados nos fins de semana podem lhes fazer um bem enorme!

24.3.2015

Índice remissivo

A

acampamentos 32

acidentes 240, 249

adaptação escolar 153

adolescência 19, 26, 32, 34, 38, 45, 48, 60, 65, 68, 70, 72, 79-80, 86, 97, 105, 107-8, 117-8, 126, 133, 135, 164, 171-2, 177, 193, 195-6, 199-200, 208-9, 213, 237, 254, 260, 263, 265, 273, 275, 279-80, 287-8

advogados na escola 170

agenda escolar 26, 109, 141, 164, 181, 197

agressividade 17

agressividade na internet 284

alergias 248

alfabetização 155-6, 181, 271

alfabetização precoce 156

alimentação 30, 89-90, 139, 151, 173, 209, 236-9, 242-3, 251, 291

amamentação 252-3

amigos 28, 30, 64, 73-4, 79-80, 89, 104, 167, 186, 213, 215, 217, 264, 267, 289, 291

amizade 135

angústia 71, 75-6, 80, 154, 159-60, 165, 214, 226, 266

assepsia 248

atenção 16, 28, 33, 69, 83, 101, 110, 184, 217-8, 261, 270, 281-2; *ver também* **concentração**

atividades extraclasse 152, 173

audição 101

aulas particulares 79, 179-80

autocuidado 19, 97, 209, 290

autoestima 57

autonomia 37, 46, 58, 60, 62, 69, 70, 100, 118, 120, 122, 124, 132, 174, 178, 192, 194, 197, 200, 206, 209, 214, 224, 246, 263, 278, 280

AVG Digital Diaries 16

avós 13, 41, 45-6

B

babás 31, 89-90

Batman 228

bebês 33, 49-50, 69, 238, 244-8, 252-3, 287

beleza 195-6
bilhetinhos 130, 164
Billy Elliot (Daldry) 52
Bottura, Massimo 238
brigas na escola 201
brincadeiras 150, 156, 176, 183, 190, 214, 217, 222-3, 258
brincar 97, 153, 156, 176, 181, 183, 189, 197, 203, 205, 207, 217-8, 222, 224, 235, 242, 249, 286
bullying 147-8, 157-8, 171-2, 274, 288

Conselho Federal de Medicina 151
consumismo 23, 51, 54, 92, 111-2, 139, 152, 157, 174, 197, 215-6, 239, 255, 260, 286
contenção 62, 100, 114, 259
creches 183
culto à juventude 13, 54, 195, 199-200
cursos de artes 134
cursos de férias 193-4
cursos extraclasse 48, 51, 133-4, 181, 193-4

C

cachorros 96, 277
castigos 71, 93-4, 99-100, 288
castigos físicos 93-4, 99
celular 16-7, 25, 73, 91, 101, 126, 157, 265-6, 273, 289, 291
cidadania 54, 96, 121, 139-40, 166, 174, 185, 272
ciúme 49-50
Código de Ética Médica 151
combinados 191
computador 70, 92, 110, 133, 243, 264, 271, 273, 281
comunicação verbal 102
concentração 92, 101, 130, 134, 157, 160, 184
condomínios 37, 189-90

D

déficit de atenção, *ver* **transtorno do déficit de atenção com hiperatividade – TDAH**
desaparecimento da infância, O (Postman) 259
desobediência 13, 94, 180, 206, 208
dever de casa, *ver* **lição de casa**
Dia da Criança 217, 219
Dia das Mães 163-4
Dia dos Namorados 31
Dicionário Houaiss 194
dificuldades de aprendizagem 159-60
discriminação 165-6, 268
distúrbios alimentares 237
diversidade 15, 30, 42, 48, 113, 124, 127, 161, 165, 178, 207

doenças 59, 204-5, 250-1
dores de crescimento 135
Doutores da Alegria 251
drogas 60, 120, 200
Drummond de Andrade, Carlos 224

E

ECA, *ver* Estatuto da Criança e do Adolescente
educação alimentar 139
educação ambiental 209
educação física 241
educação infantil 31, 36, 85, 97, 102, 125, 127-8, 130, 137, 150, 163, 176, 181--5, 193, 209, 222-4, 229, 231, 237-8
educação sexual 231
ensino de idiomas 133, 205
ensino doméstico 123
ensino em período integral 177
ensino fundamental 117, 127-8, 130, 137, 149-50, 173, 181-5, 194, 223, 225, 272
ensino médio 125, 128, 149, 181, 184, 222, 278
erotismo 234, 258
erotização precoce 231
escolas alternativas 175

escolas de esportes 133
escolas de idiomas 133
escrita 155, 271-2
espaço público 43, 85, 96, 124, 189, 240, 263-4, 274
esportes 60, 133, 205
Estatuto da Criança e do Adolescente – ECA 202
Estatuto da Família 53
estereótipos 16, 165, 228-9, 235
ética 18, 103, 152, 235
Eu (não) gosto de você (Matsushita) 50
êxito escolar 105-6
extroversão 91, 134, 207

F

Fagundes, Antonio 162
fantasias 220-1, 228, 234-5
férias 30, 32, 39-40, 110-1, 153, 193, 194, 263
festas de aniversário 63, 79
Folha de S.Paulo 19
fraldas 256-7
frustrações 14, 57-8, 79
furtos na escola 157-8

G

games, ver *videogames*

gênero 228-9

Ginzburg, Natalia 15, 106

Globo repórter 218

Golding, William 38

Gomes, Vera Lúcia 203

gravidez 33, 50, 75, 244, 246

H

Hannah Arendt (Von Trotta) 284

Harry Potter 201

higiene 78, 151, 248, 256-7, 266

hiperatividade, *ver* transtorno do déficit de atenção com hiperatividade – TDAH

história familiar 18, 29

homeschooling, *ver* ensino doméstico

I

imprensa 16, 123, 167, 175, 186, 201, 284; *ver também* meios de comunicação; televisão

impunidade 99

indisciplina em casa 85

indisciplina na escola 85, 122, 133

individualismo 23, 90

indústria farmacêutica 151

infantilização 43-4, 214

insegurança, *ver* sensação de insegurança

internet 16-7, 32, 67, 70, 74, 83, 91-2, 110, 119, 130, 175, 185, 254, 263, 273-6, 279-81, 283-4, 286-7, 291

intimidação, *ver bullying*

intimidade 26, 39, 43, 73-4, 86, 232, 234-5, 263, 271, 273-6

irmãos 13, 49, 57, 87, 108, 123, 234, 292

J

justiça 15, 18, 72, 121-2

juventude, *ver* culto à juventude

L

lanche, *ver* merenda

lancheiras 141, 237

legislação 53, 123, 199-200, 202

leitura 17, 40, 77, 91-2, 109-10, 128, 155, 186, 224, 228, 263, 271, 281

lição de casa 57, 79, 99, 129-30, 155, 194, 266

ludicidade 223

ludoterapia 254

M

madrastas e padrastos 41-2, 227

masturbação 234

material escolar 142, 152, 167, 179, 214

Matsushita, Raquel 50

maus-tratos 203-4

medicamentos 151, 250, 260-1

médicos 21, 33, 41, 75-6, 107, 135, 151, 155, 170, 250, 260-1, 282

medo 35, 37, 59-60, 77-8, 196, 199, 202, 205, 226, 250, 278, 285

meio ambiente 140, 210

meios de comunicação 29, 71, 196, 242, 269

memória 29-30, 89-90, 239, 277-8

mentiras 61-2, 106

merenda 29, 112, 139-41, 237-9, 242

mesada 112

método dos cinco S 244

mochilas 28, 141

monstros, *ver* **seres imaginários**

Moraes, Vinicius de 13

moral 18, 36, 48, 94, 103, 106, 150, 158, 232, 259

moralismo 50, 130, 136, 166, 169

morte 41, 59-60, 80, 221, 226, 240

mudança de escola 143

N

Natal 84, 215-6

nutrição 139, 151, 173, 236; *ver também* **alimentação; merenda**

P

padrastos, *ver* **madrastas e padrastos**

"pais sem pressa" 182

palavrões 38, 113, 186

palmadas 93-4; *ver também* **castigos físicos**

Papai Noel 215-6

pequenas virtudes, As (Ginzburg) 15, 106

período de adaptação, *ver* **adaptação escolar**

período integral, *ver* **ensino em período integral**

pesadelos 36, 226

política 139-40, 223

politicamente correto 140, 166, 221, 226

pontualidade 138

popularidade 63, 207

Postman, Neil 259

preconceito 16, 53, 114, 165, 166, 229, 235, 284

privacidade 40, 64, 73, 86, 163, 186, 253, 264, 274, 283

Procurando Nemo (Stanton, Unkrich) 226

professores especialistas 127, 181

professores particulares 179-80, 260

psicanálise 254-5

psicologia na escola 169

psicólogos 169-70, 260

puberdade 83

publicidade 16, 41, 68, 105, 151-2, 174, 215

puericultura 244

R

rankings escolares 150, 175, 260

redes sociais 170, 186, 273, 275, 279, 287-8, 292

regras de convivência 70, 118

regras escolares 161

religião 30, 60, 232

rendimento escolar 106, 119, 159, 180, 261

ritalina 260-1

Robin 228

Robinson, Ken 183

S

segurança 53, 97-8, 123, 189, 199, 241, 251, 277-8, 283

senhor das moscas, O (Golding) 38

sensação de insegurança 147-8, 154

sentimento de culpa 94, 154, 177

seres imaginários 66, 77, 226-7

sexualidade 19, 83, 220, 229, 231, 233-5, 258

Sistema Único de Saúde – SUS 240

shoppings 31, 83, 89-90, 192, 198, 240, 253, 255, 269, 273, 285-6, 289

slow parenting, ver **"pais sem pressa"**

socialização 44, 91, 102, 119, 197, 207, 274

solidariedade 18, 268, 288

sono 27, 50, 52, 69, 145, 193, 227, 234-5, 246-7, 266

superproteção 57, 135-6

SUS, ver **Sistema Único de Saúde**

T

TDAH, ver **transtorno do déficit de atenção com hiperatividade – TDAH**

tecnologia 120, 220, 263, 272, 278, 289, 290

televisão 16, 24, 47, 67-8, 83, 88, 92, 95, 100, 105, 110, 162, 167, 222, 231-2, 242-3, 264, 267-9, 273

tempo, administração do 26

testes de admissão 144

timidez 207
tom de voz 73, 101-2, 243, 247
trabalho infantil 197, 222
tradições familiares 29, 243
transtorno do déficit de atenção com hiperatividade – TDAH 260-1

U

uniforme escolar 111, 161, 278

V

velhos 45-6, 59, 138, 142, 158, 216, 253, 268
vestibular 121, 127, 143
vida privada 101
vida social 76, 120, 135, 200, 208, 273
videogames 83, 92, 110, 270
violência física 87-8

Este livro foi composto na fonte Albertina
e impresso em julho de 2017 pela RR Donnelley,
sobre papel pólen soft 80 g/m².